高等院校旅游管理专业系列教材 Gaodeng Yuanxiao Lüyou Guanli Zhuanye Xilie Jiaocai

主编◆齐 炜

饭店人力资源管理

Hotel Human Resources Management

安徽人民出版社

图书在版编目(CIP)数据

饭店人力资源管理 / 齐炜主编. — 合肥：安徽人民出版社，2008. 12
ISBN 978-7-212-03413-9

Ⅰ. 饭… Ⅱ. 齐… Ⅲ. 饭店—劳动力资源—资源管理
Ⅳ. F719.2

中国版本图书馆 CIP 数据核字（2008）第 190339 号

饭店人力资源管理

齐 炜 主编

出版发行：安徽人民出版社
地　　址：合肥市政务文化新区圣泉路 1118 号出版传媒大厦 8 楼
发 行 部：0551－3533258　3533292（传真）　　邮编：230071
组　　编：安徽师范大学编辑部　电话：0553-3937079 3883579
经　　销：新华书店
印　　制：芜湖新欣传媒有限公司
开　　本：787×960　1/16　印张：16.375　字数：276 千
版　　次：2009 年 12 月第 1 版　　2009 年 12 月第 1 次印刷
标准书号：ISBN 978-7-212-03413-9
定　　价：26.00 元

总序

改革开放30年，我国国民经济与社会发展取得了举世瞩目的伟大成就。国富民强，和谐安定催生旅游业的快速发展，我国旅游业从小到大，从弱到强，已经实现了从旅游资源大国向亚洲旅游大国进而向世界旅游大国的历史性跨越，正积极向世界旅游强国的目标迈进。

入境旅游快速增长。从1978年至2007年，我国入境旅游接待从180.92万人次增加到13 187.33万人次，增长71.9倍，年均增幅达15.9%；过夜旅游人数从72万人次增加到5 471.98万人次，增长75倍，年均增幅16.1%，高出同期世界旅游同类指标12个百分点；旅游外汇收入从2.63亿美元增加到419.19亿美元，增长158.4倍，年均增幅达到19.1%，高出同期世界旅游同类指标10个百分点。我国已经成为世界第四大入境旅游接待国。

国内旅游持续攀升。1993年至2007年的15年间，我国国内旅游接待从4.1亿人次增长到16.1亿人次，年均增速达到10.3%；国内旅游收入从864亿元增长到7 771亿元，年均增幅达到17%。我国已经形成世界上最大的国内旅游市场。

出境旅游蓬勃发展。自1997年起，我国在试办港澳游、边境游的基础上，正式开展中国公民自费出境旅游业务。之后，出境旅游目的地的数量逐步增加，截至2007年底，除香港、澳门两个特别行政区外，已有132个国家成为我国公民出境旅游目的地。中国公民出境旅游人数增速迅猛，2007年已达到4 095.4万人次，是2000年的3.9倍，其中因私出境旅游人数达到3 492.4万人次，已占到出境总人数的85%。我国已经成为亚洲最大的出境旅游客源国。

旅游企业日益增加。经过30年的培育和发展，旅游业基本形成了多方位、多层面、多维度的产业体系格局。到2007年末，全国已有旅行社18 943家，其中国际旅行社 1 797 家；星级饭店 13 583 家；旅游景区（点）超过 20 000 家，其中国家等级旅游区（点）3 100 余家，4A 级以上等级旅游区（点）928 家；国家旅游度假区 12 家；优秀旅游城市 307 个，旅游强县 17 个；工农业旅游示范点 1 098 家；国家重点风景名胜区 187 个，国家级自然保护区 303 个，国家森林公园 627 个，国家地质公园 138 个，世界地质公园 20 个，列入《世界遗产名录》的世界遗产 35 处。

科教兴旅迫在眉睫。当前，中国旅游业进入了新的发展阶段。中国将全面推进旅游业转型升级，实现从世界旅游大国向世界旅游强国的新跨越，当务之急是加快实施科教兴旅、人才强旅战略，培养和建设一支高素质的旅游人才队伍。因此，中国旅游业发展将对旅游教育产生重大影响。中国旅游教育将面临前所未有的重大发展机遇和挑战，涉及旅游人才需求和旅游人才供给的许多方面。

旅游人才需求连年走高。从需求层面看，中国旅游业持续快速发展需要大量旅游人才。据预测，到 2010 年，中国旅游主体人才占旅游直接从业人员的比重将达到 24.7%。到 2015 年，我国旅游直接就业人数将达到 1 700 万人，间接就业人数将达到 8 300 万人，旅游就业总量将达到 1 亿人。中国旅游业产业规模扩大及对旅游就业的强劲拉动使旅游人才需求连年走高。

旅游人才供给持续升温。从供给层面看，旅游教育是旅游产业发展的基础性支持和持续推动力。至 2007 年，全国举办旅游教育的院校共有 1 711 所，在校生为 77.38 万人，旅游专业教师 3.32 万人，其中高等旅游院校 770 所，在校生 39.74 万人，教师 1.69 万人；中等职业学校 941 所，在校学生 37.64 万人，教师 1.63 万人。据统计，目前招收旅游管理博士的院校有 11 所，招收旅游管理硕士的有 90 所，开设与旅游相关的专业（方向）近 30 个，逐步形成了涵盖博士、硕士、本科、专科（含高职）各层面的旅游教育体系。

旅游高等教育是我国旅游教育体系的重要组成部分，与旅游经济和社会发展的关系密切，是一种直接为旅游业发展服务的特殊类型的高等教育，肩负着为中国旅游业培养中高级专门旅游人才的重任。

旅游教材建设刻不容缓。教材建设是院校人才培育的基础。目前，我国旅游教材建设已有一定的规模和基础。在各级行政管理部门、院校和出版社的共同努力下，已出版了一批高等旅游管理专业教材。但从整体性看，已有的多数教材有以下缺憾：一是专业性不足，相当多的旅游教材“脱胎”于各自相关专业母体的痕迹比较严重，旅游专业特点凸显不够；二是系统性不足，多数版本的教材只有4—8本，涵盖整个旅游管理专业的系列教材比较缺乏；三是适宜性不足，从高等院校旅游管理专业的历届毕业生的就业现状来看，由于实际操作能力不强以及旅游行业就业的相对低门槛特性，旅游管理专业学生逐渐丧失旅游行业就业竞争力，部分旅游高等院校教育并非以适应社会需要为目标，以培养技术应用能力为主线来设计学生的知识、能力、素质结构和培养方案，以致强调理论教学和实践训练并重不够，培养出来的毕业生直接上岗工作的能力不强。另外，目前的多数教材普遍存在内容交叉、重叠、陈旧，编的多，写的少；引用的成果多，研究性成果少；理论性的多，操作性的少；继承的多，创新的少等现象。有鉴于此，在安徽人民出版社安徽师范大学编辑部的策划下，成立了高等院校旅游管理专业教材编委会。经过高等院校旅游管理专业教材编委会精心组织和相关高校教师的认真编写，推出一套结构合理、内容精辟、信息前沿、案例丰富的高等教育旅游管理专业系列教材。

本套系列教材有三个特点：一是专业系统性。旅游高等教育系列教材计划出版28本，涵盖高等院校旅游管理专业全部教育教学内容，避免各院校使用教材分散，常出现一个专业使用多个版本的教材而不利于专业教学的一体化和系统化。二是实践应用性。本套教材充分体现了旅游高等教育的人才培养应用型特色和能力本位，调整了新形势下旅游人才必须具备的能力基础和技术基础，突出了旅游人才的创新素质和创新能力的培养。三是参与广泛性。在对旅游专业的人才培养模式和教学内容体系改革进行充分调查研究和论证的基础上，充分吸收高等院校旅游管理专业在探索培养技术应用型专门人才方面取得成功经验和教学成果的骨干教师参加编写。

本套教材适用于高等院校旅游管理专业使用，同时对旅游行业的工作者与旅游爱好者有重要参考价值。本系列教材是作者在百忙之中完成，我感谢我的同事们的敬业精神。同时，对于系列教材总体框架设计可能存在的缺憾，对于每本教材的疏漏与不足，我并代表作者表示歉意，恳切希望广大读者批评指正，不断推动旅游高等教育教材建设的发展与提高。

章锦河
2009年11月18日

前　言

改革开放以来,我国旅游业取得了辉煌的成绩。作为旅游业的支柱性产业,饭店业近年来也始终保持着快速和健康的发展态势，但同时也正面临着越来越激烈的市场竞争环境。饭店业的发展机遇与挑战并存。饭店是服务性行业,饭店业是劳动密集型,也是知识密集型产业。随着现代饭店业的发展这种对于人力资源的依赖特性愈加突出。任何一家饭店想要立足于社会,并有所发展,必须有维持饭店经营活动的资源。在这些资源当中,人力资源是饭店企业最重要的资源和财富。吸引人才、留住人才、培育人才、合理地使用人才和管理人才已经成为饭店企业核心竞争力的关键所在。掌握先进的饭店人力资源管理理论知识和方法,不仅对于将进入饭店行业工作的高校学子非常重要，而且对饭店管理人员也具有非常重要的意义。

《饭店人力资源管理》作为饭店(酒店)管理专业的一门专业课,具有很强的实践性和应用性。通过课程的学习,应使学生除了掌握饭店人力资源管理的基本概念、原理以外,更为重要的是提高运用饭店人力资源管理相关理论,分析和解决饭店中存在的人力资源管理方面的问题的能力。目前饭店管理专业教材中,实用性强的少,具有饭店特色的人力资源管理的教材少之又少,而高校毕业生去做饭店初级管理人员的人数每年都在增加。本教材编写的目的是希望改变以往饭店专业人力资源管理教材的不足,强调教材的实用性、实践性和针对性。本教材既适合高职高专学生以及实践型本科学生使用,也适合饭店的管理人员参考。

本书全面系统地阐述了现代饭店人力资源管理的基本原理和主要活动,分八章介绍了饭店人力资源管理基础知识、饭店人力资源规划、饭店工作分析、饭店员工招聘管理、饭店员工培训与开发管理、饭店人力资源绩效管理、饭店人力资源薪酬福利管理、饭店员工的激励管理等具体内容。

本书由齐炜主编,黄薇薇、余凤龙、李础副主编。各章编写人员如下:第一章,何东平(安徽省旅游培训中心);第二章,齐炜、邱竹青(安徽工业经济职业技术学院);第三章、第四章,徐天坤(安徽工业经济职业技术学院);第五章,黄薇薇(安徽师范大学旅游学院);第六章,李础(浙江开元旅业集团);第七章,谌莲莲(安徽工业经济职业技术学院);第八章,余凤龙(南通大学)。

本书在编写的过程中,参考引用了部分国内外学者的研究成果,由于编写时间紧迫,所引用作品未能一一与原作者取得联系,在此深表歉意,并致以诚挚的谢意,欢迎作者及时和我们联系。本书的编写得到了安徽省旅游局陈亚萍纪检组长和安徽省旅游局行业管理规范处金鸣副处长及储晓焱副处长大力指导和帮助。由于作者水平所限,加上时间较为仓促,书中难免有不妥之处,敬请专家和广大读者批评指正。

齐 炜

2009 年 8 月

目 录

第一章 饭店人力资源管理概述

在现代企业管理中，人力资源管理占据着越来越重要的地位，以人为本的管理原则已经为企业所公认。饭店的竞争，归根到底是人才的竞争。如何吸引和留住饭店所需要的人才，如何使员工在饭店中发挥更大的作用，为饭店创造更大的效益，已经成为各级管理者，尤其是高级管理者十分关心的一个重要问题。与此相应，人力资源管理部门在饭店管理体系中也成为一个事关全局的关键部门。但是，如何发挥人力资源管理部门在饭店中的作用，还是一个许多饭店尚未解决的问题。饭店人力资源管理作为一门学科，其任务是分析和阐明其中存在的规律，为提高饭店企业经营效益和管理效率服务。

本章在讲述人力资源及其管理基本内涵的基础上，着重阐述饭店人力资源管理的重要地位、发展演变以及基本价值观、目标任务与学习方法。

第一节 人力资源管理的发展与演变

在现代社会中，人力资源是生产活动中最活跃的因素，是一切资源中最重要的资源。人力资源管理，是指利用现代科学技术和管理理论，不断获得人力资源，把得到的人力资源整合到企业中，与企业融为一体，开发员工的潜能，保持和激励员工对企业的忠诚与积极性，提高员工的工作绩效，以不断实现企业目标的持续过程。

一、人力资源观念与理论的发展沿革

21世纪人力资源管理已成为管理的核心内容，人力资源管理的作用也发生了重要的转变。传统的人力资源管理内容包括行政管理和事务管理两个方面，然而现代的人力资源管理更注重将人力作为一项资本进行投资，并通过管理使人力资本发挥各自的优势，以提高人力资本的投资回报率。

从人力资源管理的角度来看，马克思关于活劳动是价值创造唯一源泉的理论，就已体现了早期的人力资源思想，后来产生的以舒尔茨为代表的人力资本理论，则更明确地指出了人力资源及管理的重要性。

(一)马克思的人力资源思想

马克思在《资本论·商品》中建立的劳动价值理论不仅对人类的劳动进行了精辟的论述，而且对劳动力(人力资源)方面的一些问题也做了深刻的阐述，有着极其丰富的思想内容。

1. 劳动力商品的使用价值具有独特的含义

在马克思的劳动价值理论中，劳动力商品价值理论占据重要的位置，劳动始终处于中心、本源和至高无上的地位，任何其它生产要素都不过是其衍生物。该理论把参与劳动的主体——劳动力定义为人的劳动能力，即蕴藏在人的身体中的智力和体力的总和，并进一步指出，在任何社会，劳动力都是生产的基本要素。

劳动力商品的使用价值具有特殊性。一般商品在消费或者使用时，随使用价值的消失，它的价值也就消失或者转移到新产品上去。但劳动力的使用价值是劳动，劳动不但能创造价值，而且能创造比自身价值更大的价值。

2. 体力劳动、脑力劳动和科学知识都是直接的生产力

马克思关于劳动和劳动价值理论的思想是非常深刻的。不仅在《资本论》的其他章节中，而且在《剩余价值理论》和其他有关著作，都有更实际、更拓展的论述。凡是参加社会化生产过程的一切成员都是生产劳动者。在总体劳动过程中，有人用手工作，有人用脑工作，有人当经理、工程师、工艺师等等，有人当监工，有人当直接体力劳动者或者做十分简单的粗工，于是劳动能力的越来越多的职能被列在生产劳动的概念下。由此可见，马克思把从事经营管理的经理和从事科技工作的工程师等脑力劳动者，也看作是总体劳动过程中的生产劳动者。不言而喻，他们的劳动参与了商品的生产，也就实现了价值的增值。这就明确了科学、管

理、知识等都是生产力因素,理所当然成为参与分配的要素。

3. 复杂劳动比简单劳动具有更高的价值

马克思说过,比社会平均劳动更复杂的劳动是这样一种劳动力的表现:这种劳动力比普通劳动力需要较高的教育费用,它自身具有更高的价值。同样,作为社会生产过程中的劳动,它们之间各自所创造的价值,在量和质方面,其效果和收益就不相同。相对来看,脑力劳动是一种复杂劳动,所创造的价值也比较大。知识劳动或智力劳动是复杂程度更高的劳动,具有很强的创造价值的能力。马克思的劳动价值理论指出,复杂劳动是多倍的简单劳动,劳动的复杂程度越高,其创造价值的倍加的能力就越大。当代知识经济中的知识劳动或智力劳动,是复杂程度很高的创造性劳动,可以说是更复杂的劳动,与一般复杂劳动相比,具有大得多的创造价值的能力,应该得到更高的报酬。

(二)舒尔茨人力资本理论内涵

舒尔茨于1960年发表的《人力资本投资》指出:现实中,好多我们称之为消费的东西,实际上属于人力资本投资的范畴,如教育、培训、卫生保健等。因为这些投资活动带来了人们体能、知识和技能的增进,并由此带来了经济增长和个人收入的提高。

"人力资本"概念出现在20世纪60年代,这并非偶然,而是发达国家在过度强调物质与财政资源之后,认识到了人在组织中的关键地位,而给予了如此的定位,把人视为组织中最需要的资产。舒尔茨人力资本理论的内涵主要体现在以下几方面:

1. 人力资本体现在人的身上,表现为人的能力和素质

在舒尔茨的人力资本理论中,"人力资源"就是通过教育和培训在劳动者身上所形成的特定的劳动能力,是人力资源在生产过程中的使用。人力资本的主体是劳动力(人力资源),当人力资源作为赚取利润的手段时,即被赋予了人力资本的内涵。人力资本也可指人所具有的知识、技能、资历、经验和熟练程度、健康等。所以,人力资本是体现在劳动者身上的能力和素质。它能促进经济增长和个人收入的增加,是生产性资本。同时根据人力资本具有异质性的特征,可把人力资本分为一般型、技能型、管理型和企业家型(专家型)等几种类型。

2. 人的能力和素质是通过人力投资而获得的,对其投资必然会有收益

从舒尔茨人力资本理论可以看出,人力资本是对人力的投资而形成的资本。

从货币形态看，它表现为提高人力的各项开支，主要有保健支出、学校教育和在职教育支出等等。

人力资本最终能够被使用可以分为两个阶段。第一阶段为投资阶段，也就是人力资本作为生产要素投入生产的前期，体现出其商品性质的阶段。在这一阶段，作为主体的人通过各种途径，使自己成为掌握一定的知识、拥有一定的技能之要素。经过这一过程，人力资本实现了自身的价值，成为自由的商品进入市场，准备交易。第二阶段是产出阶段，也可以说是收益阶段。在这一阶段，人力资本投入使用，与物质资本协作创造新的产品。在运用人力资本的过程中，人们充分发挥其知识、创造力及才能，将其价值转移至新产品上。这种价值的转移，使产品增值，甚至可以实现产品价值倍增的目标。这一过程解释了各国经济飞速发展的原因，是带来经济倍增的源泉所在。

3. 人力资源是一切资源中最重要的资源

随着知识经济时代的来临，人力资本的重要性日益突出。人力资本在当代经济增长中的作用比物质资本更为重要，人力资本的收益高于物质资本。舒尔茨在其《人力资本投资》中用大量事实有力地证明了这一点。

舒尔茨认为，人力资本在经济发展中起着决定性作用，决定人类前途的并不是空间、土地和自然资源，而是人的素质、技能和知识水平。没有人力资本的大量投资，就不能享受现代化农业的硕果，也不能拥有现代化工业的富裕。

舒尔茨把人力资源视为一切资源中最重要的资源，强调高质量的人力资源有助于劳动生产率的提高和经济的增长，因此，他摒弃了那种认为劳动只是单纯的体力耗费而毋需重视智力的传统观念，主张把提高劳动者质量的一切费用作为一种生产性投资，以取得尽可能高的投资收益。但并非一切人力资源都是最重要的资源，只有通过一定方式的投资，掌握了一定知识和技能的人力资源才是一切资源中头等重要的资源。这种资源的本质是财富的转化形态，进而在财富的再生产中起到举足轻重的作用。

4. 劳动力转化为人力资本应具备一定的条件

从人力资本概念本身的内涵来看，人力资本是社会发展到一定阶段的产物，它是由劳动力转化而来的，人力资本不等同于劳动力，劳动力转化为人力资本，应具备历史和现实的条件：一是知识、技术、信息与劳动力分离并成为商品，这是劳动力转化为人力资本的前提条件。二是劳动力转化为人力资本的历史条件，即知识经济时代的到来。在知识经济时代，知识成为整个经济的中心。传统意义上的劳动力在价值形成中的作用出现分化，体现为体力在价值创造中的作用越来越少，以知识、技能、信息为特征的能力在价值创造中的作用不断增强，占主导地位，成为价值增值的主体。此时，传统的劳动力概念已不能完全体现其特征，需要赋予其新的基本特征，即高级形态的劳动力转化为人力资本，而低级形态的劳动力仍然称为劳动力。三是高级劳动力成为投资的产物。传统经济理论认为，人与人之间不存在劳动力质的区别，只存在量的区别，即劳动具有同质性。而在当今社会，劳动力尤其是高级劳动力成为人们有目的、有意识的资本投资物，劳动是存在差异性的。四是劳动力足以分享经济剩余。随着产权制度的演变，在知识经济时代人的劳动得到合理计量，劳动的差异性也充分体现出来，劳动力作用较之物质资本更为重要，劳动力开始分享经济剩余，这种作为投资产物的劳动力成为人力资本，开始有了相应的经济收益。

(三)我国人力资源管理的历史进程

从20世纪50年代的人事管理开始至今，我国企业人力资源管理已经经历了三个发展阶段：

人事管理阶段。在这个阶段，人事管理更多地关注于事的管理，而不太关注员工的绩效。员工在企事业单位不被看作可待开发的资源，而是简单地以人事档案的形式存在。人的主要区别在姓名、性别、家庭出身、文化程度、专业工种、出生时间、工作时间等显性特征的管理，强调对人的管理就是对人的档案管理，并对人进行控制。在制度及工资福利方面过分地强调按照国家统一的政策执行，不考虑单位间的差别及竞争能力。

人力资源管理阶段。在这一阶段，专门的人力资源管理部门在企事业单位出现，能够将其他部门视为人力资源部门的客户来提供诸如招聘、培训、考核等人力资源服务，并开始关注员工个人绩效的管理。但在企业战略形成过程中，往往把人力资源的因素排除在外。这个阶段，企业虽然意识到人力也是一种资源，但并不认为是重要的战略性资源。

人力资源开发与经营阶段。这一阶段，人力资源作为企事业单位重要的战略性资源，开始被高层领导充分考虑到单位的战略规划之中。此时不只是对人力资源进行浅层次的管理，也不只是为其他部门提供例行性服务，而是将人力视为一种可增值的资源进行深度地开发与经营。在这个阶段，单位需要建立起由高层领导、部门领导以及专业人力资源管理人员共同组成的人力资源管理主体，实施系统化、全面化的人力资源管理,而不再认为人力资源工作应由人力资源部门独立处理。

发达国家已经在数十年的实践中积累了丰富的人力资源开发与管理的经验,并从中获得丰厚的回报。人力资源管理概念在我国的出现,是因外资企业的大量涌入而开始的,至今才不过短短十余年时间。应该说,由于管理者观念上的差异,加上国内人力资源管理学科的不健全,使得我国绝大部分单位在人力资源的开发与管理上还处于比较基础的阶段,与发达国家相比还有很大差距。

二、人力资源管理理论基础与方法的演变

从世界范围看,人力资源管理最先产生于西方资本主义企业,经历了经验管理、科学管理、现代管理三个阶段,并先后提出了雇佣劳动管理、劳动人事管理、人力资源管理的创新概念。在不同阶段,对人的看法不同,人力资源管理的内容和方法也不同。

1. 经验管理阶段(18 世纪后期—19 世纪末)

18 世纪后期,以蒸汽机为代表的第一次产业革命促进了资本主义工厂制度的兴起。以机器为主要特征的现代工业逐渐代替了工场手工业,而工业也逐步脱离农业成为一个独立的产业部门,从而导致了大量农村人口涌入城市。此时,出现了工人阶级,并促使了雇佣劳动部门的出现,从而产生了劳工管理问题。

在这一阶段,把“人”视为“物质人”,“工人是会说话的工具”,完全忽视工人除物质之外的心理需求,每个工人都在一定的岗位上做简单的、重复的机械劳动。企业为了降低成本、增加利润,任意打骂和处罚工人,采取增加劳动强度、延长劳动时间、克扣工资等手段残酷地剥削和压迫工人。

当时的人力资源管理具有以下特点:①人力资源管理的主要任务是招录和雇佣工人。由于当时经常要雇用较多的劳动力,因此,也曾简单地实行过一些就业计划和有限的工作指导。②开始着眼于解决企业内部生产过程中的分工与协作问题。③确立了工资支付制度,每个工人有自己的岗位和按规定获得的“工资”。④由于存在雇佣劳动,因而出现了一些不做工的“监工”,最高管理者把所有人事管理权诸如招工、解雇、定薪、提职和分配工作等统统下放给他们。他们的主要任务是以最少的单位成本生产产品,凭自己的经验,采用高压手段,强迫和监督工人劳动。

在这一阶段,管理人员凭自己的经验来管理,没有统一的管理方法,管理工

作的成败主要取决于管理者个人的经验、个性、特点和作风。管理人员的培养也主要采取师傅带徒弟传授个人经验的办法，没有统一的基本培训要求。正是因为管理者主要靠经验来进行管理，所以称这一阶段为经验管理阶段。

2. 科学管理阶段(19世纪末—20世纪40年代)

科学管理阶段从19世纪末到20世纪40年代，大约经历了半个世纪的时间。科学管理是随着资本主义由自由竞争阶段向垄断阶段的过渡而逐步形成的。随着生产的发展、科技的进步、企业规模的扩大，管理的内容和方法也在不断变化。科学管理正是在过去个人经验管理的基础上不断总结提高，并使之科学化、系统化和标准化的结果。其代表人物是美国的雷德里克·泰勒，他提出了一系列比较科学合理的管理方法和管理手段。他强调的是建立复杂的组织机构，进行周密的工作计划，实施严格的规章制度，进行明确的职责分工。科学管理强调环境和条件，强调标准操作和技术因素，但仍然忽视人的社会心理因素的作用。

科学管理阶段的人力资源管理有了以下创新：

① 通过对工人操作的科学分析，实行劳动方法标准化；

② 通过对工人工时消耗的研究，制定出劳动定额和时间定额制度；

③将有目的的培训引入企业，根据操作标准对工人实行在职培训，并根据工人的特点分配适当的工作；

④实行有差别的计件工资制，刺激工人严格执行操作标准和定额标准，以提高劳动效率；

⑤明确了管理人员与工人之间的分工；

⑥出现了劳动人事部门，除负责招工外，还负责协调和调配人力资源。

3. 现代管理阶段(20世纪40年代以来)

20世纪40年代以来的现代管理阶段是人力资源管理发生质的飞跃的一个时期。在这一阶段，将人视为"社会人"，更加重视员工在社会心理方面的需求，如人与人之间的友谊、安全感、归属感和受人尊重等。

在此阶段初期，人力资源管理主要受行为科学的影响，有了一些新的发展：从以"事"为中心转向以"人"为中心，充分发挥人的积极性。不仅重视技术因素对提高劳动生产率的作用，更重视员工的工作士气和劳动情绪对提高劳动生产率的作用。在管理形式上，承认非正式组织的存在，并且开始注意到非正式组织对员工积极性的影响。工会组织开始发展壮大。

从20世纪60年代开始，人力资源管理主要受管理科学的影响，将人视为

"决策人",从而实现人力资源的系统化管理。企业是一个具有反馈特性的开放的社会大系统,人力资源管理作为企业的一个按功能划分的子系统而具有独立运行的功能。另外,人力资源管理作为企业八大管理之首,已日益成为系统运行的中枢。

4. 21 世纪人力资源管理的发展趋势

(1)21 世纪的人性假设

21 世纪,人们的科学文化素质和生活质量将普遍提高,必然把追求自我实现视为第一需要,因此,可以把员工假定为"自我实现人"。自我实现人假设认为人总是要求提高和发展自己现有的能力,并充分发挥潜能,企业应当把人作为资源,提供富有挑战性的工作,这样人就可以实现自我激励。

在知识经济时代,网络技术的推广,使人们在接受信息和学习知识等方面有着同等的机会,员工将普遍具有主动参与管理的能力和愿望。旧的单纯依靠上级管理下级、上司监督下属的领导管理方式已不符合时代的发展需要。未来的人力资源管理就是要为员工创造良好的环境,在特定岗位上工作,在达到企业目标的同时达到员工的全面自我发展。

(2)21 世纪人力资源管理的发展趋势

知识经济是 21 世纪最重要的社会经济特征,在全球经济一体化的时代,生产和传播知识的人力资源将取代资本而成为重要的战略性资源。尽管许多企业拥有类似的资源,如土地、原材料、房屋、机器等,但在竞争中却表现出不同的抵御风险的能力和增长的势头。其原因就在于优胜企业拥有大量具有国际竞争力的人才,因此谁拥有人才,谁就能在竞争中占据优势。

可见,企业为实现利润增长的目标必须获得战略性资源——人力资源,其途径是增加对人力资本的投资。早在 1960 年,美国著名经济学家西奥多·舒尔茨在《人力资本投资》中已系统地阐述了人力资本的理论体系,对经济发展的动力作了全新的解释。企业对人的知识、技能、经验、保健等人力资本方面的投资收益率远远高于一切其他形态资本的投资收益率。

经济环境和人力资源发展的变化,需要管理突破原有的思维模式和运作方式,也就必然要求处于企业管理核心地位的人力资源管理不断创新。因此,为达到企业目标,人力资源管理部门对人力资本投资应做的工作包括两个方面:一是对人力资源的管理,即将人作为一种资源进行管理,其管理的内容包括人力资源规划、人员招聘、薪酬管理等。应该说,管理的内容与以往的人力资源管理相似,但应当在知识经济背景下进行管理创新。

二是对人力资本进行投资,使之增值,并能为企业创造价值。创造价值是指能为企业的生产增加新价值。由于人力资源管理部门越来越多地在企业的经营决策和业务活动中扮演重要角色,其角色定位也由传统的控制人工成本的"成本中心"转变为增加产出的"利润中心"。人力资源部门将事务性工作标准化、自动化、程序化,而注重于设计实施各种有利于提高生产力和企业整体绩效的方案,努力为企业创造价值。主要表现为:

①通过培训和教育直接对人力资本进行投资。在知识经济时代不断地学习越来越重要。信息和知识的发展在迅速倍增,如若不及时掌握新知识,已有优势将不复存在。因此,企业应该为员工提供更多的学习机会,重视员工的培训和教育,从而提高员工的素质,促进生产的发展,提高企业的竞争力。

②通过员工职业生涯设计与实施,准确的绩效考评,有效的激励,加强员工的团队作用,提高员工的满意度、参与度,降低员工的流动率,减少劳动争议,这样有利于提高员工的工作效率,有利于企业的技术创新,有利于企业核心竞争力的增强。

③将人力资源战略与企业的总体经营战略结合起来，积极推进组织的调整和优化,加强关键岗位,减少冗余岗位和人员,为企业高层提供决策的建议,促进企业成功实施整体发展战略。

④在对外的各项活动,如招聘活动、研讨会、缴纳保险与公积金行为中,以一个良好的形象出现,主动积极地宣传企业。

综上所述,人力资源管理已历几个世纪的发展历程。而拥有知识的人力资源地位转变,必然使21世纪的人力资源管理围绕人力资本的投资而进行,为创造企业价值服务。

第二节 饭店人力资源管理概述

现代饭店管理者认为,一切管理工作均应以调动人的积极性、做好人的工作为根本,即进行人力资源管理。人力资源是饭店中最基本、最重要、最宝贵的资源。只有人才能使用和控制饭店的其他资源,从而形成饭店的接待能力,达到饭店的预期目标。

一、饭店人力资源管理概述

(一)饭店人力资源管理概念

人力资源是指一切能为社会创造财富，能为社会提供劳务的人及其所具有的能力。

人力资源包含四个方面的内容:一是人的体质,二是人的智力,三是人具有的某特定范畴的才能,四是人的意识观念和道德准则。这四个方面组合起来就形成了人力资源。

由于每个人在这四个方面都有可能存在着差异，因此我们又把人力资源分为一般人力资源和人才。

人力资源管理是指影响员工的行为、态度以及绩效的各种政策、制度和管理实践。因此,许多企业将人力资源管理看成是一种“和人相关的管理实践”。人力资源管理把人看作一种资源,并且是企业最重要的资源,把人力资源作为企业的资源进行管理。

饭店是劳动密集型企业,饭店的产品是由服务人员提供的服务,因此,饭店的一切经营和管理活动都是以人为中心的。

人力资源管理不同于传统的人事管理。传统的人事管理是按照企业管理职能而划分出的一项具体的职能，它将企业中的人作为一种简单的生产要素来进行管理。人力资源管理则是“以人为本”,将人视为企业管理最关键的要素,认为具有良好素质的专业化的员工队伍绝不是自然而然形成的，而是通过管理人员的精心选择、培养和激励才能形成和发展的。

饭店人力资源管理就是科学地运用现代管理学中的计划、组织、指挥、协调、控制等职能,对饭店人力资源进行有效的开发、利用和激励。使其得到最优化的组合和积极性得到最大发挥的一种全面管理。

(二)饭店人力资源管理的特点

现代饭店人力资源管理包括传统的人事行政管理、员工的激励与管理和潜能开发利用的一种全面管理。它具有以下特点:

1. 饭店人力资源管理是一种动态的、较为全面的管理

应该说凡是与饭店员工的需求和供应有关的问题，都是饭店人力资源管理研究的对象。饭店人力资源管理不仅包括了根据饭店的整体目标为饭店提供和选拔合适人才等人事管理的职能，如对饭店员工的录用、培训、升迁、奖惩、退职等全过程的管理等，饭店的经营管理的各个环节和各个方面的人事管理工作计划和组织管理，使之形成一个有机的整体，而且还包括如何来创造一个良好的工作环境，调动员工的工作积极性，指导员工的工作，改善员工的工作环境和生活条件，发展员工潜在的各项能力等。这就要求在饭店的经营过程中，注重"软件"应用，即重视员工的心理，关注员工的情绪，了解员工的思想，合理地利用饭店人力资源管理活动，激发员工的工作积极性。这是一种在广义的范畴下在动态中进行的较为全面的管理活动。

2. 饭店人力资源管理是一种全方位全员性的管理，饭店人力资源的开发与管理，既是一项日常的、表层的，同时又是长期的、渐进的深入的管理

在现代化条件下，饭店应当而且完全可以建立一系列制度，掌握知人之术。尤其是要掌握组织行为学的某些知识，并通过各种制度和方法，真正了解员工。例如可以充分利用计算机等媒体，建立饭店员工个人资料数据库，除一般性的常规档案资料外，还应详细记载其特点、专长、兴趣和在学内容等，从而掌握每个人的基本情况。美国著名管理学家 M.费卫林根据自己的经验和研究，提出知人应该摒弃个人喜恶，不图外表，不单看履历，认识聘用者的背景等，这些都是饭店管理者在现实工作中值得借鉴的。

3. 饭店人力资源管理是一种科学化的管理

现代饭店人力资源管理是一项复杂的、综合性的系统工程，其运作方式和手段应该逐步实现标准化、程序化、制度化和定量化。

（三）饭店人力资源管理的内容

饭店人力资源管理的内容主要包括：饭店人力资源计划的制订，招聘与录用，教育与培训，考核与激励等方面。具体有以下几个方面：

1. 饭店人力资源计划的制订

饭店人力资源计划的制订要根据饭店经营管理的目标、组织结构和实际需要，对各项工作性质、岗位职责及其素质要求进行分析，确定饭店员工的需求量和需求标准，做好饭店人力资源数量和质量的预测。

2. 员工的招聘与录用

员工的招聘与录用是根据人力资源计划、饭店的经营目标和相关政策，制订出一套筛选的方法和程序，从而判断应聘者是否符合该项工作的要求。招聘与录用的最终目的是将合适的员工放在合适的工作岗位上，因此，在招聘录用员工时，应按照科学的标准，采用合适的方法，以达到人与岗位的最佳组合。

3. 员工的教育与培训

为了每个员工能胜任其担任的工作，以最快的速度适应工作环境，饭店必须对员工进行经常不断的教育与培训。由于员工所担任的工作层次不同，所采取的培训方式和培训内容也不同，可分为职业培训和发展培训。职业培训的主要对象是饭店操作层的员工，培训的重点是操作人员的技术技能方面，使他们熟练掌握能够胜任工作的知识、方法、步骤及其过程。发展培训的主要对象是饭店的管理人员，培训的核心在于培养和发展管理人员的管理技巧，注重分析问题和解决问题等管理能力方面的培养，提高他们的洞察力，使他们认清饭店发展的方向，处理好饭店整体与部门之间的关系以及部门与部门之间的关系。

4. 建立完整的考核和奖惩体系

考核和奖惩是对员工成绩、贡献进行评估的方法，又是饭店人力资源管理效能的反馈。定期对员工的工作成绩做出正确的考核和评估，是员工提升、调职、培训和奖励的依据。通过建立完整的考核奖励体系，饭店可以更好地使用人员，选择管理人才，调动员工积极性，提高功效，而员工感到有了公正的定期考核，晋升有望，工作情绪也会高涨。

5. 建立良好的薪酬福利制度

饭店的薪酬福利制度是饭店人力资源管理的重要内容，它不仅直接涉及到饭店的费用支出，而且直接影响到员工的工作积极性的调动与发挥的程度。因为薪酬福利不但是员工生活的保障，还是员工社会地位和资历以及自身价值的具体体现，同时也意味着饭店对员工劳动价值的认同程度。所以，饭店应选择适当的工资形式，实行合理的奖励和津贴制度，为员工提供劳动保险等福利待遇。只有通过建立良好的薪酬福利制度，才能激发员工的自豪感、归属感，才能增强饭店的凝聚力，使员工“爱店如家”。

6. 培养高素质的管理者

饭店管理者素质的好坏、能力的高低，对员工工作积极性的调动及饭店经营管理活动的正常运转产生重要影响，决定着饭店及其各业务部门的局面是否能打开、经营是否能成功。因此，饭店管理人员必须掌握有效的领导方式和激励、沟通技巧，培养“企业文化”，增强饭店的凝聚力，调动员工工作积极性，从而提高企业的经济效益。

二、饭店人力资源管理的基本原理

管理是科学,科学由原理组成。饭店人力资源管理作为管理学的一个分支,和其他管理领域一样,人力资源管理也必须遵循相应的管理规律,才能做到科学化、功能化、效率化。饭店人力资源管理的基本原理包括:

1. 增值原理

增值原理是指对人力资源的投资,可以使人力资源增值,而人力资源增值是指人力资源品位的提高和人力资源存量的增大。我们知道,人力资源管理的目的是提高社会劳动者的劳动能力,而劳动能力的提高主要靠两方面的投资,营养保健投资和教育培训投资,其中更为重要的是教育培训投资。要想使饭店中的员工提高其生产效率和生产能力,就必须对其进行业务培训。

2. 激励原理

激励原理指的是通过对员工的物质的或精神的需求欲望满足的允诺,来强化其为获得满足就必须努力工作的心理动机,从而达到充分发挥积极性,努力工作的结果。人在工作过程中是否有积极性,或积极性多高,对于其能力的发挥程度至关重要。人的能力只有在工作中才能发挥出来。人所拥有的能力和他在工作中发挥的能力往往是不等量的,这除了受到诸如工作环境的好坏,工作条件的良好程度,以及单位或组织内人际关系(上下级关系,同事关系)的协调,配合情况等客观因素影响之外,还要受到人的积极性的发挥程度这一主观因素制约,在客观因素相同的条件下,主观因素是个人能力发挥的决定性因素。人力资源管理者的任务不只是以获得人力资源为目标,人力资源管理者在为单位或组织获得人力资源之后,还要通过各种开发管理手段,合理使用人力资源,提高人力资源的利用率,为此就必须坚持激励原理。

3. 差异原理

人力资源管理的根本任务是合理配置使用人力资源,提高人力资源投入产出比率。要合理使用人力资源,就要对人力资源的构成和特点有详细的了解。“知己知彼,百战不殆”。人力资源是由一个个的劳动者的劳动能力组成的,而各个劳动者的劳动能力由于受到身体、受教育程度、实践经验等等因素的影响而各自不同,形成个体差异。就个体能力来说,这种差异包括两方面:一是能力性质、特点的差异;二是能力水平的差异。“用人之长,避人之短”是人力资源管理的基本原则。承认人与人之间能力水平上的差异，目的是为了在人力资源的利用上坚持能级层次原则，大材大用，小材小用，各尽所能，人尽其才。在人力资源管理中，差异原理指的是：具有不同能力层次的人，应安排在要求相应能级层次的职位上，并赋予该职位应有的权力和责任，使个人能力与岗位要求相适应。

4. 互补原理

在现代社会中，任何一个人都不可能孤立地去做事，人只有结成一定的关系或联系，形成一个群体才能共事。因此，群体内部的关系如何，直接关系到该群体所承担任务的完成好坏。现代人力资源管理要求，一个群体内部各个成员之间应该是密切配合的互补关系。人各有所长也各有所短，以己之长补他人之短，从而使每个人的长处得到充分发挥，避免短处对工作的影响，这就叫做互补。个体与个体之间的互补主要包括：①性别互补；②能级互补（能力等级的互补）；③年龄互补；④气质互补。

5. 动态原理

动态原理指的是人力资源的供给与需求要通过不断的调整才能求得相互适应。随着事业的发展，适应又会变为不适应，通过调整达到重新适应。这种不适应—适应—再不适应—再适应的循环往复过程是人力资源管理的重要特点。

三、饭店人力资源管理的目标

人力资源管理最关键的工作是在适当的时刻，把适当的人选安排到适当的工作岗位上，通过人事的协调来提高工作效率。因此，饭店人力资源管理的任务是取得人力资源最大的实用价值，发挥人力最大的主观能动性，提高工作效率。其具体目标可以概括为以下几个方面：

1. 培养造就一支优秀的专业化的员工队伍

饭店要正常运转并取得良好的经济效益和社会效益，就要广招贤人、注重培养，提高员工的素质，使员工队伍不仅在数量上与饭店各个岗位相适应，而且在素质上符合饭店业务经营的需要。饭店从业人员要达到规定的行业素质标准，并不断向高层次发展，就要对从业人员进行专业训练和素质塑造。训练和塑造既包括有计划有目的地灌输、训练，也包括引导并创造条件让从业人员发挥主动性，进行自我训练和塑造，以求得自我发展。

任何一家饭店想要在竞争中取胜，就必须重视造就一支优秀的、专业化的员工队伍。首先饭店管理者要根据饭店的特点和经营发展的需要，精心挑选适合且乐于从事饭店工作的员工。其次，要加强对员工的培训和提高，不仅要进行业务技能的培训，更要注重饭店员工服务意识和职业自豪感的培养。再次，管理者还应通过科学的管理和有效的激励，激发员工的工作热情，最终形成一支优秀的、高素质的专业化员工队伍。

2. 创造最佳员工组合

一支优秀的员工队伍，必须科学、合理地配置，才能形成结构优化、运作高效的劳动组织，形成最佳员工组合，从而使每个人的行为协调一致，共同完成经营的目标。否则，即使员工非常优秀，也未必能取得好的成效。因此，在饭店经营管理活动中，管理者要根据饭店的组织目标，科学合理的设置岗位，明确岗位职责及其素质要求，并制订相应的工作制度加以保证，使员工得以最优组合，做到职责分明，各尽其能，进而形成一个有序、高效的饭店组织，使饭店经济效益和社会效益最大化。

3. 充分调动员工的积极性，使其得到最大的发展

人力资源管理实质上并非“管人”，而在于“得人”，即谋求人和事的最佳组合。因此，饭店管理者必须充分调动员工的积极性，通过各种有效激励措施，发挥最佳的群体效应，创造一个良好的人事环境，使员工安心工作、乐于工作，最大限度地发挥员工的积极性和创造性。在工作中，饭店员工一方面通过学习、训导等手段提高了工作能力、知识水平，使个人素质和能力与工作要求相匹配，另一方面，员工希望学习新知识和技能，希望接受挑战性的工作。当组织目标与个人发展目标相一致时，员工在实现组织目标的同时，也满足了自我实现的需要，使自我得到了发展。饭店应以战略的眼光来看待人力资源，把员工培训视为一项投资，为员工提供训练和发展机会的同时也是为饭店今后的发展做好准备。

4. 处理好人才流动问题

人才流动问题是任何饭店都不可回避的。所谓人才流动是指各饭店之间、饭店和其他行业之间人才的来往，使饭店的人才能选择其合适的职位从而发挥其特长，进而逐步形成合理的人力智力结构。合理的正常的人才流动对饭店来说是必要的，饭店各类专业人员需要不断地增加和更新。由于饭店工作复杂，对员工素质和能力的要求较高，这就决定了饭店要从社会和同行业中引进和充实人才，以满足本身发展的需要。

饭店要正确对待和认真处理好人才流动，懂得人才流动的客观必然性和人才流动的规律，在保证本饭店人才基本稳定的前提下，允许人才正常流动。饭店对外要进行人才交流，对内则要注意人才的调试和培养。所谓人才调试是指在饭店内部允许个人根据自己的特长和对岗位的适应程度，在各岗位之间进行适当的调整。

5. 建立饭店人力资源开发利用体系

要真正达到饭店人力资源开发和利用的目的，必须有一套科学合理的人才开发和利用体系，形成人才辈出的优化机制。首先，要建立一套招聘员工的科学有效的程序和方法，为饭店挑选一批事业心强、有培养前途的员工。其次，要建立一套科学有效的培训制度和方法，提高饭店员工的素质和能力。再次，进行科学的定岗定员、优化结构、发挥最佳的群体效应。最后，通过科学的管理和激励方法，创造一个良好的人事环境，使员工安心工作、努力工作、积极向上，最大限度地发挥员工的积极性和创造性。

四、饭店人力资源管理的意义

饭店是以人为中心的行业，饭店的管理就是人的管理。管理学家弗莱特认为，管理就是一种通过人去做好各项工作的艺术。因此，加强饭店人力资源的管理具有非常重要的意义。

1. 加强人力资源管理是保证经营活动顺利进行的必要条件

饭店业务离不开人与物这两个基本要素，而人是业务经营活动的中心，是决定因素。员工的劳动不是孤立的个体劳动，而是一种分工协作的社会劳动。因此，要保证饭店经营活动的正常进行，首先必须合理招收员工，并科学安排、处理人与人以及人与事之间的关系，使其有机地结合起来。而这正是饭店人力资源管理最基本的职能。

2. 加强人力资源管理是提高企业素质和增强企业活力的前提

在市场经济条件下，饭店要想在竞争中站稳脚跟、打开局面，保持持续的发展，就必须提高企业的素质，增强企业的活力。而企业的素质，归根结底就是人的素质。广州白天鹅宾馆之所以能成为我国第一批五星级饭店之一，并成为饭店业中佼佼者，主要原因就在于他们注重智力投资，造就了一支优秀的专业员工队伍，从而使企业的硬件充分发挥效能，服务质量稳步上升。企业的活力源于饭店员工的主动性、积极性和创造性的发挥。人是有思想、有感情的，其积极性、主动性的发挥不能只靠上级对下级的发号施令，而只有采取科学的方法，进行科学的管理才能解决。只有加强人力资源管理，激发员工的主动性、创造性，才是提高企业素质,增强企业活力的关键。

3. 加强人力资源管理是提高饭店服务质量,创造良好社会经济效益的保证

饭店是通过向客人提供食宿及其他各种服务来获得效益的经济组织。因此,服务的多少与优劣是饭店能否获得良好经济效益的决定因素。所谓服务,实质上就是饭店员工凭借一定的物质条件,向客人提供劳务的总和。设施、设备等物质条件是提供服务的依托,是衡量饭店服务质量的重要依据,但饭店的实施、设备只有通过服务人员的劳动才能发挥效能,决定饭店服务质量高低的关键还是服务人员提供的服务。而服务人员的服务意识、精神状态、心理素质、身体状况等精神因素和操作技术、服务的艺术等业务水平又决定了服务质量的优劣。因此,服务质量的高低实质上是员工素质高低和积极性高低的体现。要提高服务质量,从而取得良好的经济效益和社会效益,就必须努力搞好人力资源的管理。

饭店人力资源管理和其他人力资源管理相比具有特殊性,是一种系统性、综合性的管理。饭店人力资源管理既然是一种全方位全员性的管理,就不可能由哪一个部门或哪一位管理者来孤立地实施,而必须将其作为系统工程来认识和运作。该系统由录用系统、培训系统、使用系统、奖惩系统、离退系统等围绕着总系统目标进行运转的数个子系统组成。同时,还应看到其有综合性的特点。在管理制度、管理体制和管理方法上,要善于兼收并蓄、取长补短,既要结合我们的国情和人员素质的实际情况,又要积极借鉴国际上许多饭店先进的管理经验,如行为科学、管理心理学的科学内容;既要提倡人才的合理流动,又要从经济效益角度促使业务骨干保持相对稳定等。在管理思想、管理目标、管理内容等方面,必须采取一系列措施,而且这些措施本身要配套,要相辅相成,不能顾此失彼,也就是说,不搞单一的管理,而要配合运用各种制度和方法进行综合管理。系统管理和综合管理的中心内容,主要是体现"以人为中心的饭店立体管理模式"。其具体内容由"三维空间"、"九个要素"构成。

一是个体素质开发维,即自觉性开发,其目的是提高员工自我管理、自我调节、自我开发的能力。为此,要从文化、教育、修养三个方面来努力。即包括文化、教育、修养三个要素。在这一维的三个要素中,文化是前提。这里的文化,是指饭店企业文化。就是要通过企业文化,来增强员工行为的自觉性,促使员工与饭店形成一个同舟共济、利益分享、风险共担的命运共同体。教育这个要素是基础,饭店在竞争中取得优胜和发展靠管理水平和服务质量,管理水平和服务质量靠人才,人才靠教育。要通过全方位的员工教育来开发员工的智慧,提高员工的素质。

修养这个要素是手段,就是要用自我修养的方法提高员工的综合素质,增强员工自我管理、自我调节的能力。

二是集体行为调控维,即强制性的驱动,其目的是为了保证人的行为的合理性和有效性。个人行为要与集体行为一致,否则饭店就不能奏出和谐优美的乐章。为此,要在组织、制度、激励三方面下功夫。即包括组织、制度、激励三个要素。在这些要素中,组织是骨骼。组织形成既要有利于个人积极性的发挥,又要有利于集体优势的发挥。不仅要使人与物,更要使人与人和谐。制度这个要素是保证。个体的积极性与群体的协调性,能否在良性循环的"磨合"中渐趋一致,不能依赖于"人治",而必须科学化、规范化,即要靠科学的制度来加以保证。激励这个要素是杠杆。激励既包括物质方面,也包括精神方面。把三个要素有机组合起

三是物质、社会保障即积极性"再充电"维。这一维包括生活、交往、保健三要素。也就是说,饭店人力资源的开发与管理,绝不仅仅是管理者向员工的单方索取,期望最大限度地榨干员工的所有能量,以实现急功近利的短期效应目标。这样或许会收取一时之效,但最后结果只能是以负效应告终。饭店人力资源的开发与管理,既然作为具有综合性的系统就要统筹兼顾,在提高员工的素质和调动积极性的同时,还必须解决员工的多层次需要问题。饭店员工作为人,至少有生理安全、社交、文化及自我发展等需要。为此,就要使员工生活社会化,交往广泛化和保健科学化,为员工提供物质、社会的保障。这样,就可以对员工多方面、多层次的物质文化需要提供有效的基本保障,从而实现对员工的积极性"再充电"。

第三节 现代饭店人力资源管理体系

要实现饭店人力资源管理目标,不仅要注意管理的方法和手段,更主要的是首先必须确定管理的指导思想,而且根据指导思想构建相应的人力资源管理体系。因为现代人力资源管理的系统性和层次性要求饭店人力资源管理体系的严谨性和高标准性,这就在客观上要求饭店人力资源管理体系的构建在内涵上更加丰富,在外延上更加广泛,在标准上更加深入。

一、饭店人力资源管理组织结构

1. 人力资源是饭店最为宝贵的资源

通过合理地开发人力资源,充分发挥人的最大潜能,为饭店的经营目标能够

提供巨大的增值效应。没有高素质、高效率、高满意度的员工,就没有高满意度的顾客和饭店的高效益。人力资源部作为开发、管理饭店人力资源的职能部门,所处的位置和所担负的责任都是极为重要的。

人力资源部主要负责以下工作:人力规划、员工招聘、录用、培训、考核、工资、劳保、福利、调配、质检、劳动关系协调等。

2. 人力资源部的重要性

人力资源部是饭店中最关键的决策职能部门之一,饭店的经营管理离不开人、财、物、时间、信息等资源。在诸多资源中,唯有人力资源是最为宝贵的。因为,其它任何资源均由人来开发利用,而且通过合理地开发人力资源、充分发掘人的最大潜能,能够产生巨大的增值效应,其最核心内容就是要通过最大程度地满足目标客源市场的需求,以实现企业效益和社会效益的最大化。

3. 人力资源部功能和作用

人力资源部的功能和作用主要体现在三个方面,即提供饭店经营活动中所需的充足的各种人力资源;提高人员素质以及合理利用和开发人力资源;发挥员工的积极性,挖掘潜能。

通过人力资源部的工作,能明确地树立起现代人才观念,真正做到了解人、关心人、尊重人、培养人,合理地选好人、用好人,使得人尽其才、才尽其用。

要在饭店内部真正按照科学合理的原则,根据实现企业目标的需要,从最大限度调动人的工作积极性、创造性出发,制定出整套包括选拔、培养、使用、考核和奖惩在内的劳动人事制度和分配制度,科学地定岗定编,使人与事得以最佳结合。

人力资源部的工作特点是既有阶段性目标,又要有贯彻始终、永无止境的追求。因为社会的发展,科学技术的进步会不断地给人力资源开发提出新课题,且饭店管理思想、管理体制、管理手段和管理方法的科学化、现代化本身也要求员工不断调整自己的知识结构,提高自己的知识水平。人力资源部要尽可能为员工表现自己的能力提供机会,使他们获得的知识在实践中转化为经验,上升为理论。

4. 饭店人力资源管理组织

人力资源部经理:

直接上级:人事行政总监。

直属下级:劳资福利主管、培训质检主管、人事外勤主管、培训教师、工资员兼文员、宿舍主管等。

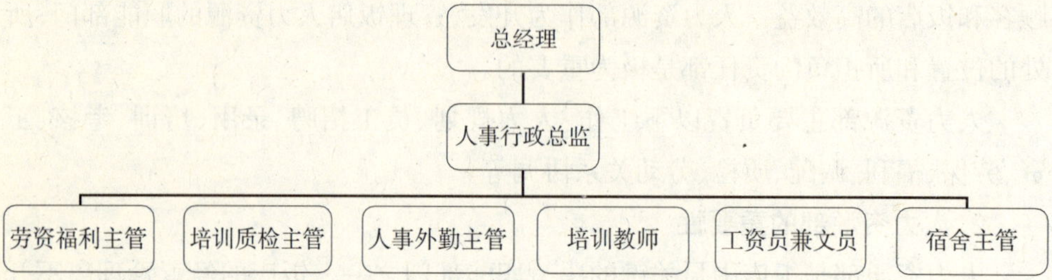

图 1-1 饭店人力资源管理组织结构图

二、现代饭店人力资源管理体系

现代饭店的竞争归根结底是人才的竞争，科学、合理、高效地开发饭店的人力资源是提高饭店竞争力的关键。人力资源的开发需要机制的保障，只有建立起有效的机制，才能保证饭店内部创建与保持一个公正、公平、公开的人才环境，才能吸引人，培养人，留住人，发展人。饭店人力资源管理工作是一个系统的工程，不同于传统的人事管理，其过程更加复杂，内涵更加丰富，各个环节紧密联系，必须有机地整合在一起，构建饭店人力资源管理体系。

现代饭店的人力资源管理是从传统的人事管理发展而成，但不是人事管理的简单扩充和名称上的随意变更。简单地说，人事工作主要包括人员的招聘、员工档案的管理、合同的管理、工资与福利的计算与发放、考勤及休假管理工作等。而现代人力资源管理体系则以传统的人事管理为基础，包括构建科学合理的组织架构、建立完善的职位体系、培训开发体系、职业生涯规划体系、绩效管理体系、薪酬管理体系、企业文化建设等。需要指出的是现代饭店人力资源管理体系以传统人事管理为基础，并不意味着与传统人事管理在基层环节的完全相同。因为现代人力资源管理的系统性和层次性要求饭店人力资源管理体系的严谨性和高标准性，这客观上要求其在内涵上更加丰富，在外延上更加广泛，在标准上更加规范。

（一）新建饭店人力资源管理体系建立的重要性

1. 人力资源管理体系是制度化管理的重要组成部分

制度化管理是现代企业管理的重要发展，科学、合理、健全的饭店管理制度体系是饭店实施制度化管理的基础。人力资源管理是对饭店整体人力资源的规划与管理，其人力资源管理制度部分，对开发、管理、激发、约束饭店人力资源有着重要的作用。

2. 人力资源管理体系保证了管理上的有法可依

现代饭店的管理是一种公开、公平、公正的管理，其透明化程度越来越高，再也不是某一位领导随意拍板定乾坤了。具体而言，现代饭店管理必须讲究合法的动机、合法的内容、合法的程序、合法的结果。这其中的“法”就是“规章制度”，因此，我们说人力资源管理体系保证了管理上的有法可依。

3. 人力资源管理体系保证了管理上的系统性

管理的系统性是现代饭店管理的追求目标之一。首先，系统性的管理是规范化管理的一个重要组成部分，引导企业向更规范科学的方向发展。其次，系统性是完整组织的标志之一，它给顾客和内部员工以一种正式组织的概念和印象，对稳定顾客消费心理、坚定员工信念等有不可替代的作用。最后，系统性为日后的经营管理培育了良好的传统和可延续的模板，降低了未来管理的风险和难度，正所谓“良好的开端是成功的一半”。

（二）新建饭店人力资源管理体系建立的必要性

1. 饭店从业人员整体素质不高

饭店人力资源质量是饭店产品质量的有效保证，但是从当前来看，我国饭店业从业人员整体素质不高。我国饭店业的高层管理者中，大专学历约占50%，督导及基层员工则以高中学历为主。如表1–1所示：

表 1–1 星级饭店从业人员学历构成

	总经理级	部门经理	督导级	基层员工
初中及以下	3%	4%	3%	15%
高　中	1%	32%	45%	65%
大　专	57%	50%	42%	24%
大学及以上	30%	14%	10%	1%

饭店业从业人员素质不高主要有两个方面的原因：其一，我国饭店教育发展较迟，饭店专业人才培养有限。其他行业人员弃行转业从事饭店业，这直接降低了其职业技能和专业素质。其二，饭店职业可进性强。饭店是典型的服务性企业，其基层基本工作要求较低，如客房服务员通常只要求其具有初中文化水平以上，形象端庄，举止得体，吃苦耐劳；而往往忽略了职位的发展性技能，一定的外语水平。

2. 饭店人力资源的流动性高

饭店业是人员流动率最高的行业之一。究其原因,主要有三点:其一,饭店业整体行业人才供不应求,人力资源尤其是中高级人才资源稀缺,使得人员有较大的选择空间。其二,饭店组织是典型的金字塔式的组织机构,其基层人员需求总量较多,中高层人员较少,尤其是单体饭店、个体发展空间的短期性,这使得饭店人力资源管理,尤其是饭店人力资源培训受到了严峻的挑战,这也是现代饭店人力资源成本不断攀升的一个重要原因。

3. 饭店人力资源管理过程灵活

饭店产品的重要组成部分是饭店的服务,饭店员工是饭店服务的提供者。在为顾客提供服务的过程中,顾客往往扮演着监督、管理与评价的作用。管理过程的灵活带来了一定的矛盾和争议,其原因概括地说有三点:其一,顾客没有完整的评价体系和标准,对服务质量的肯定与否定存在较大的差异;其二,顾客的评价往往是感性的,其评价的环境也不一。有时候顾客是为了形象、面子,有时候又是因为醉酒,其评价的随意性大;其三,顾客评价往往被放大。顾客的称赞往往是员工中夸耀的资本,其效用往往被扩大化。

(三)现代饭店人力资源管理体系构建的主要内容

如何更有效地构建人力资源管理体系一直是一个有争议的问题,尽管如此,也不是没有规律可循的。

1. 夯实人力资源管理的行政基础

人力资源管理的行政基础是指各种人力资源管理的支撑体系,它包括软基础和硬基础两个方面。所谓的软基础是指人力资源在饭店中的地位、作用,高层领导给予重视的程度,以及给予的种种政策和政策倾向等,是一种不成文的规定,在实践中体现的是一种氛围。所谓的硬基础是指人力资源管理的基本规章制度,是人力资源管理工作得以顺利开展的制度依据,主要包括人事管理制度、招聘选拔制度、绩效考评制度、薪酬管理制度等。其中人事管理制度主要包括考勤及休假管理制度、劳动关系管理制度,招聘选拔制度包括招聘制度、内部选拔与晋升管理制度,绩效管理制度包括绩效奖励与绩效考核制度,薪酬管理制度包括薪酬与福利管理制度、奖金评定制度、非经济激励方案、工作建议激励方案、非常规人才激励方案等。

2. 搭建组织管理平台

搭建组织管理平台主要包括构建组织机构和建立职位体系两项基本工作。组织结构的构建主要包括饭店治理机构、饭店组织架构、部门功能的界定、职责划分与管理权限等；职位体系的建立包括职位分析、职位评估、职位说明书的编写等。其中职位分析和职位评估是职位说明书的重要组成部分。职位说明书在人力资源管理中发挥着重要的作用，它精细地描述了职位的定位，是招聘、培训、薪酬管理工作的基础。

3. 建立人力资源开发体系

人力资源开发体系是饭店企业引入人才、培养人才、使用人才，并最终实现人才价值的战略体系，是人力资源管理体系的重中之重。它主要包括招聘体系、培训开发体系、绩效激励体系、薪酬激励体系。招聘体系是饭店人力资源开发的基础，它是以饭店招聘制度为依据，以饭店产品需求为前提的人力资源综合开发。培训开发体系是对饭店现有人才的"再加工"，以满足饭店工作的需求和个体的需要。绩效激发体系是人力资源差异化和能级化原理应用的有效工具，它通过绩效奖励促进员工潜力的开发，通过绩效考核限制员工劣根性的发展。薪酬管理体系通过物质与非物质方法促进人的主观能动性的发挥，尽可能开发员工能量，为饭店服务，创造更多的价值。

4. 建立与维护企业文化

饭店企业文化是指饭店的经营理念、价值观念、哲学思想、文化传统和工作作风等，它可以分为企业的物质文化、制度文化、精神文化三个层次，其中制度文化是由企业的法律形态、组织形态和管理形态构成的外显文化，是企业文化的中坚和桥梁。把企业文化中的物质文化和精神文化有机地结合成一个整体。在管理中表现为饭店全体成员的精神风貌、道德准则、价值标准、行为模式及管理方式的规范。企业文化是企业的灵魂，优秀的饭店需要强有力的饭店企业文化的支撑。

第四节　饭店人力资源从业人员素质要求

随着饭店业的不断发展，对于饭店从业人员的素质要求也是越来越高，当然这对于饭店人力资源管理人员来说也是一个挑战。饭店人力资源管理人员素质要求主要体现在专业性强、高度的敬业精神、较强的战略分析能力、高职业素质、创新能力强。

一、饭店从业人员能力素质状况分析

1. 饭店业人员结构性短缺严重

饭店业发达城市饭店人才供应不足,星级酒店不断地增加,但是人才的供应不够。经济落后城市饭店人才缺乏,因为高级人才不愿意到落后地区去,那里的饭店无法招聘到高级人才,因为生活和文化无法满足。新开业饭店特别缺乏高管与资深服务人才,因为新开业的饭店没有品牌和文化,资深的服务人员和高级人员都留在成熟的饭店,这就造成了结构性缺乏。

2. 饭店业人才向非饭店业非理性流失严重

饭店业的流动都是从低往高流动, 饭店业做了中层后, 到了别的行业是提高,这种情况是比较普遍的。其中的现象是:从饭店业流向房地产业,大部分售楼人员都是来自于饭店和旅行社的。从饭店业流向旅游业、从饭店业流向移动通信业、从饭店业流向保险业、从饭店业流向商业、从饭店业流向社会餐饮、娱乐、休闲业。饭店作为社会的窗口和平台,只要是优秀人员很容易被挖走的。

3. 饭店业高级职业经理人供求矛盾突出

中层总监以上到副总和总经理层面上的供求矛盾很突出, 2007 年—2008 年来自世界品牌的酒店大概有 1000 人报名,符合条件的只有 100—150 人,根本达不到国际公司高级酒店人才的要求, 因此高级人才是非常缺乏的。总经理缺乏,综合素质高、职业操守好的总经理尤其缺乏,总监和资深经理缺乏,营销、房务、财务、工程、人力资源、培训等专业的经理人尤其缺乏。

4. 经营型人才比管理型、服务型人才更缺乏

有资深服务和管理经验的总监容易找,但是真正可以带领饭店扭亏为盈,真正带领饭店做强做大的人才比较少,重服务轻管理或者重服务、管理轻经营的观念在总经理队伍中十分普遍,善于经营、富有创新精神和开拓能力的经营型人才十分缺乏,行业呼唤一大批的饭店企业家出现,但是人才库中提供饭店企业家的不多。

5. 全面素质能力的缺乏束缚了饭店总经理的经营管理水平

很多的总经理都是本行业培养的,都是从基层做起的,有的擅长于培训、前厅或者是营销,工作的需要,一步一步地走上总经理的岗位。此前因为关注本部门的工作内容,因此不乏部门管理经验和能力,而要驾驭整个饭店全局,则力不

从心，究其原因是缺乏全面素质和能力。

二、饭店人力资源管理人员的素质要求

现在，越来越多的饭店意识到，人才是饭店最大的资本和组织的核心竞争力，人力资源部门是饭店人才战略的实施者。这就对人力资源管理人员的个人能力和素质提出了更高的要求。但是，目前在大多数组织中，人力资源管理人员只满足于处理好组织的内部事务，服务于内部客户，扮演勤勤恳恳的"老黄牛"角色。结合我国饭店业的现状，要求人力资源管理人员必须具备以下素质：

1. 专业性强

到目前为止，饭店中的人力资源管理人员很少是从人力资源管理专业毕业的，加上人力资源管理的进入门槛较低，有一定数量的从业人员是从饭店的其他岗位如秘书、行政、助理等转行从事人力资源管理工作。他们在工作期间，很少有机会接受正规而系统的人力资源管理专业培训，所掌握的相关知识是从日常操作中获得，或者总结了前人、同事的经验教训。在人力资源管理人员的桌子上不泛各类书籍，但他们关注的多是那种实用的操作性强的书，碰到问题可以把它当成自己的"灭火器"。对其他部门的业务，甚至对本行业都缺乏一个系统、全面的了解。人力资源管理在中国受到重视的时间并不长，任何事物都有一个发展的过程，目前从业人员专业程度不高是完全可以理解的。但是，好的人力资源管理者必须要专业。随着人力资源的不断发展，人力资源管理在公司的作用越来越大，一个人力资源管理者如果没有专业知识，就不可能胜任他的工作。同时，要赢得上司和下属的尊重和信任，也必须拥有自己的专业。

2. 高度的敬业精神

敬业，就是敬重自己从事的事业，专心致力于事业，千方百计将事情办好。而饭店人力资源管理人员往往容易满足于现状，不思进取，不愿改革。目前，在外企工作的人力资源管理人员普遍存在着这种现象：大家认为只要每天把该做的事情完成，不得罪公司内部的关键人物，员工方面也交待得过去，那就万事大吉了。他们较少关注如何把自己的工作做得更好，人力资源部门如何在公司的决策中起到更大的作用。至于在饭店中进行人力资源管理方面的变革或创新，则首先考虑到会不会有损于自己的权利和利益，会不会得罪企业中的其他领导。追求一份稳定的工作、可观的收入和现代化的工作环境，并没有什么大错。然而，对工作的认真、负责和精益求精，是一种积极向上的人生态度，因为人生的价值在于奋斗、

进步、奉献与不断创新。

3. 较强的战略分析能力

很多饭店人力资源管理人员更多时间是扮演“救火队”的角色，哪里有问题就扑向哪里，解决问题，远达不到引导变革的高度。这种“救火队”的角色让他们自身也很被动，没有时间去考虑更多战略层面的问题。饭店的人力资源管理者每天花大量的时间在人员招聘、薪酬发放、绩效评估等日常事务上，为饭店做出战略贡献这一点上力不从心。传统的人事管理是某一职能部门单独使用的工具，似乎与其他职能部门的关系不大。现代人力资源管理与此截然不同，它要求人力资源部门成为一个饭店、一个组织真正的规划、决策、制度设计部门，集中精力营造一种良好的工作氛围，开发员工潜能。此外，人力资源管理人员要参与饭店的战略决策，要与 CEO 和其他业务部门沟通，仅仅具备人力资源方面的专业知识显然是不够的。

4. 高职业素质

人力资源部门因其管理饭店内部最重要的资源——人力资源，掌握着饭店的核心机密，如人员工资、人才战略，在饭店中处于非常特殊的地位，自然成了现代企业管理的核心。基于这点，对人力资源管理者的素质要求就非常高。企业实践中劳资双方永远都具有一定矛盾性，当双方发生矛盾时，人力资源管理者的角色应当是作为独立的第三方，根据企业、社会利益最大化的原则，做出应有的判断。然而，现今饭店中的人力资源管理者往往先从个人利益出发，或是惧怕失去工作职位，只得完全依照高层管理者的旨意行事，高层管理者让怎么干就怎么干，根本不考虑是否符合法律、政策的规定。饭店内部出现问题并不是冲在前面，勇于承担责任，而是躲在幕后，找替罪羊。合格的人力资源管理人员应该做到“能软能硬”，也就是对于涉及到价值观、道德规范的事情，要毫不妥协地坚持原则，但在日常管理中体现以人为本，以足够的灵活性来适应业务部门的要求。

5. 创新能力强

许多人力资源管理人员已经习惯于缺乏创造性，只知道机械被动地处理例行的日常事务。这种状态已远远不能适应当今的人力资源工作要求了。知识经济时代是一个人才主权时代，人才具有更多地就业选择权与工作的自主决定权。时代趋势要求企业，要求人力资源管理者在吸纳、留住、开发、激励人才上不断创新。不能创新，高层管理者不给权不支持，不能真正参与企业的经营管理，这是一个方面。但关键还是人力资源管理人员自身素质要提高。要有创新，就要学习，要在饭店中真正建立起一个学习型的环境。

复习思考题

1. 简述人力资源的内涵。
2. 饭店人力资源管理的概念。
3. 饭店人力资源管理的意义。
4. 如何构建饭店人力资源管理体系。
5. 简述饭店人力资源管理人员的从业要求。

主要参考文献

李芬芳. 人力资源管理理论探源及其发展趋势[J]. 浙江纺织服装职业技术学院,2005(4):67—72.

李丽,杨国堂.饭店管理概论 [M]. 北京:科学出版社,2007.

王勇.人力资源管理概论 [M]. 武汉:武汉理工大学出版社,2006.

谢蔼,袁轮渠. HRM 发展历史和未来趋势[J]. 中国人力资源开发,2001(4):21—22.

张四成,王兰英.现代饭店人力资源管理[M]. 广州:广东旅游出版社,2000.

第二章 饭店人力资源规划

现代科学技术发展对人力资源提出了新的素质要求，处于市场竞争中的饭店,又面临着不断变化的人力资源供求关系。为了保证饭店能够得到所需的人力资源,从而实现饭店目标,就要求对未来的人力资源供求关系进行预测,并据此制订人力资源规划。

本章主要阐述饭店人力资源规划的概念、特点、内容、原则与作用,以及饭店人力资源规划的程序与方法等问题。

第一节 饭店人力资源规划概述

随着饭店的不断发展和壮大，饭店人力资源成为饭店最为重要的核心竞争力,饭店人力资源的规划工作也变得重要起来,对饭店人力资源的规划工作也是对饭店未来的规划工作，饭店人力资源规划成为支持饭店战略规划和目标实现的最为重要的工作之一。

一、饭店人力资源规划的概念

1. 饭店人力资源规划的定义

饭店人力资源规划,是指为实施饭店发展战略,实现其目标,根据饭店内外部环境的变化,运用科学的方法对所属人力资源的供需进行预测,制定相宜的政策和措施,从而使饭店人力资源供给和需求达到平衡的过程。简单地说,饭店人力资源规划即指进行人力资源供需预测,并使之平衡的过程。

理解饭店人力资源规划,应当把握如下的涵义：

(1)饭店人力资源规划应当从饭店的战略目标和具体工作任务出发,使人力资源的数量、质量和层次结构能满足其特定的生产活动与技术条件的要求，实现饭店人力资源的最佳配置。

(2)饭店人力资源规划应当在实现饭店战略目标的同时，满足饭店员工的个人发展要求，力争做到饭店的发展目标与员工个人的目标协调一致和共同实现。

(3)饭店人力资源规划应当保证人力资源与饭店未来发展相适应，为饭店的未来生产经营活动准备充足的人力资源。

(4)饭店人力资源规划还包含为实现饭店及员工个人目标而制定的政策与措施，最大限度地开发利用人力资源的潜力。

2. 饭店人力资源规划的类型

(1)按时期的长短，饭店人力资源规划可分为长期、中期和短期三大类。长期人力资源规划是为了实现饭店长期的发展战略目标而对饭店相关人力资源开发与管理的总战略、总方针和总目标进行的全面、系统的筹划，其战略性、指导性强，期限一般在5-10年以上。短期人力资源规划一般是季度或年度规划，这类规划的目标十分明确，内容十分具体，可操作性强，并且具有一定的灵活性。中期人力资源规划一般是指1年以上5年以内的人力资源规划，主要反映饭店中长期的发展目标、方针、政策与措施。

(2)按涉及范围，饭店人力资源规划可分为饭店总体人力资源规划、部门人力资源规划和岗位人力资源规划。

(3)按其性质，饭店人力资源规划可分为战略性与战术性人力资源规划两大类。战略性人力资源规划体现其总体性、长期性。战术性人力资源规划主要是饭店人员补充规划、人员分配计划、人员教育培训计划等具体的人力资源规划。

3. 饭店人力资源规划的特点

(1)全局性与系统性。饭店人力资源规划是根据饭店未来一定时期人力资源供需状况，设计饭店人力资源管理与开发措施的指导性文件，它首先是对整个饭店人力资源做出的总体策划，具有总揽全局的特点。当然，全局又是由局部构成的，如果人力资源规划在某个子系统上出了问题，都会影响饭店未来的各项经营管理活动。因此，饭店人力资源规划又是一个相互依存、互为影响的系统工程。

(2)竞争性。饭店的任何一种规划或策划都是为了获得竞争优势，增强市场竞争能力的。人力资源规划所确定的人力资源管理策略意在有效地防止同行竞争者或其他行业挖走自己的员工，稳定内部人力资源；同时又能与同行在人力资源市场上展开竞争，吸引饭店外部的优秀人才，其竞争性十分突出。

(3)风险性。饭店人力资源规划是对饭店未来人力资源供需状况的预测,而饭店在发展过程中可能会遇到意想不到的变化;同时,规划者在对实现环境的把握过程中也带有明显的主观性,饭店要冒一定风险是不可避免的。

二、饭店人力资源规划的内容

饭店人力资源规划的内容大体包含两个方面:

1. 饭店人力资源总体规划

它是指在计划期内饭店人力资源管理的总目标、总政策、实施步骤和总预算的安排。

2. 饭店人力资源业务计划

主要包括饭店员工补充计划、员工分配计划、员工接替与晋升计划、员工教育培训计划、员工激励计划和退休解聘计划等。其详细情况如表 2-1 所示。

表 2-1 饭店人力资源规划概览

规划类型	规划目标	政策	预算
人力资源总体规划	总目标(绩效、人力资源总量、质量、员工满意度)	基本政策(扩大、收缩、保持稳定)	总预算:×××万元
员工补充计划	类型、数量、层次结构以及对人员素质和绩效的改善	员工素质标准、员工来源范围、起点待遇	招聘选拔费用
员工分配计划	部门编制、人力结构优化与绩效改善、人力资源能位匹配、职务轮换幅度	任职条件、职位轮换范围和时间	依据使用范围、差别及员工状况确定工资、福利预算
员工接替与晋升计划	后备人员的数量、提高人员结构及绩效目标	全面竞争、择优晋升、选拔标准、提升比例、未提升人员的安置	职务变动引起的工资变动
员工教育培训计划	素质及绩效改善、培训数量类型、提供新的人力资源、转变态度和作风	培训时间保障、培训效果保障(待遇、考核、使用)	教育培训的总投入和产出、脱产培训损失
员工激励计划	减少人才流失、提高士气、改善绩效	工资政策、激励手段与重点	增加工资、奖金额预算
员工退休解聘计划	减少编制、降低劳动成本、提高劳动效率	退休政策、解聘标准与程序	安置费

三、饭店人力资源规划的原则

在进行饭店人力资源规划时,应当把握以下原则:

1. 与饭店的发展战略规划和相关业务计划协调一致的原则

饭店的发展战略目标是饭店在一定时期内的发展方向和各种活动的依据,因此饭店的人力资源规划也应当以此为基础。饭店员工的补充、配置、教育培训都应当和饭店的发展战略目标决定的岗位设置、人员素质要求相适应,与饭店的发展战略规划和各项业务计划保持一致。只有在这一前提下充分发挥员工的积极性、创造性,才有利于饭店各项业务计划的顺利实施与发展战略目标的最终实现。

2. 饭店利益与员工个人目标兼顾原则

人力资源规划不仅仅是饭店发展战略的重要组成部分,更是面向员工、涉及员工个人命运与前途的规划。对一个饭店而言,饭店的发展与员工个人的发展是相互依托、相互促进的。如果一个饭店在制订人力资源规划时仅仅关注自身的目标而忽视员工个人的利益,必然会影响饭店发展战略目标的实现。因此,饭店人力资源规划必须兼顾饭店和员工双方的利益,保证两者的共同发展。

3. 外引内稳原则

现代企业的竞争归根结底是人才的竞争,一个饭店仅仅靠自身的力量难以提供饭店竞争和发展所需要的各种人才,必须想方设法招揽外部优秀人才。因此,人力资源规划所确定的各种方针、政策必须对外部优秀人才具有足够的吸引力,饭店只有在不断吸纳外部优秀人才的前提下,才可能在激烈的市场竞争中立于不败之地。与此同时,饭店的主体是员工,能否把员工吸引到饭店的战略目标上来,是饭店人力资源管理活动的关键所在。因此,饭店人力资源规划在吸引外部人才的同时,更应树立人本主义的理念,真正关心员工、爱护员工,充分发掘员工的潜力,给每一位员工充分的个人发展空间,增强饭店员工的凝聚力,稳定员工队伍,方能确保饭店的正常运行和战略目标的实现。

4. 创新原则

创新是现代饭店发展的精神支柱,也是饭店人力资源规划应当遵循的一项重要原则。在激烈的市场竞争环境中,唯有创新才是饭店适应新环境、赢得竞争优势的最佳方式。人力资源规划尤其要在饭店人力资源开发与管理理念、开发模式、管理机制、激励机制等方面大胆创新,才可能发挥其外引人才、内稳人心的作用。

四、饭店人力资源规划的作用

饭店人力资源规划的作用有以下两个方面:一是对饭店方面的贡献;二是对饭店内部人力资源开发与管理自身的贡献。

1. 人力资源规划对组织的贡献

一方面,人力资源规划是根据饭店的战略目标制订的,它实际上是饭店的战略目标在资源保障与配置上——人力资源供需(包括数量与质量)方面的分解,是为了确保饭店目标的实现而制订的一种辅助性规划,它与饭店的其他方面的规划,如饭店的营销计划、生产计划、财务计划等共同构成饭店目标的支撑体系。

另一方面,由于饭店所处的内外环境是不断变化的,因此,饭店的战略目标也需要不断进行调整,故而饭店对人力资源的需求也随之而变化,这种需求的变化必然导致人力资源供需之间的失衡。人力资源规划的另一作用就是要根据饭店目标的变化和饭店的人力资源现状,分析预测人力资源的供需,采取必要的确保措施,平衡人力资源的供给与需求,确保组织目标的实现。

2. 人力资源规划对人力资源开发与管理的贡献

人力资源规划是人力资源开发与管理的业务基础。人力资源规划的一项基本任务是对饭店的现有能力进行分析,对员工预期达到的能力与要求进行估计与分析。人力资源规划的各项业务计划将为功过分析提供依据。

饭店根据工作分析的结果与对员工现有的工作能力的分析,决定人员配置的数量与质量,并对人力资源的需求进行必要的修正,然后饭店根据人力资源的供需计划和人员配置的结果(即剩余人员和短缺人员的数量)来决定招聘与解雇员工的数量,因此人力资源供需计划是员工配置的基础。

人力资源规划对员工培训也有很大影响。人力资源需求计划对人员的数量与质量提出了要求,饭店可根据人力资源供给状况来决定对员工培训的范围与内容,决定培训的投资额度,达到以最小的人力资源成本获得最大效益的目的。与此同时,对员工的培训使得员工的素质和能力得到提高,这又会对人力资源的供给产生影响。人力资源规划与员工培训是相互作用的。员工则可以通过饭店的人力资源规划看到饭店未来对各个层次上的人力资源要求,可参照饭店人力资源的供给情况来设计自身的发展道路,这对提高员工的劳动积极性是非常有益的。

第二节 饭店人力资源规划的管理

饭店人力资源规划作为人力资源管理的一项基础活动，其核心部分包括：饭店人力资源需求预测、人力资源供给预测和人力资源的供需平衡三项工作。

一、饭店人力资源管理编制程序

1. 收集信息，研究和设计饭店的总体发展战略和经营环境

影响饭店战略决策的信息有：饭店的技术水平、饭店产品构成、饭店顾客群构成、饭店的市场份额、饭店的经营规模以及饭店的发展方向，等等。人力资源规划必须充分考虑上述要求。

制订人力资源规划，又面临着一定的经营环境，即饭店外部劳动力市场供求状况、劳动者的综合素质、相关的政策法律、本地区的平均工资水平和人们的择业倾向等，都会对人力资源规划的制订形成制约。因此，对这些经营环境方面的信息，必须有明确地认识和科学地分析，并将它们作为制订人力资源规划的重要依据。

2. 分析饭店现有的人力资源状况

分析现状实际上就是对饭店现有人力资源的数量、质量、配置结构等情况进行研究。在研究过程中要着重分析：①员工的自然素质；②录用情况；③教育培训资料；④工作实绩评价资料；⑤工作经历；⑥服务与离职资料；⑦工作环境资料；⑧任职情况；⑨责任事故资料。通过对这些资料的分析研究，一方面可以充分了解饭店现有人力资源的潜力；另一方面也可以找出饭店现有人力资源与其发展要求之间的差距，发现饭店人力资源管理与开发过程中存在的问题与偏差。

3. 对饭店人力资源供求状况进行预测

预测饭店人力资源的供给与需求就是在全面研究影响饭店人力资源供给与需求的各种因素的基础上，采用定量和定性相结合的科学方法，对饭店在未来一段时期内人力资源的供给与需求进行预测。通过预测，可以了解饭店对各类人力资源的需求情况，以及满足饭店上述需求的内部与外部的人力资源的供给情况。这是饭店人力资源规划过程中难度最大、最为关键的一个环节。

4. 制定人力资源供求平衡的总计划和各项业务计划

编制规划是对前述几个步骤工作的总结，主要包括饭店人力资源供求平衡

的总体规划和饭店人力资源管理与开发过程中的各项业务计划两大类。在编制规划时应着重把握好以下两个问题：一是在饭店人力资源总体规划和各项业务计划中必须分别提出解决饭店人力资源供大于求或求大于供的具体政策与措施,使饭店的人力资源需求得以满足的情况下保持供求关系的平衡;二是编制饭店人力资源规划、制定各项人力资源管理政策时应充分考虑与饭店其他各类规划或设计的关系,务必做到彼此协调一致。因为饭店的人力资源规划一方面要为饭店的其他各项规划服务;另一方面,饭店的其他规划又会制约人力资源规划,如果彼此不协调一致,人力资源规划就难以取得预期成效。

5. 评估人力资源规划

评估是饭店人力资源规划过程中最后一步。人力资源规划并不是一成不变的,它是一个动态的开放系统。对其过程和结果必须进行监督、评估,并重视信息反馈,不断调整规划,使其更切合实际,更好地促进饭店目标的实现。

在对饭店人力资源规划进行评估时,一定要公正、客观和准确。同时,要进行成本—效益分析以及审核规划的有效性。而人力资源是否有效运用,可以从若干指标显示出来,例如人力成本、生产力水平、服务质量等。

二、饭店人力资源规划的实施与控制

饭店人力资源规划的实施与控制是规划能否实现预期目标的一个重要环节。如果在规划的实施过程中出现了问题,即使规划做得再完美,也将无济于事。饭店人力资源规划的实施与控制主要包括以下三个步骤:

1. 实　施

实施是饭店执行人力资源规划,将人力资源规划目标变成现实的重要步骤,也是极其复杂的一个关键环节。在实施饭店人力资源规划时,首先要做好实施前的一切准备工作,力求做到目标明确、责任明确、方法明确。其次是要坚持目标导向原则,或循序渐进、分段实施,一步一步地向总体目标迈进;或各个部门、各个环节协调配合,同时行动,共同向总体目标迈进。再次是在规划的实施过程中各相关部门和人员要全力以赴,才可能在预期内实现规划目标。

2. 检查评估

检查评估是饭店人力资源规划实施与控制过程中不可缺少的一步。如果一个饭店在实施人力资源规划中没有检查评估这一环节,其实施往往会流于形式,产生各种问题,不能达到预期目的。

检查评估者最好是实施者的上级，至少是平级，也可以是店外专家。

在检查评估前，检查评估者要制定检查评估标准、明确检查评估的目的、内容和程序。在检查评估过程中根据反馈信息重点将规划实施的结果与规划的预期目标进行比较研究，弄清楚规划中哪些是科学合理、切合实际的，哪些是不够完善，需要调整修正的。

检查评估后，要及时向规划实施者通报检查评估结果，以利于激励规划实施者，使之以后更好地实施规划，实现规划目标。

3. 规划调整

规划调整是最后一个步骤。一方面，饭店人力资源规划本身就是规划者对饭店的战略目标和经营环境以及饭店人力资源供求变化趋势等情况进行主观分析后，对饭店未来的人力资源的供求状况、满足饭店对人力资源需求的手段做出的推断，具有较强的主观性，难免会有不尽完美之处；另一方面，饭店所面临的运营环境会不断地发生变化。因此，饭店的人力资源规划在实施过程中也必须根据实际情况进行修正与调整，使之更加切合实际，更加行之有效。

第三节　饭店人力资源规划的方法

饭店人力资源规划从大的方面需要四个过程：饭店战略及饭店人力资源需求分析，这是正确进行饭店人力资源规划工作的重要基础；饭店人力资源盘点，对饭店现有人力资源状况进行调查、分析和统计工作；饭店人力资源供应预测，主要包含饭店内部供给预测和外部供应预测，在这一过程中必须注意所能获得的饭店人力资源的结构类型、素质、数量等要素，做到真实准确的描述；饭店人力资源规划策略的制订，结合饭店人力资源需求分析、盘点和人才供应预测结果分析供应和需求之间的差距，制订科学合理的饭店人力资源应对策略。

一、饭店人力资源需求预测

饭店人力资源需求预测主要是指根据饭店的发展战略目标和日常工作任务，全面考虑影响饭店人力资源需求的各种因素，对饭店未来人力资源需要的数量、质量、配置结构和需求时间等进行评估的活动。

饭店人力资源需求预测可以从宏观和微观的角度分析。宏观角度是整体性的，需要了解整个行业，甚至整个社会对人力资源的需求；微观角度只是从饭店本身去了解人力资源需求的情况。

1.影响饭店人力资源需求的因素

影响饭店人力资源需求的因素既有宏观方面的,也有微观方面的,单就某一个饭店的人力资源需求进行评估时,应当考虑以下因素的影响:

(1)社会经济发展水平。随着国民经济的进一步发展,产业结构调整和第三产业的发展,人力资源也随之向第三产业转移。饭店的发展是以旅游产业的发展为基础的,旅游产业发展了,饭店的客源市场就随之增加,饭店产品的需求量扩大,必然会引起饭店员工数量的增加。

(2)产业结构。产业结构对饭店人力资源需求的影响是巨大的、多方面的。具体表现在:①产业结构的状况影响到人力资源需求的结构状况和比例。②产业结构以及行业构成的变化影响人力资源需求的变化。③产业和行业结构的变化还会引起现有员工队伍结构的变化,从而影响到未来人力资源需求的变化。

(3)饭店的发展计划。一方面,饭店的发展计划规定了饭店未来的发展方向,因而它就决定着饭店在未来会对什么类型的人力资源产生需求。另一方面,饭店的发展计划也决定了饭店在未来的生产规模,这就决定了饭店在未来对人力资源需求的总量。比如一个饭店决定扩大餐饮营业面积,就会引起饭店餐饮部员工总量的增多。

(4)饭店产品的生产量和销售量。这是影响饭店人力资源需求的重要因素。一般来说,饭店产品的生产量和销售量越大,人力资源的需求量就会相应增加;反之,则减少。

(5)生产服务技术水平与管理水平。一般情况下,饭店的生产服务技术水平越高,生产效率越高,饭店对人力资源的需求就会减少;生产服务技术水平越低,生产效率就越低,饭店对人力资源的需求就越高。比如饭店采用自动化生产加工设备和电子计算机管理销售系统,生产效率大幅度提高,一方面会减少饭店对人力资源总量的需求;另一方面可能造成某些部门或岗位的员工大量减少,而另一些部门或岗位的员工大量增加。

(6)对产品需求的改变。如果市场对饭店生产的产品需求量增加,那么就必须增加设备和员工,以提高产量。此外,需求形态的改变和产品季节性的变化,都会影响饭店对人力资源需求出现季节性的变化。

(7)饭店员工的自身状况。饭店员工的健康状况、自身素质(知识、能力、心理素质等)、年龄等因素对饭店人力资源的需求也会产生重要影响。这些因素往往关系到饭店的退休、辞退、辞职、死亡等人员数量的多寡。

2. 饭店人力资源的需求预测方法

饭店人力资源需求预测方法既有定性分析方法也有定量分析方法，这里介绍几种常用的预测方法。

（1）主观预测法。这是一种较为简单、常用的方法。这种方法是请有经验的专家或管理人员进行直觉判断预测，其精确度取决于预测者的个人经验和判断力。由于预测者主要是这一领域的专家，所以也称为“专家征询法”或“天才预测法”。以往因为环境变动速度不大，当饭店规模较小时利用这一方法往往可获得满意的结果。但在多变的当今社会，饭店的内外环境日益复杂，经营管理方式和科学技术日新月异，单凭个人经验难以得到满意的结果。所以，现代的主观判断往往邀请众多的专家共同作为预测者，以综合多人的智慧、经验和信息，得到满意的结果。但存在人际关系、群体压力等缺点，同时也很难把一大批专家在同一时间集中在一起。所以，这种方法主要适用于任务和人力资源需求较简单，并且主要是短期内的预测。

（2）德尔非法。德尔非法（Delphi）也叫专家预测法，是由美国兰德公司于20世纪40年代发明并用于预测的一种方法。它是指邀请在某一领域的一些专家或有经验的管理人员来对某一问题进行预测的方法。德尔非法与一般的预测方法不同：

第一，它吸取和综合了众多专家的智慧信息，以避免个别人做预测可能出现的信息量少、判断不够准确的缺点。

第二，它不采用集体讨论的方式，参与预测的专家互不见面，使用一个“中间人”或“协调员”搜集、传递、归纳和反馈信息。

第三，多次反馈，使专家的意见互相补充，趋向一致，有较高的预测准确性。

德尔非法的具体做法是：①选择30名左右熟悉人力资源问题的专家，并为专家提供有关的背景材料；②设计人力资源调查表，表中列出有关人力资源预测的各类问题。这些问题必须能够进行统计处理；③进行第一轮调查，将调查表送交专家，由专家匿名并独立地对上述问题进行判断和预测，然后对反馈回来的调查表进行分析，并用统计方法进行综合处理；④根据第一轮调查的专家意见和统计分析结果，设计第二轮调查表，并请专家对第二轮调查表中的问题进行判断、预测，并给出相关的分数；⑤对第二轮调查反馈的信息进行处理，将得分高的问题或方案整理出来。至此，专家的意见进一步集中；⑥根据第二轮调查的结果，给出第三轮调查表,再请专家加以判断和预测;⑦表述预测结果。用文字、图表等形式将专家们的预测结果予以公布。

(3)回归分析法。回归分析法是根据饭店历年来较有规律的近似于直线趋势的人力资源数据,采用最小二乘法求出直线回归方程 $y=a+bx$ 来预测人力资源需求的一种方法。这种方法简单实用,但没有考虑饭店内外因素的变化对人力资源需求的影响,因此也存在着一定的局限性。

(4)转换比率分析法。转换比率分析法实际上是根据饭店的业务量测算关键部门所需员工的数量,再根据关键部门的员工数量估计相关管理人员和辅助人员的数量的一种预测方法。

比如:客房部卫生班服务员数量 = 客房间数 × 客房出租率 ÷ 劳动定额量。

转换比率分析法假定饭店劳动效率是不变的。如果考虑到饭店劳动效率的变化对员工需求量的影响,则可以使用员工总量需求预测公式计算:

规划期末所需员工数 =(目前工作量 + 规划期增长工作量)÷[目前人均工作量 ×(1+ 工作量增长率)]

(5)工作负荷预测法。工作负荷预测法是根据对工作的分析或调查结果,测算出完成每种工作所需的标准时间,再估计未来一段时间内,每项工作的工作量,便可以推算出所需的"人时数目",然后根据实际每人每年的工作量,推算出每种工作所需的人力资源。这种方法对那些可以运用时间和工作分析,精确测量出"标注时间"的重复操作的工作所需人力资源的预测是行之有效的。

二、饭店人力资源供给预测

饭店人力资源供给预测是指依据影响饭店人力资源供给的因素,采用综合分析的方法对饭店人力资源的内外供给状况进行评估的活动。

1. 影响饭店人力资源供给的因素

饭店人力资源供给受多种因素的影响,这里主要从工资因素和非工资因素两方面加以分析。

(1)工资因素的影响。实践证明,薪酬多少是影响饭店人力资源供给的最为重要的因素。从整个社会的角度来看,人力资源总是配置到薪酬高的行业或职业。单就一个饭店而言,薪酬的高低对人力资源的供给影响更为明显。俗话说,"人往高处流,水往低处流",谁都不愿意到报酬低的饭店去就业。我国是发展中国家,经济发展还相对落后,工资因素的影响就更大。

(2)非工资因素。非工资因素主要是指工作因素和劳动者自身因素两个方面。

工作因素主要是指工作性质、工作环境、工作条件、工作要求以及工作时间等。饭店内各个部门和岗位的工作性质(管理或服务、前台或后台)、条件(环境、技术设备等)、要求(相貌、身高、性别、年龄、工作经验)、时间(长短、昼夜)等均有所不同,这也是人们在择业时要考虑的主要因素。

劳动者的自然条件、健康状况、心理品质也是重要的影响因素。比如一个因残疾而行动不便的人难以进入饭店行业从业,一个胆汁质气质类型的人也不适合到饭店行业从业。

2. 饭店人力资源的供给来源

饭店人力资源的供给来源包括饭店外部人力资源供给和饭店内部人力资源供给两个方面。

(1)饭店外部人力资源供给来源。饭店外部人力资源供给来源受社会经济发展水平、国家相关的劳动人事政策、教育政策以及人口结构、年龄、性别、受教育水平、就业情况和饭店行业特征的影响。因此,饭店人力资源外部供给来源主要依赖于国家的政策体制,只有通过国家采取各种措施努力培育劳动力市场,健全各项制度,利用市场功能来对饭店人力资源进行有效配置与调节。

(2)饭店内部人力资源供给来源。饭店内部人力资源供给主要是指利用各种手段对现有的人力资源的有效利用和开发,主要涉及现有人力资源的年龄结构、人员配置、离退休情况、人员流动以及教育培训等方面。对一个饭店的员工来说,一般都会受到饭店外部各种吸引力或拉力(如高薪、职位升迁、岗位调换等)和饭店内部的管理方式、人际关系、薪酬制度、激励方式等因素所形成的消除外部吸引力的推力的双重作用。比如饭店外部的高报酬、更好的个人发展机会等就会对饭店的员工产生吸引力而使其流向其他饭店或行业。如果饭店内部的管理科学、人际关系和谐、激励方式得当、薪酬合理、有充分的个人发展空间,就会有效地消除来自饭店外部的吸引力,使员工队伍保持稳定。

3. 饭店人力资源的供给分析

要有效分析饭店人力资源的供给,必须明确目前的人力资源供给情况和人力资源的流动情况,这两个方面是人力资源供给的基础。

(1)分析目前的人力资源供给状况。一般来说,可以从员工的技术档案中获得目前人力资源供给的数据,它们包括:①个人情况;②工作历史;③培训经历及职业计划;④目前的工作技能;⑤累计数据,如职员总数以及他们的年龄分布、教育程度。

饭店应该建立人力资源信息系统，以便收集和储存制定人力资源规划所需要的信息。一般来说，在预测分析人力资源的供给时，必须收集和储存有关人员发展潜力、可晋升性、职业目标以及所受培训项目等方面的信息。

(2)人力资源流动情况的分析。人力资源流动主要有以下几种形式：①自然流失，如死亡或伤残；②退休；③跳槽，包括自动辞职和被开除；④内部变动，包括晋升、降职和平调。

4. 饭店人力资源的供给预测方法

饭店人力资源供给预测是在考察饭店现有的人力资源存量的基础上，假定饭店现行的人力资源管理政策保持不变的前提下，对未来的员工数量、经验、能力和人力成本等方面的状况进行预测。在预测过程中，既要考虑饭店内部员工的晋升、降职和调职等因素，又要考虑员工辞职、退休、下岗、开除等因素。常用的预测方法有以下几种：

(1)员工技能清单。员工技能清单是一个饭店用来反映员工的教育背景、工作经历、专业技能、管理人员的评价等工作能力状况的表格。技能清单是一个员工竞争能力的综合反映，可以帮助饭店人力资源的规划人员估计现有员工调换工作岗位的可能性大小，确定哪些员工可以补充当前的空缺。技能清单主要是为饭店确定晋升人选，制定人员接续计划、工作分配与调换计划、教育培训计划和工资奖励计划服务。

根据员工技能清单可以编制工作性、规定性和研究性的员工情况报告。工作性报告主要反映饭店工作岗位的空缺、新员工的招聘、员工辞职、退休、晋升、降职、调换和工资情况，它主要为饭店的日常管理服务。规定性报告是政府有关部门规定提交的报告。研究性报告是对饭店内部人力资源状况的研究，它不定期进行，主要为饭店今后改进人力资源管理服务。

(2)人力置换图。这是一种层级式的内部人力资源供给的图形设计。它主要是根据在职者的年龄、职级、工作实绩、升迁机会、个人潜力、健康状况、候补人选等资料，预先进行研究分析，当饭店内的员工特别是管理人员突然辞职或离开、出现职位空缺时，能及时地由适当人选予以补充。人力置换图与技能清单的差别在于：人力置换图描述的是可以胜任某个岗位的个人，而技能清单描述的是个人的技能特征。

(3)饭店人力资源接续计划。饭店人力资源接续计划是根据饭店的工作分析明确某一工作岗位对员工的具体要求，然后确定一位明显可以满足这一工作要求的候选员工，或者确定哪一位员工具有这种潜力，经过培训后可以胜任这一工作。对于饭店内各个工作岗位员工的供给预测可以按照以下公式来计算：

某岗位员工的供给量 = 该岗位现有员工量 - 流出总量 + 流入总量

（4）马尔可夫法。马尔可夫法是用来分析饭店内部人力资源供给的一种方法。它主要分析一个员工在某一时间内由一个岗位调到另一个岗位的可能性，即调动的概率。该方法在饭店内部人事变动的概率与未来趋势大体相同的假定前提下，对饭店内部人力资源的流动趋势与概率如升迁、调换、调动或离职等情况进行预测，从而为饭店内部人力资源的调配供应提供依据。

马尔可夫认为，在工作的最初一段时间内，人力资源损耗会比较多；随着时间的推移，人力资源损耗会急剧增加。主要原因在于员工未能适应新的工作环境、管理方式、工作要求以及人际关系，因此，员工离职率较高，甚至达到一个高峰。但是过了一段时间后，离职率开始递减，其原因是新聘到饭店的员工经过一段时间以后，逐步适应了工作环境与要求，进入了胜任阶段，就不会轻易提出调动工作的要求。

马尔可夫常用以下几个指标来分析人力资源的内部供给情况：

① 离职率。即人力损耗指数，其计算公式为：

离职率 = 同一年内离职人数 ÷ 同一年内的员工总数 × 100%

对一个饭店而言，员工的离职率越高，人力资源的损耗就越大，人力资源的供应状况就越差。因此，在预测饭店未来人力资源供给时，必须充分考虑离职率的影响，保证人力资源的供给有充分的余地。

②人力资源稳定指数。它主要用来计算饭店在某一时间内员工任职的人数比例，但不考虑员工的流动因素，其计算公式为：

人力资源稳定指数 = 现时任职满一年或一年以上的人数 ÷ 一年前任职的总人数 × 100%

③服务期间分析。这种方法用于分析员工职位、任职期间与离职等情况之间的相关关系，以此作为预测离职的参考依据。

④留任率。这一指标可以为饭店未来的内部人力资源供给提供参考依据，其计算公式如下：

留任率 = 一定期间后仍在的人数 ÷ 原在职人数 × 100%

三、饭店人力资源供给平衡

预测了人力资源的需求与供给之后，人力资源规划必须对人力资源的供求关系进行综合平衡，如果出现不平衡，则需要做出调节，使之趋于平衡。

对饭店人力资源的需求和供给进行预测后，一般会出现以下三种结果：一是人力资源供大于求；二是人力资源供小于求；三是人力资源供求总量平衡，但结构不平衡。因此，规划者在预测了饭店人力资源的需求与供给之后，就应对人力资源的供求关系进行综合平衡，如果不平衡，则应提出调节措施，使之趋于平衡。针对上述三种情况，饭店应当采取的措施如下：

1. 饭店人力资源供大于求的调节措施

(1)精简机构。通过撤销、合并臃肿的机构，减少冗员，以提高人力资源的利用率。

(2)辞退劳动态度差、劳动技能低、组织纪律观念不强的员工。

(3)鼓励提前退休。对那些接近退休年龄但还未达到退休年龄的员工，制定一定的优惠政策，鼓励其提前退休。

(4)加强培训，使员工掌握多种劳动技能，增强他们的择业能力，鼓励员工自谋职业；同时，通过培训也可以为饭店的发展储备人力资源。

(5)减少员工的工作时间，降低员工的工资水平。

2. 饭店人力资源供不应求的调节措施

(1)内部调剂。将一些符合条件而又相对富余的员工调往空缺职位，也可以通过培训和晋升的方法补充空缺职位。

(2)外部招聘。对饭店内部无人胜任的某些职位，应当有计划地进行外部招聘加以补充。

(3)增加报酬，延长工时，以缓减人力资源供不应求的状况。

(4)聘用临时工。如返聘已退休人员，招聘钟点工等。

(5)工作再设计。主要是通过工作扩大化，使员工的工作范围扩大、工作量增加，提高人力资源的利用率。

3. 饭店人力资源总量平衡但结构不平衡的调节措施

饭店人力资源供求完全平衡这种情况极少见，甚至不可能，即使是供求总量上达到平衡，也会在层次、结构上发生不平衡。对于结构性的人力资源供求不平衡，主要通过人力资源规划基础上的一系列人事活动来平衡。首先应根据具体情况，从饭店内部人员晋升和调整，以补充那些空缺的职位，满足这部分人力资源的需求。其次，对供过于求的普通人力资源，有针对性地进行专门培训，提高他们的知识技能，让他们转变为饭店需要的人才，补充到有需求的岗位上去。第三，可以通过人力资源的外部流动，补充饭店急需的人力资源，释放一部分冗员。

当饭店人力资源总量平衡而结构不平衡时，应根据具体情况制定针对性强的业务计划，如晋升计划、培训计划等，改变结构不平衡的状况。

应当注意的是，饭店人力资源的供求矛盾不太可能是某种情况单一出现，很有可能是不同部门、不同层次的不同情况同时出现。因此，在制定人力资源综合平衡措施时，应当根据具体情况制定出相应的人力资源规划，使各个部门的人力资源在数量、质量、层次结构等各方面达到平衡。

复习思考题

1. 饭店人力资源规划的涵义。
2. 简述饭店人力资源规划的主要内容。
3. 制订饭店人力资源规划应坚持哪些原则？
4. 饭店人力资源规划的方法有哪些？
5. 如何进行饭店人力资源规划？

主要参考文献

陈绍友.饭店人力资源管理[M].重庆：重庆大学出版社，2004.
谷静.浅谈人力资源规划[J]. 煤矿现代化，2007(6)：86—87.
朱玉新.浅谈人力资源规划及管理[J].新疆化工，2008(3)：68.

第三章 饭店工作分析

饭店是旅游业的重要环节，日益激烈的行业竞争使得越来越多的饭店管理者开始重视人本管理。而作为人力资源管理工作基础与前提的工作分析，正是饭店业迈向人本管理的第一块基石。工作分析是有效招聘的基本前提和重要依据，更是员工培训开发、绩效管理和薪酬管理的依据，它是对组织中某一特定工作或职务的目的、职责、权利、隶属关系、工作条件、任职资格等相关信息进行收集并分析，从而得出工作描述和工作规范的过程。只有通过科学、系统的工作分析，饭店管理者才能对饭店内部各岗位的性质、职责、工作关系以及岗位对员工的要求等具体内容有更准确的认识和把握。

本章重在理解工作分析在饭店人力资源管理工作中的重要作用，并掌握实施工作分析的具体程序和方法技巧。在内容上，本章首先概括介绍饭店工作分析的内涵、包括的内容以及饭店业进行工作分析的意义，然后从饭店业实践的角度对工作分析的程序、常用方法以及工作分析成果及其运用等进行系统阐述。

第一节 饭店工作分析概述

工作分析是从西方企业传入我国的新鲜事物，我国很多企业（包括饭店业）经营管理者对于何为工作分析、工作分析包括哪些内容以及工作分析到底有何作用都知之甚少，一知半解。在实务方面，真正进行工作分析的企业很少，而能够充分发挥工作分析这项基础性、关键性工作的作用的企业就更少了。因此，我们有必要来了解一下工作分析。

一、饭店工作分析的内涵

饭店工作分析的内涵主要介绍三个问题：其一，饭店为什么要进行工作分析;其二,饭店工作分析的概念;其三,饭店工作分析中的常用术语。

(一)饭店工作分析的必要性

饭店内部有着各种不同的岗位,每个岗位的职责、工作方式、权限以及任职资格都不一样。比如,从事前台接待工作的人员不一定能够从事客房服务,而从事客房服务工作的人员则不一定能够从事餐饮服务。那么,饭店管理者应该如何才能系统地设计每一个岗位,找到与岗位最为匹配的人才,实现企业经营管理目标呢?在现代企业里,工作分析作为解决上述问题的重要性和有效性正越来越被认可和实践。

(二)饭店工作分析的概念

饭店工作分析(job analysis),是对饭店内各类岗位的性质、任务、职责、劳动条件和环境,以及员工应具备的资格条件所进行的系统分析和研究,并制定出工作说明书、工作规范等人事文件的过程。简言之,饭店工作分析主要涉及两个方面的工作,通过一系列的科学程序来确定某一工作的任务和性质是什么,以及具备哪些技能和经验的人适合从事这一工作。

那么,到底谁来实施工作分析呢？我们很多企业员工认为工作分析是人力资源管理的一项工作,因此理所当然地应该由人力资源管理部门来完成。其实,这是对于工作分析的一种最为常见的误解。一般来说,一个成功的工作分析项目的实施必然是企业内部各个部门员工相互沟通、共同协作进行的。在这里,人力资源部起到的主要是组织、带领、指导的作用,比如,人力资源部需要事先通过各种形式让企业各级管理人员和普通员工都充分认识到工作分析的重要性,然后大力宣传工作分析的基础知识,并精心设计各种调查问卷、进行大量访谈等等。而非人力资源部人员的配合与否,往往直接决定了工作分析项目能否达到预期目标。

(三)工作分析的常用术语

在学习工作分析的内容之前,我们需要了解工作分析中常用的一些术语。

这些术语的含义很容易混淆，因此，理解并掌握它们对于我们进行工作分析很有必要。

1. 工 作

工作是组织的基本单位。其基本特征有：工作是由物质、理念与人力资源构成的；工作与组织保持着一种互利的关系，组织可以获得资源，而工作者可以利用资源为组织制造产品、提供服务；工作是组织的基石，它们是形成工作团队、科室乃至更大部门的基础；工作是连接人与组织的纽带，没有正式的或非正式的工作任务就没有组织。可以从以下六个方面来区分不同的工作：使命、物质资源、人员特征、方法、行为和地位等。

2. 工作要素

工作要素是指工作活动中不能再分解的最小动作单位。例如，酒店里负责接待客人的服务员在客人刚刚到达酒店时要帮客人运送行李。在这项活动中就包含了将行李搬运到行李推车上、推动行李推车、打开客房的行李架、将行李搬到行李架上四个工作要素。

3. 任 务

任务是指为了达到某种目的所从事的一系列活动，可以由一至多个工作要素组成，如餐厅服务员为客人点菜是一项任务，酒店迎宾帮客人运送行李也是一项任务。

4. 职 责

职责是指任职者在工作岗位上需要完成的份内事，可以由一至多个任务组成，如餐厅迎宾员的职责是迎送客人、引领客人就坐、接受电话预订等一系列任务。

5. 职 位

职位是指在一定时期内，组织要求个体完成的一至多项职责的集合。如办公室主任这一职位，同时担负着饭店的人事调配、文书管理、日常行政事务等三项职责。一般有多少职位就有多少个体。应该注意的是，职位是以“事”为中心确定的，强调的是人所担任的岗位这个概念，而不是担任这个岗位的具体的某个人。

6. 职 务

职务是由一系列近似的或性质相同的职位构成。根据工作性质的不同，同一种职务可以有一至多个职位。例如，副总经理是一个职务，一家酒店中往往需要多个副总经理的职位分管不同的业务。

7. 职 业

职业是指在不同组织、不同时间，从事相似活动的、工作要求相似的一系列工作的总称，如会计、工程师、教师等都是职业。从定义可以看出，职业这个概念比较广泛。

8. 职 权

职权是指依法赋予的完成特定任务所需的权力。职责与职权密切相关，特定的职责要赋予特定的职权，甚至于特定的职责等同于特定的职权。比如，质量检查员对产品质量的检验既是质量检查员的职责，又是他的职权。

二、饭店工作分析的内容

工作分析的重要任务之一就是对工作本身所包含的内容进行系统剖析，使之更具有操作性和可比性。因此，饭店工作分析的关键环节之一就是确定工作分析的内容。具体来说，工作分析就是确定工作内容（What），指派负责人（Who），指定工作岗位（Where）和工作时间（When），分析工作方法及程序（How），说明为什么要这样做（Why），即5W1H。

（一）工作主体（Who）

任何岗位都要求岗位人员具备一定的知识、技能、能力、经验等条件，而工作分析中制定的岗位规范则描述了与工作相匹配的重要的工作主体的特征，以此来作为人员筛选、任用和调配的基础和依据。

（二）工作内容（What）

工作分析应具体描述员工所从事工作的内容，包括所要完成的工作任务、工作职责、工作流程等，每项工作都要用一个动词加以描述。描述体力工作常用的动词有搬运、清洗、整理、运送等，描述智力工作常用的动词有计划、分析、协调、领导、管理、反馈等。当然，现实中越来越多的工作需要心智和体力的结合才能顺利完成，如销售、采购、维修等。

（三）工作时间（When）

工作时间是指具体的工作时间，如每天上下班时间、是否换班、事假长短等。

(四)工作环境(Where)

工作环境一般是指工作的物理环境和社会环境两个方面。工作的物理环境主要包括交通条件、温度、光照度、通风条件、安全措施、建筑条件以及工作的室内外要求等。工作的社会环境因工作职位与部门而异,一般包括企业文化、工作团队精神状态、同事之间工作关系以及部门之间相互关系等方面。

(五)工作方式(How)

工作方式主要是指完成工作所需要的资料、材料、机器设备,以及与其他部门和其他企事业单位、政府机构、民间组织等有无来往以及来往的方式。

(六)工作原因(Why)

工作原因主要是指某一项工作在整个企业组织架构中的重要性和地位如何,也就是工作性质的问题。明确的工作性质会让员工工作的方向感更强,员工工作起来思路更加明确。

三、饭店工作分析的意义

作为饭店人力资源管理的基础性工作,工作分析对于饭店的选人、育人、用人、留人等各项人力资源管理活动都提供了坚实的决策基础。具体来看,饭店工作分析的意义主要有以下几个方面:

(一)有利于进行合理地工作设计

工作设计是指根据组织需要并兼顾个人需要,规定某个职务的任务、责任、权利及在组织中与其他职务的关系的过程。这项工作需要利用工作分析的有关信息来完成。

(二)有利于选拔和任用合适的人员

人员选拔工作的基石是选拔标准问题,工作分析的结果性文件之一——工作规范明确规定了各岗位的任职资格,这就为企业招聘与选拔员工提供了标准,从而确保企业招聘与选拔员工的素质能够满足岗位的需要。

(三)有利于避免人力资源浪费和提高生产效率

人力资源浪费和生产效率低下的一个重要原因就是职责不清、人岗匹配度低。工作分析对每一职位的任职资格提出了要求,根据人力资源测评结果就可以通过双向选择的方式将具有一定能力素质的人员安置在需要相应能力素质的职位上,使得人尽其才,避免“大材小用”和“小材大用”的现象发生;也可以使每位员工职责分明,工作范围明确,从而各司其职,避免重复劳动和无效劳动。

(四)有利于制定人力资源规划

工作分析的结果明确了工作性质与内容,据此进行工作设计,设置组织结构,确定工作职位,提出对人力资源的需要;现有人力资源的配置情况反映了人力资源的限制,二者的差额就显示了人力资源余缺情况,这也是人力资源规划的依据。

(五)有利于员工培训与开发

任职资格明确了对每一职位工作人员的能力素质要求,将其与任职人员的实际素质进行比较,就可以确定是否需要培训、培训哪些项目以及如何进行培训等问题。对新招聘员工的岗前培训也需要根据工作说明书的要求确定有关岗位应知、应会内容。

(六)有利于科学评价员工绩效

根据工作分析所确定的工作内容、责任等项目,制定工作标准,通过对实际工作进行衡量,就可以比较客观地评价员工的工作绩效。

(七)有利于有效激励员工

每一层次所有职位都通过工作分析明确了职责,配置了相应的人员,赋予其相应的权力,并制定相应的薪酬分配制度及晋升制度等,就可以为每一位员工明确发展的方向并激励他们为实现自己的目标而努力工作。

(八)有利于科学地制定薪酬分配制度

工作分析的结果明确了不同职位的工作任务数量、难度、责任大小以及任职人员的资格，据此可以对每一职位进行评价，确定各职位对企业贡献度的大小，进而确定各职位的相对价值，根据各职位相对价值确定薪酬数额，这样就将薪酬与各职位的贡献度挂起钩来，能够体现“按劳取酬”这一公平的分配原则。

第二节　饭店工作分析的实施

基于前面我们对于工作分析重要性的分析，可以看出：如果没有进行有效的工作分析，势必会影响饭店各项人力资源管理活动的开展。饭店要实施工作分析是一个复杂的系统工程，既要注意工作程序，也要注意工作方法。本节简要介绍饭店工作分析的程序和常用方法，探讨工作分析的成果——工作说明书和工作规范的编制及其运用。

一、饭店工作分析的程序

实施工作分析项目，一般包括准备阶段、实施阶段、结果形成阶段和应用与反馈阶段等四个阶段（见图 3-1）。

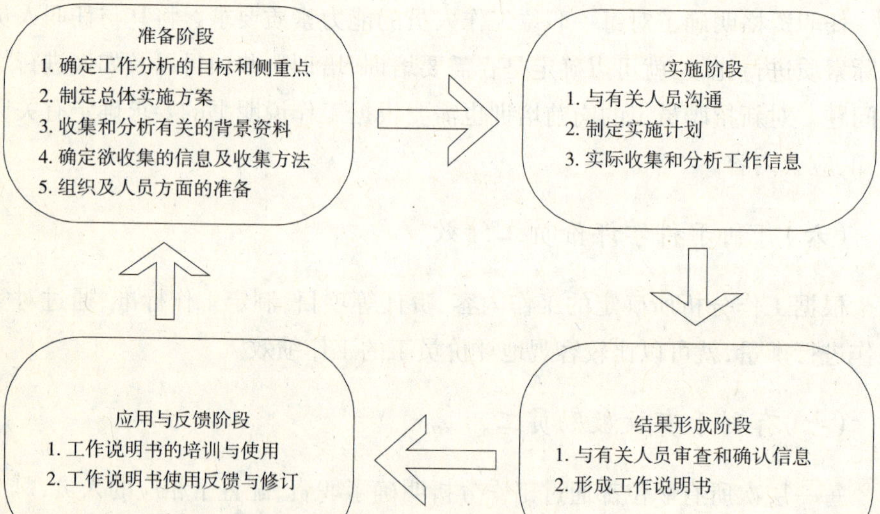

图 3-1　工作分析实施基本流程

（一）准备阶段

在工作分析的准备阶段，主要解决以下几方面的问题：

1. 确定工作分析的目标和侧重点

进行工作分析之前，首先要明确此次工作分析的目的所在，即要明确进行工作分析想要解决什么问题，获取的工作分析成果用途是什么。工作分析的目标直接决定了进行工作分析的侧重点，决定了在进行工作分析的过程中需要获取哪些信息，以及用什么方法获取这些信息。

表 3–1 工作分析目的与侧重点

工作分析的主要目的	工作分析的相应侧重点
新成立组织	岗位的工作职责、权限和关联关系
为空缺岗位招聘员工	岗位的工作职责与对任职者的要求
确定绩效考核的标准	衡量每一项工作任务的标准，如时间、质量、数量等
确定薪酬体系	采用量化的方法确定每一职务的相对价值
培训与开发	每一项工作任务应达到的要求内容和水平

2. 制定总体实施方案

总体实施方案的内容一般包括以下方面：

- 工作分析的目的和意义；
- 工作分析所需收集的信息内容；
- 工作分析所提供的结果；
- 工作分析项目的组织形式与实施者；
- 工作分析实施的过程或步骤；
- 工作分析实施的时间和活动安排；
- 所需的背景资料和配合工作。

3. 收集和分析有关的背景资料

主要收集的资料包括：

- 国家职业分类标准或国际职业分类标准；
- 有关整个组织的信息（如组织机构图、工作流程图、部门职能分析等）；
- 现有的工作说明或有关岗位描述的信息等。

4. 确定所欲收集的信息以及收集信息的方法

从对现有资料的分析中，我们已经得到了一些关于欲分析的职位的基本信息。但是，关于工作的最关键的大量的信息往往需要通过实地调查研究才能获得。在实施工作分析调研之前，我们需要事先计划收集哪些信息。确定要收集哪些信息，可以从以下几方面考虑：

- 根据工作分析的目标和侧重点，确定要收集哪些信息；

● 根据对现有资料的研究,找出需要重点调研或进一步澄清的信息;

● 按照5W1H的工作分析内容,逐项考虑需要进一步收集的信息。

收集信息的方法主要有观察法、问卷法、实验法、参与法、访谈法和关键事件法等。在选择收集工作信息的方法时,首先要考虑工作分析所要达到的目的,其次要考虑所分析的职位的不同特点,另外还要考虑实际条件的限制。

5. 组织及人员方面的准备

第一,要成立进行工作分析的专门组织,并明确各成员的职责分工。一般来说,工作分析小组应该包括的人员及其职责见表3-2:

表3-2 工作分析小组成员职责

工作分析小组成员	职 责
公司高层管理者	1. 进行战略指导; 2. 实施总体领导; 3. 进行员工动员,鼓励全员参与; 4. 为工作分析扫除障碍。
人力资源部经理	1. 具体实施工作分析方案; 2. 获取高层管理者和部门经理的支持与配合; 3. 负责各种协调与沟通。
专业人力资源咨询顾问	1. 为工作分析小组设计专业工具并对其进行培训; 2. 为工作分析小组提供技术支持。
主要部门经理	1. 带头示范,动员本部门人员积极参与和配合; 2. 提供工作有关的信息及反馈意见。

第二,要获取高层管理者的支持。没有公司高层管理者的认同和支持,往往无法有效地完成工作分析以及编写工作说明书。

第三,要争取获得直线部门经理的配合。直线管理者在工作分析中往往起到承上启下的作用,他们是否能够积极配合并动员和支持下属员工完成好工作分析相关的工作,往往是工作分析项目成功与否的一个关键因素。

(二)实施阶段

经过充分的准备之后,就可以进入工作分析的具体实施阶段了。在实施阶段,主要应完成以下几项工作:

1. 与有关人员进行沟通

由于工作分析的工作需要深入到具体的每个工作岗位上,这个过程中必然要同大量的工作任职者和管理者发生关系,因此,赢得他们的理解和支持是非常必要和重要的。一般情况下,与有关人员的沟通采取召开会议的形式,在会上可以由工作分析小组对有关人员进行宣讲和动员。与有关人员进行沟通主要有三个目的:第一,让参与工作分析的有关人员了解工作分析的目的和意义,消除内心的顾虑和压力,争取他们在实际收集信息时的支持与合作。第二,让参加工作分析的人了解工作分析大致需要进行多长时间,大概的时间进度是怎样的。第三,让参加工作分析的有关人员初步了解工作分析中可能会用到的方法,以及在各种方法中他们需要如何进行配合,如何提供信息。这样会使收集信息更加有效。

2. 制定具体的实施操作计划

在实施的操作计划中,应列出具体的、精确的时间表,具体到在每一个时间段、每个人的具体职责和任务是什么。对于接受访谈或调研的人,也应事先拟好时间表,以便其安排好手头的工作或事务。

3. 实际收集和分析工作信息

这一阶段是整个工作分析过程中的核心阶段。在这一阶段,主要是按照事先确定的方法,根据既定的操作程序或计划收集与工作有关的各种信息,并对信息进行描述、分类、整理、转换和组织,使之成为书面的文字。

在信息获取阶段,应按选定的方法和程序收集信息,对所分析工作的工作过程、工作环境、工作内容、工作人员等方面进行相关的调查。具体包括:

- 编制、拟订收集信息所需的各种文本;
- 设定调查实施方案;
- 收集有关工作的特征及所需要的各种数据;
- 收集有关任职者的信息;
- 要求工作执行者对搜集到的信息进行确认。

那么,实务上到底应该由谁来收集信息呢?首先,人力资源管理专家(人力资源管理者、工作分析专家或咨询人员等)观察和分析正在进行中的工作。主管人员填写问卷,在问卷中列举出其下属的主要工作活动。最后,由承担工作的雇员及其上级主管来审查和修改工作分析人员所编写出的反映他们工作活动和职责的那些结论性描述。

信息分析阶段是对上一阶段收集到信息的有关工作特征和工作人员特征进行全面的分析,主要包括信息描述、信息分类、信息评价、信息综合等。

(三)结果形成阶段

结果表达阶段就是用书面文件的形式表达工作分析的结果，工作分析结果通常为每个职位的工作说明书。在结果形成阶段,需要对收集来的信息进一步审查和确认,进而形成工作说明书。这一阶段的主要任务有:

1. 与有关人员共同审查和确认工作信息

通过各种方法收集来的关于工作的信息，必须同工作的任职者和任职者的上级主管进行审查、核对和确认,才能避免偏差。经过这样的过程,一方面可以修正初步收集来的信息中的不准确之处,使工作信息更为准确和完善;另一方面由于工作任职者及其上级主管是工作分析结果的主要使用者，请他们来审查和确认这些信息有助于他们对工作分析结果的理解和认可,为今后的使用奠定基础。

2. 形成工作说明书

工作说明书是对工作目的、职责、任务、权限、任职者基本条件等的书面描述。这里需要注意的是,在实务上往往不可能一步到位,而是需要对照实际工作反复调研、修改工作说明书。

(四)应用与反馈阶段

编写出工作说明书并不是工作分析项目的最后一步，因为只有把工作分析结果运用于实际的工作中,才能体现出工作分析的价值。另外,只有在运用工作分析结果的过程中,才能发现新的问题,为今后实施工作分析打下基础。一般来说,这一阶段工作主要包括以下方面:

1. 工作说明书的培训与使用

为促进工作分析结果的最大运用,必须做好下列两方面的具体工作。一是制作各种具体应用文件,如考核标准和培训内容等;二是培训工作说明书使用者,增强管理活动的科学性和规范性。

2. 使用工作说明书的反馈与修订

对工作说明书的不断反馈与修订应始终贯穿于企业整个经营管理活动之中。随着企业与环境的发展变化,各个岗位的工作任务可能会发生一些改变,一些新的工作内容可能产生,即现有职位的性质、内涵和外延都会发生变化。因此,应经常对工作说明书的内容进行修订和调整。

二、饭店工作分析的常用方法

从性质上来看，饭店工作分析常用方法可以分为两大类：定性的工作分析方法和定量的工作分析方法。

（一）定性的工作分析方法

定性的工作分析方法主要包括以下几种：观察法、访谈法、问卷调查法、工作实践法、关键事件法和工作日志法。

1. 观察法

所谓观察法是指运用感觉器官或其他工具观察员工的工作过程、行为、内容、特点、性质、工具、环境等，并用文字或图表形式记录下来，然后进行分析与归纳总结的方法。

观察法的优点是，通过对工作的直接观察，能使研究者更多、更深刻地了解工作要求。对那些程序化较强，较多通过身体动作完成的工作（如门卫、流水线上的作业工人、警察、前台小姐等）更适合。观察法有其局限性，对于脑力活动（律师、设计工程师、科学家）为主，经常遇到突发事件（急救护士等）的工作则不太适用观察法收集信息。观察法对有些员工而言可能难以接受，他们会觉得自己受到了监视或威胁，从而对工作分析人员产生反感心理，同时也可能造成操作动作变形。因此，观察法一般与其他方法配合使用。

在运用现场观察法时，观察者需要制定一份详细的观察提纲，这样才能确保观察及时准确，见以下实例：

工作分析观察提纲（部分）

被观察者姓名：　　　　日期：

观察者姓名：　　　　观察时间：

工作类型：　　　　工作部分：

观察内容：

1.什么时间开始正式工作________

2.上午工作多少时间________

3.上午休息几次________

4.第一次休息时间从______到______

5.上午完成______件产品

6.平均______(时间)完成一件产品

7.与同事交谈约多长时间______

8.每次交谈约多长时间______

9.室内温度______

10.上午抽了几支香烟______

11.上午喝了几次水______

12.什么时间开始午休______

13.出了多少次品______

14.办了多少次原材料______

2. 访谈法

访谈法主要是由职务分析专家与被分析职务的任职者就该项职务进行面对面的谈话，主要围绕以下内容进行：工作目标、工作内容、工作的性质和范围、所负责任、所需的知识与技能等等。通过访谈可以得到有关该职务的以下信息：企业设置该职务的理由、对该职务进行报酬的根据、该职务的最终工作成果以及如何评价、该职务的主要工作职责以及任职条件等等。

(1)访谈法的优点：

● 可以对工作者的工作态度与工作动机等较深层次的内容有比较详细的了解；

● 运用面广，能够简单而迅速地收集多方面的工作分析资料；

● 由任职者亲口讲出工作内容，具体而准确；

● 使工作分析人员了解到短期内直接观察法不容易发现的情况，有助于管理者发现问题；

● 为任职者解释工作分析的必要性及功能；

● 有助于与员工的沟通，缓解工作压力。

(2)访谈法的缺点：

● 访谈法要专门的技巧，需要受过专门训练的工作分析专业人员；

● 比较费时费力，工作成本较高；

● 收集到的信息往往已经扭曲和失真；

● 访谈法容易被员工认为是其工作业绩考核或薪酬调整的依据，所以他们会故意夸大或弱化某些职责。

(3)工作分析的访谈内容:

- 工作目标:组织为什么设置这个工作岗位,为员工提供什么作为报酬。
- 工作的范围与性质(面谈的内容):工作在组织中的关系,所需的一般技术知识、管理知识和人际关系知识,需要解决问题的性质及自主权,工作在多大范围内进行,员工行为的最终结果如何衡量。
- 工作内容:任职者在组织中发挥多大作用,其行动对组织的影响有多大。
- 工作责任:涉及组织战略决策、执行等方面的情况。

(4)访谈法的典型提问方式

- 你所做的是一种什么样的工作?
- 你所在职位的主要工作职责是什么?你又是如何做的呢?
- 你的工作环境与别人的有什么不同呢?
- 做这项工作所需具备的教育程度、工作经历、技能是怎样?它要求你须具有什么样的文凭或工作许可证?
- 你都参与些什么活动?
- 这种工作的职责和任务是什么?
- 说明你工作绩效的标准有哪些?
- 工作对安全和健康的影响如何?
- 在工作中你有可能会受到身体伤害吗?你在工作时会暴露于非正常的工作条件之下吗?

(5)访谈准则

- 必须注意与主管人员密切合作;
- 尽快与被访谈者建立起融洽的关系;
- 依照一张具有指导性的问卷或提纲来提问,结构化或非结构化问卷;
- 确保每个被访谈对象都有机会回答问题;
- 要求按照任务的重要性大小和发生频率高低将它们一一列举出来;
- 在面谈完成之后,还要对资料进行检查和核对。

3. 问卷调查法

当职务分析牵涉到分布较广的大量员工时,问卷调查法是最有效率的方法。问卷调查法是由员工对有关工作内容、工作行为、工作特征和工作人员特征的重要性和频次做出描述或打分,然后对结果进行统计与分析,找出共同的有代表性的回答,并据此写出职务描述,再反馈该职务工作者的意见,进行补充和修改。问卷调查法适用于需要对工作进行量化排序，并与工作报酬相联系的工作分析。

问卷调查法的优点：一是收集工作分析信息快，被试者可以在工作之余填写调查表，避免耽误生产时间；二是调查面较其他方法广，可以对所有工作者进行调查；三是用问卷法调查所得的结果可以数量化，并由计算机处理，因而可以进行多种方式、多种用途的分析。问卷调查法的缺点是：设计调查表耗时多，费用也高；如果不能得到被调查者的积极配合，会影响调查结果的真实性。

下面是一份工作分析问卷：

某公司工作问卷

姓名：　　　　　　　　　　工作名称：

部门：　　　　　　　　　　工号：

主管姓名：　　　　　　　　主管职位：

1.任务综述：请用你自己的语言简要叙述你的主要工作任务，如果你还负责写报告或做记录，请同时完成第 8 项内容。

2.特定资格要求：请举例为完成由你的职位所承担的那些任务，需要具有哪些证书、文凭或许可证。

3. 设备：请列举为了完成本职位工作，你通常使用的所有设备、机器、工具（比如打字机、计算机、汽车、车床、叉车、钻机等）

机器名称　　　　　　平均每周使用小时，次数

4. 常规工作任务：请用概括语言描述你的常规工作任务，请根据各项任务的重要性以及每个月每项任务所花费时间的百分比将其从高到低排列。并请尽可能多列出工作任务。

5. 工作接触：你所从事的工作要求你同其他部门和其他人员、其他公司或机构有所接触吗？如果是，请列出要求与他人接触的工作任务并说明其频繁程度。

6. 监督：你的职位负有监督职责吗？( )有( )没有。如果有，请另外填写监督职位问卷。如果你的职位对他人的工作还负有责任但不是监督职责的话，请加以解释。

7. 决策：请解释你在完成常规工作的过程中所要作出的决策有哪些？

(a)如果你所做出的判断或决定的质量不高；(b)所采取的行动不恰当，那么可能会带来的后果是什么？

8. 文件记录：请列举需要由你准备的报告或保存的文件资料有哪些，并请概括说明每份报告都是递交给谁的

(a)报告　　　　　递交给

(b)保存的资料

9. 监督的频率：为进行决策或决定采取某种正确的行动程序，你必须以一种怎样的频率

同你的主管或其他人协商?

(　　)经常(　　)偶尔(　　)很少(　　)从来不

10. 工作条件:请描述你是在一种什么样的条件下进行工作的,包括内部条件、外部条件、空调办公区域等。请一定将所有令人不满意或非常规的工作条件记录下来。

11. 资历要求:请指出为令人满意地完成本职位的工作,工作承担者需要达到的最低要求是什么?

(A)教育

最低学历　　受教育年限　　专业或专长

(B)工作经验

工作经验的类型　　年限

(C)特殊培训

类型　　年限

(D)特殊技能

打字:　　字/分钟　　速记:　　字/分钟

其他:

12. 其他信息:请提供各项目中所未能包括,但你认为对你的职位来说是十分重要的其他信息。

员工签名　　日期

4. 工作实践法

工作实践法又称参与法,是指工作分析者参与某一职位或从事所研究的工作,从而细致深入,全面体验,了解和分析职务特征及要求,在工作过程中掌握有关工作的第一手资料。例如为了了解工人的工作状况,佛罗里达州州长鲍伯·格雷尼姆在竞选期间的100天里,做了100种不同的工作。

(1)工作实践法的优点

● 比面谈询问、书面调查等方法,能获得更真实可靠的数据资料;

● 可以准确地了解工作的实际任务和体力、环境、社会方面的要求,适用于短期内可以掌握的工作。

(2)工作实践法的缺点

● 由于工作分析人员本身知识与技能的局限,使工作实践法运用范围很窄,只适用于短期内可掌握的工作;

● 不适用于在现代化大生产条件下,对操作的技术难度、工作频率、质量要求高及有危险性的职务。

5. 关键事件法

关键事件是使工作成功或失败的行为特征或事件(如成功与失败、盈利与亏损、高效与低产等)。关键事件法,是指要求分析人员、管理人员、本岗位员工,将工作过程中的"关键事件"详细地加以记录,在大量收集信息后,对岗位的特征和要求进行分析研究的方法。其目的是确定关键的工作任务以获得工作上的成功。

(1)关键事件法记录的内容

对每一件的描述内容应包括:

- 导致该事件发生的背景原因;
- 员工的行为哪些是特别有效的,哪些是特别无效的;
- 关键行为的后果能否被认知;
- 员工控制上述行为后果的能力。

(2)关键事件法的优点

- 由于行为可被观察与测量,所以对职务行为的描述和行为标准的确立才更加准确;
- 能更好地确定每一行为的利益和作用。

(3)关键事件法的缺点

- 需要花费大量时间去收集那些"关键事件",并加以概括和分类;
- 关键事件法并不对工作提供一种完整的描述,如它无法描述工作职责、工作任务、工作背景和最低任职资格的轮廓;
- 对中等绩效的员工难以涉及,遗漏了平均绩效水平。

(4)运用关键事件法的注意事项

- 调查的期限不宜过短;
- 关键事件的数量应足以说明问题,事件数目不能太少;
- 正反两方面的事件要兼顾,不能偏颇。

6. 工作日志法

工作日志法又称为工作写实法,是指任职者按时间顺序详细记录自己的工作内容与工作过程,然后经过归纳、分析,达到工作分析目的的一种方法。在现实中,多采用"工作日志"的形式。写实的内容主要包括做什么、如何做与为什么做三个方面。在描述做什么时,应以工作岗位的脑力和体力活动描述为特征。

(1)工作日志法的优点

● 信息可靠性很高，适于确定有关工作职责、工作内容、工作关系、劳动强度等方面的信息；

● 所需费用较低；

● 对于高水平与复杂性工作的分析比较经济有效。

(2)工作日志法的缺点

● 将注意力集中于活动过程，而不是结果；

● 要求任职者对工作的情况与要求十分清楚；

● 只适用于工作循环周期较短、工作状态稳定的职位；

● 信息整理工作量大，归纳工作较繁琐；

● 对任职者填写日志的认真负责程度过于依赖；

● 需要对记录分析结果进行检查，以减少误差。

(3)工作日志法实例

(封面)

工作日志

姓名：
年龄：
职务名称：
所属部门：
直接上级：
从事本业务工龄：
填写日期：______月______日～______月______日

(封二)

工作日志填写说明

1. 请您在每天工作开始前将工作日志放在手边，按工作活动发生的顺序及时填写，切勿在一天工作结束后一并填写。

2. 要严格按照表格要求进行填写，不要遗漏那些细小的工作活动，以保证信息的完整性。

3. 请你提供真实的信息，以免损害您的利益。

4. 请您注意保留，防止遗失。

感谢您的真诚合作！

(正文)

工作日志填写实例

2 月 25 日　　工作开始时间　8:30　　工作结束时间 17:30

序号	工作活动名称	工作活动内容	工作活动结果	时间消耗	备注
1	复印	协议文件	4 张	6 分	存档
2	起草公文	贸易代理委托书	800 字	1.25 小时	报上级审批
3	贸易洽谈	玩具出口	1 次	4 小时	承办
4	布置工作	对日出口业务	1 次	20 分	指示
5	会议	讨论东欧贸易	1 次	1.5 小时	参与
……					
16	请示	佣金数额	1 次	20 分	报批
17	计算机录入	经营数据	2 屏	1 小时	承办
18	接待	参观	3 人	35 分	承办

7. 定性的工作分析方法比较

表 3–3 定性的工作分析方法比较

工作分析方法	内容	优点	缺点	备注
1. 工作实践法	分析人员亲自从事所需研究的实际工作，掌握第一手材料。	准确地了解实际任务和在体力、环境、社会等方面的要求。	不适用于需要进行大量训练和危机工作。	用于短期可掌握的工作。
2. 直接观察法	观察工作全过程，以标准格式记录各环节内容、原因与方法。	较全面深入地了解工作，适用于由身体活动来完成的工作，如装配工人、保安。	不适用于脑力劳动者和处理紧急情况、间歇性工作。	有时与面谈法结合。
3. 面谈法	通过个别员工、集体员工或主管面谈，用标准格式进行。	简单迅速获取信息，适用面广、内容准确、特别用于不能观察或体贴工作，如飞行员工作。	易夸大责任、难度，强调客观、易失真。	应与其他方法一起使用。
4. 问卷法	使用列出一系列的任务或行为结构化程度高的问卷。	节省时间、人力，费用低、速度快，样本量大，适用于多个工作者，可用计算机处理。	设计表格要花费大量时间，人力、物力、要求其了解情况，易缺乏交流。	
5. 关键事件法	对特别有效或无效行为进行简短的描述，通过分析，得出对员工的要求。	直接描述具体活动，便于揭示工作的动态性质。	收集归纳并分析关键事件时，不易形成总体概念。	
6. 工作日志法	要求任职者在每天的工作之后记下工作细节，以了解工作性质。	适用于行政性的事务工作。	易中断，有时不合作。	可与面谈法结合起来。

(二)定量的工作分析方法

定量的工作分析方法主要有三种:职务分析问卷法(PAQ)、管理岗位描述法(MPDQ)和功能性工作分析法(FJA),下面逐一简要介绍。

1. 职务分析问卷法(PAQ)

职位分析问卷法(Position Analysis Questionnaire,PAQ)1972年由E.J. McCormick提出,有196个问项的标准化工作分析问卷,涵盖各不同工作的工作行为、工作条件以及工作本身特点。对每一项被要求在使用程度、时间长短、重要性、发生的可能性、对各工作部门以及部门内部的各单元的适用性等6个难度方面给出6分制的评分,196项中可划分六大块:

- 信息来源:如何和从哪里获得完成工作的使用信息;
- 脑力与心理过程:完成工作应进行哪些推理、决策、计划与信息处理活动;
- 识别工作的"产出":在执行时发生的身体活动,使用的机器、工具等;
- 执行中与他人的关系;
- 执行时与物理环境、社会环境的关系;
- 其他活动与特点。

PAQ的工作步骤如下:

第一步,将工作从以下5个基本的领域(任务)分析:

(1)是否负有决策/沟通/社会方面的责任;

(2)是否执行熟练的技能性活动;

(3)是否伴随有相应的身体活动;

(4)是否操纵汽车/设备;

(5)是否需要对信息进行加工。

第二步,每个活动领域又从6个方面来评价:

(1)工作信息的输入;

(2)心理活动;

(3)工作产出;

(4)与其他工作的关系;

(5)工作背景;

(6)其他工作特征。

第三步,进行等级评价,给出量化数值,将每个活动领域中的6个方面的分析数据相加，每个工作都能获得5个分值，使得工作之间可以量化比较。

PAQ法适用于对工作作出评价，进而决定该工作的工资等级和奖金。

PAQ法的优点：应用广泛，研究得最透；对相似或不相似工作具有可比性；涵盖内容全，可进行计算处理。PAQ法的缺点：对雇员要求高，须具有一定的阅读水平；通用化、标准化过于抽象，有时不能很好描述特定工作。

2. 管理岗位描述法（MPDQ）

管理岗位描述法（MPDQ）是1976年由W.W.Tornow和P.R.Pinto提出的专门分析管理人员的方法，重点从管理行为管理任务角度来考察。它与PAQ法十分相似，包括197个用来描述管理人员工作的问题，涉及管理者关心的问题、承担的责任、受到的限制以及管理者工作所需具备的各种特征。这197个问题被划分为13类工作因素，包括：

- 产品、市场、财务与战略计划；
- 与其他组织单位和人事管理工作的协调；
- 内部事务控制；
- 产品和服务责任；
- 公众和顾客关系；
- 高层次的咨询指导；
- 行为的自主性；
- 财务审批权；
- 员工服务；
- 监督；
- 复杂性及压力；
- 重要财务职责；
- 广义的人力资源职责。

管理岗位描述法实例：

在应用管理职位描述法时，工作分析人员按照0～4几个等级以上述的每一种要素为基础来分析和评估管理工作，见表3-4实例。

MPDQ法考虑了两个特殊问题：一是管理者常使工作内容适应自己的管理风格，而不是使自己适应承担的管理工作。面谈时总谈自己做的，忘了应该做的。二是管理工作具有非程序化的特点，常随着时间变化而变化。

表 3-4 管理岗位描述法实例

指导语： 第一步——评定重要性 指出每项活动对你的职位的重要程度，然后按0~4记分，写在每个项目后面的空白处。记住，考虑的是该活动和其他职位活动相比的重要程度和发生的频率。 维度：控制 1. 审阅提交的计划以使它和组织的目标和策略保持一致 2. 追踪并调整工作活动的进度，以保证按时完成目标或和合同 3. 为项目、计划和工作活动制定阶段目标、最后期限，并将职责分派到人 4. 监督产品的质量或者服务效率 5. 对部门的发展和效率设计评估标准	第二步——评论 在下面的空白处写下你认为在该维度中还应包括的其他工作方面： 6. 在计划、项目结束后，评估其效果并记录在案 7. 至少每个月分析一次工作成效 8. 分析工作操作报告 9. 控制产品生产或服务的质量 10. 监督下属完成部门目标的工作进程 11. 监督在不同地区的部门的工作进程，并调整它们的活动以达到完成组织目标的要求 12. 解释并执行组织的安全条例

MPDQ 法的优点：

- 适用于不同组织内管理层次以上的职位的分析；
- 为员工提供了从事管理工作所需的培训依据，为正确评估管理工作提供了依据；
- 为管理工作在工作族中归类提供了依据，也为工作族的建立奠定了基础；
- 为薪酬管理、员工的选拔程序与绩效评估表的制定奠定了基础。

MPDQ 法的缺点：

- 受工作及工作技术的限制，灵活性差；
- 耗时太长，工作效率较低度。

3. 功能性工作分析法（functional job analysis，FJA）

在美国的企业人事管理中，常用到功能性职务分析法（FJA）。这套方法由美国劳工部制定，是一种以工作为中心的分析方法，可供我国有关部门参考。它以员工所需发挥的功能与应尽的职责为核心，列出了需加以收集与分析的信息类别，规定了职务分析的内容。按照这套方法，职务分析应包括对该职务的工作特点和担任该职务的员工特点进行分析。

FJA 法的优点是对工作内容提供一种彻底的描述，对培训的绩效评估极其重要。FJA 法的缺点是对每项任务都要求做详细分析，因而要花较大力气和时间。FJA 并不记录有关工作背景的信息，4 项能力量表并不代表所有可能的人员必备的条件。

FJA 的理论依据是所有工作都涉及到工作执行者与数据、人、事三者的关系。通过工作执行者与数据、人、事发生关系时的工作行为，可以反应工作的特征、工作的目的和人员的职能。假设每一种工作的功能都反映在它与资料、人和事三项 要素的关系上，故可由此对其进行评估。每项均有等级和数值，这样每项工作均可以得出数值。此方法对决定薪酬标准 特有效。

FJA 定义的数据、人、事：

● 数据，指与人事相关的信息、知识、概念。与数据资料相关，人们付出的是智力资源。

● 人，指人或者有独立意义的动作，这些动作在工作中的作用相当于人。与人相关，人们则着力于人际关系资源。

● 事，指人控制无生命和质的活动特征，这些活动的性质可以用物本身的特征反映出来。与事相关，工作所付出的是体力资源。

FJA 通过职能等级表来实施，号码越小，等级越高，行为难度较大，所需的能力越高。

FJA 关注的要点：

● 执行工作时需要得到指导的程度；

● 执行工作时需要运用推理和判断能力的程度；

● 完成工作所需要的数学能力的程度；

● 执行工作时所需要的言语表达能力的程度；

● 适用于描述工作的任务、目的、绩效标准以及工作对任职者的培训要求等。

表 3–5 某员工的基本功能

	数据		人		事情	
	0	综合	0	指导	0	筹建
	1	协调	1	谈判	1	保密工作
	2	分析	2	教育	2	运营与控制
基本	3	编辑	3	监督	3	驾驶与运作
活动	4	计算	4	安抚	4	操纵
	5	复制	5	说服	5	看管
	6	比较	6	服务	6	操作
			7	接受指令		

FJA 结果实例：

FJA 工作分析结果表

1. 所分析工作的名称：面粉搅拌工

2. 所处行业：烘烤产品业

3. 标准产业分类代码及名称：2051 面包及其他烘烤制品

4. 工作简述：

根据操作程序的要求，操作搅拌机将各种成分搅拌成现成的、松软的（含酵母的）生面团。指导其他工人进行面团发酵，并用手工或刀具将其切成一个个小块。

5. 对所执行工作的等级评估：

工人功能：

D	P	T
信息	人	物
5	6	2

工作范围：烘烤、食品准备

6. 对工人能力要求评估（由工作分析人员填写）：

- 要求的培训时间
- 能力
- 个性
- 兴趣
- 身体要求
- 环境条件

（三）选择收集工作信息方法注意事项

1. 要考虑工作分析所要达到的目标。当工作分析需要达到不同的目标时，使用的方法也有所不同。例如，当工作分析用于招聘时，就应该选用关注任职者特征的方法；当工作分析关注薪酬体系的建立时，就应当选用定量的方法，以便对不同工作的价值进行比较。

2. 要考虑所分析的职位的不同特点。例如，有的职位的活动比较外显，以操作机械设备为主，那么这样的职位就可以使用现场观察法；而有的职位的活动以内隐的脑力活动为主，不易进行观察，那么运用观察法对这样的职位收集工作信息就不适合。

3. 要考虑实际条件的限制。有些方法虽然可以得到较多的信息，但可能由于花费的时间或财力较多而无法采用。例如专家访谈的方法,可以较直接地从工作任职者处获得信息,但它需要花费的时间较多。而问卷的方法,虽然获得的信息有限,但可以很多人同时回答,效率较高,很适合在时间要求较紧的情况下采用。

三、饭店工作分析的成果及其运用

工作分析的直接结果就是产生工作描述、工作规范,最后形成职务说明书。工作描述主要涉及到任职者实际在做什么、如何做以及在什么条件下做的一种书面文件。而工作规范说明了任职者为了能够胜任职位所必须具备的知识、能力和技术。

(一)工作描述

1. 工作描述的涵义

工作描述(job description)又称职务描述、工作说明,是指用书面形式对组织中各类职位的工作性质、工作任务、工作职责与工作环境等所做的统一要求。它应该说明任职者应做些什么、如何去做以及在什么条件下履行其职责。工作描述的主要功能就是让员工了解工作概况, 建立工作程序与工作标准, 阐明工作任务、责任与职权,从而有助于员工的招聘、培训、考核、薪酬等人力资源管理活动的开展。

2. 工作描述的基本内容

工作描述的基本内容包括工作识别、工作概述、工作关系、工作职责(任务)、工作权限、工作绩效标准、工作设备与工作环境等方面。

(1)工作识别:又称工作标识、工作认定,包括工作名称和工作地位两个方面,工作地位一般在工作名称之后。

(2)工作编号:又称岗位编号、工作代码。

(3)工作概述:又称职务摘要,指用简练的文字阐述工作的总体性质、工作的中心任务以及要达到的工作目标。

(4)工作关系:又称工作联系描述,指任职者与组织内外其他人之间的情况,包括:该项工作受谁监督;此工作监督谁;此工作可晋升的职位、可转换的职位以及可迁移至此的职位;与哪些部门职位发生联系等。

(5)工作职责:又称工作任务,是工作描述的主体,它逐条指明工作的主要职责、工作任务、工作权限,即工作人员的行为界限等。具体来说,工作职责包括工作活动内容、工作权限和工作的绩效标准等方面。

(6)工作条件与工作环境:工作条件主要涉及任职者主要运用的设备名称和信息资料的形式,工作环境更多地是指工作所处的物理环境。

3. 工作描述实例

销售经理的工作描述

职位名称:销售部经理

职位代码:1137-118

别名:销售部主任、销售部总管、销售部总监

(1)工作活动和工作程序。通过对下级的管理与监督,实施企业的销售、计划、组织、指导和控制;指导销售部的各种活动;就全面的销售事务向上级管理部门作出报告;根据对销售区域、销售渠道、销售定额、销售目标的批准认可,协调销售分配功能;批准对推销员销售区域的分派;评估销售业务报告;批准各种有助于销售的计划,如培训计划、促销计划等;进行市场分析;亲自与大客户保持联系;可根据有关规定建议或实施对本部门员工的奖惩;可调用小汽车2辆、送货车10辆。

(2)工作条件和物理环境。75%以上的时间在室内工作,一般不受气候影响,但可能受气温影响;温度适中,无严重噪音,无个人生命或严重受伤危险,无有毒气体。有外出要求,一年中有10%~20%的工作日出差在外。工作地点:本市。

(3)社会环境。有1名副手,销售部工作人员有25~30人;直接上级是销售副总经理;需要经常联系的部门是生产部、财务部;可以参加企业家俱乐部、员工乐园各项活动。

(4)聘用条件。每周工作40小时,法定节假日放假;基本工资每月2000元,职务津贴每月500元,每年完成全年销售指标奖金5000元,超额完成部分再以1‰提取奖金;本职位是企业中层职位,可晋升为销售副总经理或分厂总经理。每年工作以4~10月为忙季,其他时间为闲季;每3年有一次出国进修机会;每5年有一次为期一个月的公休假期,可报销15000元的旅游费用;公司免费提供市区二房一厅(85平米以上)住宅一套。

(二)工作规范

1. 工作规范的涵义

工作规范(job requirement)又称职位规范或任职资格,是指任职者要胜任该项工作必须具备的资格与条件,说明一项工作对承担这项工作的人在教育程度、

工作经验、知识、技能、体能和个性特征方面的最低要求，而不是最理想的任职者的形象。工作规范往往是工作说明中的一个重要部分。

2. 工作规范实例

招聘专员工作规范

职位名称：招聘专员

所属部门：人力资源部

直接上级职务：人力资源部经理

职位代码：XL-HR-021

工资等级：9～13

资格条件：

1.生理要求

年龄：23～25 岁　性别：不限　身高：女性 1.55～1.70 米　男性 1.60～1.85 米

体重：与身高成比例，在合理的范围内均可　听力：正常　视力：矫正视力正常

健康状况：无残疾、无传染病　外貌：无畸形，出众更佳

声音：普通话发音标准，语音和语速正常

2.知识和技能要求

(1)学历要求：本科，大专以上需从事专业 3 年以上

(2)工作经验：3 年以上大型企业工作经验

(3)专业背景要求：曾从事人事招聘工作 2 年以上

(4)英文水平：达到国家四级水平

(5)计算机：熟练使用 Windows 和 MS office 系列。

3.特殊才能要求

(1)语言表达能力：能够准确、清晰、生动地向应聘者介绍企业情况，并准确、巧妙地解答应聘者提出的各种问题

(2)文字表达能力：能够准确、快速地将希望表达的内容用文字表达出来，对文字描述很敏感

(3)工作认真细心，能认真保管好各类招聘相关材料

(4)有较好的公关能力，能准确地把握同行业的招聘情况

4.其他要求

(1)能够随时准备出差

(2)不可请一个月以上的假期

(三)工作描述与工作规范的区别

工作描述与工作规范都是工作分析的结果,两者既密切联系,又存在区别:

1. 编制目的

从编制的直接目的看,工作描述是以“工作”为中心对职位进行全面系统深入地说明,为职位评估、职位分类以及企业劳动人事管理提供依据。而工作规范是在职位说明的基础上,解释什么样的人员才能胜任本职位的工作问题,以便为企业员工的招聘、培训、考核、选拔、任用提供依据。

2. 涉及内容

从其内容涉及的范围来看,工作描述的内容十分广泛,包括对职位各有关事项性质、特征、程序、方法的说明,而工作规范的内容较为简单,主要涉及到对职位人员的任职资格条件的要求。

(四)职务说明书的编制

1. 职务说明书

职务说明书的编制,又称工作说明书的编制,是对工作分析的结果(诸如工作描述、工作资格等)加以整合以形成具有企业法规效果的正式文本的过程。职务说明书一旦正式形成,则企业中的各项人力资源管理活动都必须以此为依据。

2. 职务说明书的编制内容

一个完整的职务说明书包括工作描述与工作资格两大方面的内容,一般而言主要包括以下几个方面:

(1)职务概况:包括职务的名称、编号、职务所属部门、职务等级、职务说明书的编写日期等项目;

(2)职务说明:包括职务概要、责任范围及工作要求、职务目标、机器、设备及工具、工作条件与环境等;

(3)任职资格:包括受教育水平、工作经验、培训、个性、能力、知识要求、基本技能等方面。

3. 职务说明书的编制原则

(1)职务说明书的内容要依据职务分析的目标加以调整,内容可简可繁;

(2)职务说明书可以用表格形式表示,也可采用叙述式;

(3)在界定职位时,要确保指明工作的范围与性质,如用像“为部门”或“按照经理的要求”这样的句式来说明；

(4)编制职务说明书，要使用专业化的词汇，如分析、搜集、分解、监督等；

(5)职务说明书中，需填写的部门应运用规范文字表示，字迹要清晰，地方不够可续页；

(6)要注意文字、语言的正确使用；

(7)职务说明书最好用统一格式，注意整体的协调，做到美观大方；

(8)为建立好企业的职务分析系统，需得到企业最高领导的重视。由企业高层领导、典型职务代表、人力资源管理部门代表、外聘的职务分析专家与顾问组成工作小组或委员会，审核反馈，协同工作。

工作分析的误区在哪里？

工作分析是人力资源管理的基石之一，是企业开展人力资源管理工作的基础。目前我国众多企业已经十分重视人力资源管理工作，也相应引入工作分析的方法与技术。但在实际工作中，多数企业对工作分析的理解和运用仍停留在表层，难免陷入工作分析的误区，往往事倍功半。

误区一：重技术，轻理念

很多人力资源工作者认为：工作分析是一项技术性很强的工作，只要掌握工作分析的各种方法，即使没有任何管理理念，也可以把工作分析做好，陷入“重技术，轻理念”的实用主义误区。

任何管理活动都不能没有相应管理理念的支撑，否则再高超的管理技巧与管理方法都只能是无本之木、无花之果，没有灵魂和持久的生命力。工作分析同样需要首先确定一个企业的管理理念，可以是抽象化的管理思想也可以是具体的管理目标，比如全局性的“以人为本”、“以职位为核心的人力资源管理整体解决方案”，或依据企业自身需要而定的“实现人岗匹配”、“明确职责权限”、“梳理工作流程”等。在管理理念和具体工作目标指导下开展的工作分析，才可能运用恰当的分析技术，遇到问题时才能够产生解决问题的思路和办法。

误区二：重结果，轻过程

工作分析的实质是以某职位的任职资格条件、工作环境等作为工作输入，分析经过怎样的工作流程、工作关联进行工作转换后，应该输出什么样的工作结果，并确定如何评估其工作结果的过程。

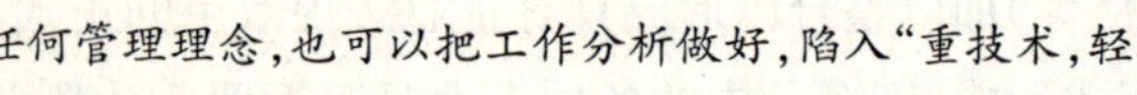

图1 工作分析实质示意图

工作分析的结果是一套科学、合理的工作说明书，其编写是在职位信息的搜集、比较、分类的基础上进行的，是工作分析的最后一个环节。

实践中，一些企业的老总甚至很多人力资源工作者认为工作分析的重要性和工作成果只体现在最后生成的工作说明书上，动辄要求整个工作分析工作在十几个工作日之内完成，主观地认为只要最后得出一套工作说明书，工作分析的过程如何进行并不重要。事实上，工作分析过程的优化程度决定其结果的质量。

一般地，工作分析包括准备阶段、调查阶段、分析阶段和完成阶段。工作说明书只能代表工作分析的实体结果，必须认识到工作分析过程亦即企业进行人力资源管理的过程，其过程意义远远大于结果的生成意义。

在一定意义上，准备阶段的工作成效直接决定工作分析的成败。人力资源部经理首先要与企业高层充分沟通，让高层认可工作分析的价值性和必要性，力求获得高层的鼎力支持，为整个工作分析的顺利开展打下坚实基础。

接下来，召开全员参加的工作分析启动会议，由老总亲自布置工作任务，要求全员配合，为工作分析提供各方面的资源保证。启动会上，人力资源部要着重宣讲工作分析的理念与目的，让员工认同工作分析的价值，了解工作分析的科学性，减少因对工作分析的陌生和不了解工作分析的目的而产生的抵触情绪。

成立“工作分析工作小组”，主要由人力资源部工作人员组成，但要吸收一些业务部门的负责人。共同负责工作分析工作的开展和工作说明书的编写。

有了高层领导的全力支持和各部门员工的倾力配合，进入调查阶段后便很容易在较少阻力的情况下搜集到工作分析所需的信息。

工作分析有多种分析技术，其中问卷调查法和访谈调查法由于操作性强、信息采集效果好而成为最为常用的两种方法。运用这两种方法进行工作分析的过程对企业的人力资源管理工作具有极其重要的意义（如表1所示）。

表1 工作分析常用调查法的运用过程对人力资源管理工作的意义

工作分析常用调查方法	过程意义
问卷调查法	促使员工思考自己的工作内容、职责权限、工作流程等工作分析所需主干信息
	当员工遇到对工作职责等不甚清晰的问题时要与其主观沟通明确，加强上下级之间的充分沟通
访谈调查法	加强人力资源工作者与企业员工的充分沟通，在相互沟通中人力资源工作者与各部门员工增进了解，建立良好的工作关系，有利于双方在今后工作中的协助配合
	新入职的人力资源工作者尽快导入工作正轨，在访谈企业员工的同时了解企业的运作流程，尽快熟悉情况

如果缺少准备阶段的积极宣讲与调查阶段的充分沟通等工作分析过程，由人力资源部闭

门造车式编写的工作说明书，即使科学、合理、切合实际，也很难在实际工作中得到高层的认可和广大员工的认同，推广应用的难度可想而知。

误区三：重繁复，轻简洁

一直以来，众多人力资源管理教科书中列举的工作说明书都是比较繁复的，现今流行的几种版式的工作说明书一般都包括工作识别、工作摘要、工作职责、工作关系、工作标准、关键业绩指标(KPI)、工作环境条件、任职资格说明等。人力资源管理者在实际操作中往往参照这几种版式，忽视企业的具体特点和个性需求，以为只有繁复的工作说明书才能最大限度地说明问题，一味求多求全，陷入"重繁复，轻简洁"的形式主义误区。

实际上，工作分析的目的决定工作说明书的撰写重点及风格(如表2所示)。

表2 工作分析的目的和工作说明书撰写重点及其风格的匹配

工作分析的目的	工作说明书的撰写重点及其风格
明确工作职责、工作范围	着重划分职位与职位之间的职责权限，揭示每一职位主要工作的工作流程，其他部分可以适当弱化分析，化繁为简
有效甄选所需人员	在明确工作职责的基础上，重点说明具有何种资格的人，才能适应职位的要求
制定考核标准及方案、科学开展绩效考核工作；设计公平合理的薪酬方案	着重分析每一职位的价值所在并明示评估标准，以节省日后制定绩效考核指标体系和职位评估的时间
明确一般员工和操作工人的工作职责	力求简洁通俗，使用工作说明书使用者能够理解的语言和表述

简洁的工作说明书可以节约工作分析时间和分析成本，也可针对具体的工作分析目的迅速而有效地解决问题，易使高层领导见到人力资源管理成效，节约管理成本。

误区四：重形式，轻应用

在实际工作中，一些企业虽然进行了工作分析，得出一套工作说明书，却束之高阁，权当作人力资源部曾经完成的一项工作任务，从未有效利用工作分析的结果开展其他人力资源管理工作，就好比病人去医院开了治病良药却将之供奉起来。

工作分析最忌讳只重形式不重应用。工作分析的效用大打折扣，必将影响后续性人力资源管理工作的开展，员工感觉不到工作分析之后带来的相应变化和改进，很难在今后的工作中再度配合人力资源部的工作。

因此，在工作分析结束后，人力资源部要注重在实际工作中应用工作说明书。比如，在每一位新员工入职后将工作说明书发给他，有利于新员工尽快进入工作角色，也提出了相应的工作考核标准，便于试用期结束时以此为依据对其进行考核。再如，以工作分析为基础的工作规范可以告诉我们每一个职位相应所需的知识、素质和能力，如果现有的员工不具备这些条件，相应的培训开发就有了明确的目标和内容。

误区五：重现状，轻战略

有人认为,工作分析就是如实描述出每一职位目前实际具有的工作职责、工作权限和工作流程。事实上,工作流程、组织架构是依据企业的发展战略加以分析梳理的,如果工作分析只注重对企业现状的描述而忽略对企业未来发展的前瞻性调整,丝毫不对现有工作流程和组织架构提出改进建议,则会陷入"重现状,轻战略"的误区,可能刚刚写就的工作说明书很快就无法适应企业发展的需要。

工作分析时,人力资源部应合理安排战略性与事务性工作的比重,以企业战略为导向,以长期愿景为目标进行合理的组织结构调整和流程再造,而不应仅仅拘泥于事务性工作的束缚。

所以,工作分析之初,首先要明确企业的发展战略,进而由工作流程确定组织架构。进行工作职务设计,定岗、定编、定员,以改进工作方法,提高效率。之后,建立相应的工作规范和工作标准,明确评估方法。

如果企业战略明确,工作流程规范,组织结构设计合理,工作职务设计优化,工作方法改进良好,工作规范明确,则工作说明书的编制就是上述资料水到渠成的条理化与汇总整合。

表 3 避免陷入工作分析常见误区的系统解决之道

<table>
<tr><th>工作分析误区</th><th colspan="2">规避之道</th></tr>
<tr><td>重技术,轻理念</td><td colspan="2">工作分析之初,首先明确人力资源管理理念和具体工作目标,再选用适当的分析技术</td></tr>
<tr><td rowspan="4">重结果,轻过程</td><td>准备阶段</td><td>力求获得高层的鼎立支持、全体员工的广泛认同与协助配合</td></tr>
<tr><td rowspan="2">调查阶段</td><td>利用问卷调查法,促使员工自我梳理工作流程和职责权限,促进上下级之间充分沟通</td></tr>
<tr><td>利用访谈调查法,加强人力资源工作者与企业员工的充分沟通,建立良好的工作关系,使新入职的人力资源管理者尽快熟悉情况</td></tr>
<tr><td>分析阶段</td><td>与任职者及其上级多次沟通,共同确认工作说明书的最后内容,以减少日后推行工作说明书的阻力</td></tr>
<tr><td>重繁复,轻简洁</td><td colspan="2">依据具体工作分析目的确定工作说明书的分析重点和撰写风格</td></tr>
<tr><td>重形式,轻应用</td><td colspan="2">注重在日常的人力资源管理过程中应用工作说明书,并以工作分析为良好开端,继续推进其他人力资源管理工作</td></tr>
<tr><td>重现状,轻战略</td><td colspan="2">依据企业战略确定工作流程和组织架构,借助工作分析明确各岗位的职责权限,并作出战略性调整</td></tr>
</table>

资料来源:王丹.工作分析的误区在哪里[J].人力资源,2004(3).

复习思考题

1. 对于饭店来说,实施工作分析有何重要意义?
2. 饭店工作分析主要包括哪些内容?
3. 饭店实施工作分析的基本流程是什么?

4. 饭店工作分析的定性方法包括哪些？定量方法包括哪些？

5. 饭店工作分析的成果是什么？这些成果应如何加以利用？

主要参考文献

顾沉珠.饭店人力资源管理实务[M].南京：东南大学出版社，2007.

林增学，李俊.饭店人力资源管理[M].重庆：重庆大学出版社，2007.

廖钦仁.酒店人力资源管理实务(修订版)[M].广州：广东经济出版社，2006.

第四章
饭店员工招聘管理

招聘是任何组织人力资源管理的基础，关系到组织的生存和发展。随着饭店业经营管理尤其是传统人事管理向现代人力资源管理的逐步过渡，如何重新科学认识招聘工作、遵循科学的招聘流程、采取有效的招聘方法，便成为了饭店业经营管理者和人力资源部急需解决的问题。

本章重点阐述饭店员工招聘的基本工作流程和每个招聘环节的重难点；介绍笔试法、面试法、心理测验法、情景模拟法等现代常用的甄选方法，以及每种方法的适用范围和实施注意事项。

第一节　饭店员工招聘概述

饭店员工招聘是一项复杂的系统工程，在实施招聘工作之前，应该了解饭店人力资源需求的一些特点，并对员工招聘的涵义与招聘的原则有一个总体的认识与把握。

一、饭店人力资源需求特点

饭店业是一个资金密集型和劳动密集型的服务行业，需要大批高技能、高素质人才从事一线服务与管理。随着社会的发展和整个行业与国际快速接轨，饭店业对人才的需求越来越职业化，不仅需要基层管理服务人员和经营管理人员具有较高学历，而且对从业人员的语言、技能、素质、形象等条件要求也越来越高。

(一)饭店人才需求面广,层次复杂

饭店人才需求的明显特点是对人才需求的面广,层次复杂。饭店内既有店长、运营经理、工程经理、品牌经理等中高级经营管理岗位,同时也有大量的从事一线服务的人员,如前厅接待、餐厅服务员和客房服务员等。饭店业目前供应和需求量均较大的主要集中在低端服务人员,从业人员主要来源于中等职业技术学校。这部分人进入饭店后主要担任前厅和客房服务人员,但要成为高级管理人员,存在一定难度。

(二)饭店高素质人才缺乏

目前星级饭店紧缺的专业人才主要有三类:一类是宾馆饭店总经理、各部门经理等中高层管理人才;第二类是技能级别较高的餐厨、服务等技能型人才;第三类是具备较强补位意识的服务型人才,这类人要能弥补饭店各个部门之间的服务空白点。

相比于一线基础职位,高级经营管理人才的招聘要困难得多,很多公司尽管为其开出颇为丰厚的条件,却很难招到合适的人才。尽快形成一支熟悉国际饭店业行规、法规、操作模式,具有国际战略眼光的饭店高级管理人员队伍已是当务之急。

一线人员的需求集中体现在饭店的前厅、餐厅和客房。不少人认为,饭店一线的工作人员不可能会缺。但事实上,那些既具有一线实际操作经验,又具备一定理论素养的管理人才很难得。

(三)饭店人才流动频繁

国内饭店业普遍存在的问题就是员工队伍不稳定、流动率较高,增加了人才的寻觅成本。由于被高薪和良好职业机会吸引,饭店餐饮行业高端人才跳槽频繁。其中由国有饭店宾馆跳槽到连锁饭店、外资著名饭店的现象较为常见,职位从总经理、副总经理到采购经理、运营经理、大堂经理、值班经理等不一而足。

在饭店从事服务工作,生理和心理上都要接受不断的挑战。饭店一般都采用三班倒工作制,员工在生理和心理上要不断适应。如上班时间不能休息,中午吃饭一般也只有半个小时,而且必须轮换就餐等。这些服务行业的特性使饭店业对年轻人的吸引力逐渐下降。另外,近年来饭店行业薪水涨幅相对较缓,应届毕业生到饭店工作,一般起薪都很低,这也导致很多一线员工频繁跳槽。

(四)采取"管理培训生"高起点培养接班人

为了更好地满足对于高素质经营管理人才的需求，很多星级饭店以及经济型连锁饭店纷纷采取了"管理培训生"计划。比如，汉庭饭店就设立了"总经理助理"、"副总助理"等一系列岗位向优秀应届毕业生开放，要求应聘者是全国优秀大学饭店管理或旅游管理专业应届毕业生，具备踏实的工作作风和认真的工作态度，有一定的综合管理技能和领导力，对饭店服务业的发展有一定见解，有强烈的服务意识。

二、饭店员工招聘涵义

饭店员工招聘的涵义主要介绍招聘的含义、招聘成败的影响、影响招聘的因素以及招聘工作中的常见误区。

(一)招聘的含义

招聘是指企业为了生存与发展的需要，根据人力资源规划和工作分析结果提出的人员需求数量与任职资格要求，通过发布需求信息来寻找并吸引那些有能力、又有兴趣的人员，通过科学甄选从中选出适宜人员予以录用，并将其安排到所需岗位的过程。简而言之，招聘就是组织为了发展的需要，根据人力资源规划和工作分析的数量和质量要求，吸收人力资源的过程。

招聘的内容一般包括招募、选拔、录用、评估等活动。招聘的目标是人事相宜，即把合适的人放到合适的位置上。

(二)招聘成败的影响

饭店员工招聘主要是解决饭店人力资源的来源问题，其成败与否会给企业带来深远的影响。

1. 成功招聘的积极影响

成功的招聘工作对于企业、录用者和落选者都有好处，主要表现在以下几个方面：有利于确保饭店经营目标的实现，有利于节约人力成本，有利于增强饭店凝聚力，有利于增强饭店的创新能力，有利于树立良好的企业形象，给录用的新员工提供了一个更好的发展机会，使未被录用的应聘者避免了职业生涯中的弯路。

2. 失败招聘的消极影响

失败的招聘同样会给企业、录用者和落聘者带来很多负面的影响，主要表现在以下几方面：企业的业绩受到影响，增加人力成本，影响员工士气，企业形象受损，间接使竞争对手受益，影响员工的职业生涯发展，给人力资源部的工作增加压力。

（三）影响招聘的因素

作为一个开放的组织系统，企业的管理活动必然要受到外部环境的影响，招聘工作也不例外。外部的政治、经济、文化、科技、市场、法律等环境会影响到企业招聘政策的制定、企业招聘人员的来源渠道、应聘者的数量与质量等。

招聘是人力资源管理的一项重要职责。企业的使命与宗旨、企业的战略目标与发展规划、企业的人力资源管理政策、企业经营者的用人理念与领导方式等内部因素也会影响到招聘工作。另外，应聘者的数量、质量等因素也会影响招聘工作的效果。

（四）企业招聘工作中的误区

表 4-1 企业招聘工作中的误区

序号	招聘中较为重视	招聘中相对轻视
1	外显能力	潜在能力
2	优秀人才	适才适岗
3	引进人才	使用人才
4	吸引人才	留住人才
5	外部引才	内部开发
6	学历文凭	实务能力

三、饭店员工招聘原则

（一）客观性、科学性原则

企业制定人员吸收计划时，要对相关政策法规、企业的成长阶段、劳动力市场的供求状况以及区位特征等因素进行分析，在工作分析和人力资源规划的基础上，客观地制定招聘计划、在招聘过程中，运用科学的方法进行甄选评价，综合运用心理学、行为科学等各种测量工具，既要反映出应聘者的实际能力，又要了解其发展的潜力。

(二)战略性、统筹性原则

人力资源部门的工作要与组织的长期发展目标相一致，在招聘过程中更要注重应聘者的现有技能和具备的潜质，使其与组织的主业和今后的发展相一致，使得组织在今后发展的过程中保持稳定的后备力量。同时，对组织内现有或将来的各个部门的人员配备做出初步的规划，做到统筹规划，综合引进，并充分利用现有的人力、物力，尽最大可能找到合格的人选。

(三)竞争性、透明性原则

西方经济学的一个基本观点认为，完全竞争的市场是最有效率的市场。在企业实施招聘时，也应充分营造公开、透明的竞争机制。首先，制定的招聘条件要有竞争性，尤其是对于高级管理人才和关键技能人才的招聘要能体现出挑战性。其次，选拔方式和手段要使应聘者之间有一定的竞争，以使其充分展示自己的才能，从而便于企业选择人才。再次，招聘的标准、要求、过程以及评审的标准要有透明性，要提高招聘工作的可信度，避免某些不合格的应聘者利用不正当的手段进入组织。总之，公开、透明、竞争性的招聘机制能够使得组织内外的人员都比较满意。

(四)阶段性、连续性原则

企业的发展如同个人发展一样，也有其特定的阶段性特征。因此，企业在特定的发展阶段，应有目的地吸收与其发展阶段相适应的人才。在招聘工作中，不一定要选择最优秀的，但要选择最适合的员工。同时，由于企业内部人员的正常流动，以及企业的不断发展前进，招聘又需要坚持连续性原则，以保证企业始终都有充足、适用的人才来实现组织发展目标。

(五)经济性、效益性原则

作为一项系统性工作，招聘活动本身需要有一定的人、财、物来作为保障，因此，招聘时要坚持经济性、效益性原则，根据不同的招聘目的灵活选择招聘方式，最大限度地降低招聘成本。当然，在招聘一些企业急需的关键人才时，也应尽量做好平衡，以保证用尽可能小的代价获得这些人才。

(六)稳健性、利用"外脑"原则

招聘工作要坚持稳健原则,提高成功率。比如,应科学制定招聘方案、认真选择招聘人员、科学训练招聘人员、精心组织招聘工作等。必要时,也可以借助"外脑",即从高校或管理咨询机构聘请有经验的专家和专业人员协助企业进行甄选与评价。

第二节　饭店员工招聘工作流程

尽管不同企业的招聘过程不可能完全相同,但通过长期研究发现,企业在招聘过程中普遍遵循着一个一般流程,这一流程是从人力资源规划计算出的人力净需求开始的。招聘工作的基本流程如图 4–1 所示。

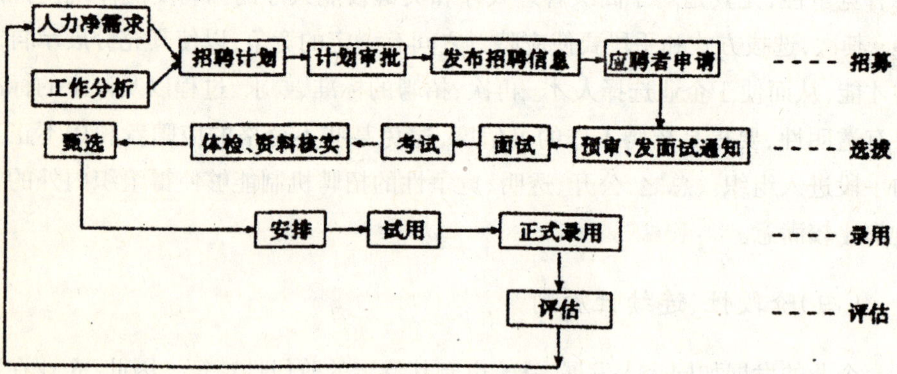

图 4–1　员工招聘流程图

具体说来,员工招聘的一般程序如下:

● 根据企业人力资源规划,开展人员的需求预测和供给预测。确定人员的净需求量,并制定人员选拔、录用政策,在企业的中期经营规划和年度经营计划指导下制定出不同时期不同人员的补充计划、调配计划、晋升计划;

● 依据工作说明书,确认职缺的任职资格及招聘选拔的内容和标准。据此再确定招聘甄选的技术;

● 拟定具体招聘计划,上报企业领导批准;

● 人力资源部开展招聘的宣传广告及其他准备工作;

● 审查求职申请表,进行初次筛选;

- 面试、笔试、心理测验或评价中心；
- 录用人员体检及背景调查；
- 试用；
- 录用决定，签订劳动合同。

一、评估招聘需求

企业实施招聘的首要工作是明确招聘需求，即在招聘活动开始之前，首先在企业各部门内部进行人力资源净需求调查，重点需要获得以下招聘信息：空缺职位及数量，工作描述，任职资格，上岗时间等。招聘信息的来源主要有曾经的在职人员，在职人员的直接上级，与其相关的同事。

一般来讲，企业招聘需求往往由用人部门提出。各部门经理根据本部门下一阶段工作所需人力资源净需求状况，填写《招聘申请表》，汇总后交给人力资源部，由其负责组织实施招聘。通常招聘需求的产生主要有以下几种情况：

- 企业现有人员数量和质量无法满足工作需要；
- 企业人力资源自然减员；
- 企业内部出现职位空缺；
- 组织新增业务或业务量变化；
- 现有人力资源配置不合理；
- 企业招聘新员工作为战略储备。

招聘需求分析阶段应特别注意以下两个问题：一是人员招聘需求应建立在对组织内部现有员工认真分析的基础上；二是组织内外部的环境因素也会对招聘需求产生较大的影响。

企业人力资源部在汇总招聘需求信息后，需要由人力资源部的招聘负责人、用人部门的上级主管联合对招聘需求进行认真评估，以确定招聘新员工的必要性。有时职位空缺或内部人手不够并不一定要招聘新员工，还可以用以下方式解决，比如：将其他部门的富余人员临时调配过来、现有人员加班、对工作内容进行重新设计、将某些工作进行外包等。即使确实需要招聘新员工，也需要决定是招聘正式员工还是临时员工。对于某些短期工作任务或较为简单的工作，企业可以招聘临时员工完成，以节省人力资源管理成本。

一般来说，企业会根据一定时期的业务发展情况编制人力资源管理费用预算，因此，企业在确定招聘需求时也会受到人力资源管理费用预算的约束。但实际上,企业工作任务的需要和业务的变化往往会导致人力资源需求发生变化,需要用人部门和人力资源部门根据实际情况确定招聘需求。

二、制定招聘计划

招聘需求确定以后,还需要结合具体岗位的工作分析和组织总体的人力资源规划来制定详细的招聘计划。招聘计划是把对职位空缺的需求变成一系列目标,并把这些目标和相关的应聘者的数量和类型具体化。招聘计划的主要内容包括:

● 招聘人数。由于一些应聘者可能对该工作没有兴趣,或者应聘者的任职资格达不到企业要求,或者两者兼而有之,一般需要招聘的人数要多于实际录用的人数。

● 招聘标准。招聘标准就是确定录用什么样的人才,主要内容包括:学历、实际工作经验、工作技能、年龄、性别、个性品质等。

● 招聘经费预算。招聘经费需要包含的部分除了参与招聘工作的有关人员的工资以外,还有广告费、测试费、差旅费、电话费、通讯费、文具费等。

在制定了招聘计划以后,还需要制定招聘实施计划,具体内容包括:确定招聘工作小组成员名单并召集成员召开培训会;制定招聘章程、考核方案和择优选聘的条件;确定招聘测试场地并准备测试用品;拟定并印制招聘简章、招聘申请表;确定招聘工作进度等。

制定好招聘计划以后,还需提交公司董事会或总经理进行审批。招聘计划获得批准后,一般直接交回人力资源部,由其正式开始实施招聘。

三、选择招聘渠道

企业选择的招聘信息发布渠道及方式将决定什么样的人能了解到这些信息,进而直接影响应聘者的数量与素质。一般来讲,企业内部招聘的主要渠道有内部晋升、内部调用、工作轮换等,外部招聘的主要渠道有校园招聘、人才交流会、猎头公司、网络招聘等。

企业内部招聘与外部招聘这两类渠道各有优劣势,见表 4–2:

表 4-2 内部招聘与外部招聘的优劣比较

内部招聘	外部招聘
长处：	长处：
1. 员工熟悉企业	1. 引入新意念和方法
2. 招聘和训练成本较低	2. 员工在企业新上任，凡事可从头开始
3. 提高现职员工士气和工作愿望	3. 引入企业没有的知识和技术
4. 成功机率与能否有效地评估员工能力和技术有必然关系	
短处：	短处：
1. 引起员工为争取晋升而尔虞我诈	1. 新聘员工需要适应企业环境
2. 员工来源狭小	2. 降低现职员工的士气和投入感
3. 不获晋升可能会士气低落	3. 新旧员工之间相互适应期限增长

各类外部招聘方式方法各有优缺点并适用于不同的招聘范围，见表 4-3：

表 4-3 外部招聘方式比较

外部招聘渠道	优 点	缺 点	适用招聘范围
刊登招聘广告	传播范围大，挑选余地大；招聘广告留存时间较长；可附带作企业形象、产品宣传	初选双方不直接见面，信息失真；广告费用支出较大；录取成功率低	适用于各类企业、各类人才
人才招聘会	双方直接见面，可信程度较高；当时可确定初选意向；费用较低廉	应聘者众多，洽谈环境差；挑选面受限	适用于初、中级人才，或急需用工
职业介绍所与就业服务中心	介绍速度较快，费用较低	服务质量普遍不高	适用于初、中级人才，或急需用工
猎头公司	能找到满意人才，比企业自己招聘效率高，招聘过程隐秘、不事声张	招聘过程较长，各方反复接洽谈判；招聘费用昂贵，须按年薪的一定比例支付猎头费	适用于物色高级人才
大专院校	双方了解较充分；挑选范围和方向集中，效率较高	应聘者流动性过大，有时需支付其旅费和实习费	用于招募发展潜力大的优秀新人才
熟人推荐	用人较为可靠，招募费用较低	较难做到客观评价和择优录用，容易形成小团体和裙带关系	主要适用于招募初级劳工和核心人员

合适的招聘渠道应具备以下几个特征：

第一，能达到双重目的。合适的招聘渠道应该既能最大限度地吸引到符合条件的求职者，又能够通过招聘活动达到宣传企业、提升企业形象的目的。

第二，具有较好的经济性。合适的招聘渠道应使得企业招聘到合适的人员的花费成本最小。

第三，具有较高的可行性。企业在选择招聘渠道时，应符合企业的现实情况，具有可操作性。

除此之外，企业在选择招聘渠道时，还要考虑其他一些因素，见表 4-4

表 4-4 企业招聘渠道选择的影响因素

影响因素	外部招聘适用条件	内部招聘适用条件
企业战略	扩张战略，探索型战略	维持战略或收缩战略，防御型战略
企业形象	良好的声誉，在公众中声望高	企业知名度低
管理风格	规范的内部管理体系，高层管理者倾向于外部招聘	"人治"色彩浓厚，高层管理者倾向于内部招聘
地理位置	经济发达地区，人力资源丰富	经济欠发达地区，人才匮乏
招聘目的和当前人力资源状况	引进新员工，带来新思想、新观点	企业内部有合适的人员或可培养的对象
空缺职位的性质	中高级职位	初级岗位
招聘资金	预算充裕	预算有限
外部环境	所在地人才市场发达、政策与法规健全、有充足的人才供给、人才信用良好	人才市场欠发达、相关法规不健全、人才供给不足、没有良好的人才信用体系

四、发布招聘信息

企业招聘渠道确定以后，还应做好充分的材料准备，主要工作包括设计、制作招聘广告和企业招聘简章。

（一）招聘广告

一份合格的招聘广告应有标题、本企业的基本情况（包括企业性质、经营范围等）、招聘职位及人数、应聘人员的基本条件、应聘者的报名方式、应聘时间和地点（包括邮编、联系电话和联系人）、应聘时需携带的证件、材料及其他注意事项，最后要加上公司人力资源部落款。

（二）招聘简章

一份有效的招聘简章能充分显示企业对人才的吸引和企业自身的特色。招聘简章的基本要求是：语言简明清晰；招聘对象的条件一目了然；招聘人数应比实际需求大一些，一般为 2 倍左右；措辞既要实事求是，又要热情洋溢，表现出对人才的渴求和应有的尊重。

在准备好了招聘广告和招聘简章之后，就可以向社会公布招聘信息了。所谓发布招聘信息就是向可能的应聘人群传递企业将要招聘的信息。

(三)招聘信息发布应遵循的原则

第一,层次原则。招聘的人员都是处在社会的某一层次,要根据招聘岗位的特点向特定层次的人员发布招聘信息。第二,广泛原则。发布招聘信息的面越广,接受该信息的人越多,从应聘者中寻找到合适人选的概率就越大。第三,及时原则。在条件许可的情况下,招聘信息应尽早地向社会发布,以使得更多的应聘者及早获得招聘需求信息,从而整体上缩短招聘进程。

(四)招聘信息发布的方法

发布招聘信息的方法有很多,主要有以下几种:

其一,企业举行正式新闻发布会发布招聘信息。这种方法主要适用于以下两种情况:一是企业因发展壮大,需要招聘大批人员,包括经营管理者、专业技术人员和熟练工人等。利用新闻发布会发布招聘信息,有利于扩大企业影响,在公众面前树立良好的企业形象。二是高薪聘请高级经营管理者,如总经理、总工程师等,一方面可以扩大企业的社会影响,另一方面也能吸引更多的人才前来应聘,使企业有更多的可选对象。

其二,在电视、广播或报刊杂志上发布招聘信息。这是现代企业最常用的方式之一。由于这几类媒体在社会上的高普及率,利用它们发布信息,可以达到广而告之的效果。

其三,通过人才市场发布招聘信息。企业一般提前把招聘信息发布给人才中介机构,然后再派招聘专员到人才市场现场招募。这里需要注意的是,由于各类不同档次、不同规格、不同范围的招聘会名目繁多,在确定发布招聘信息之前,企业需要对目标人才市场进行调研分析, 确保目标人才市场与企业的招聘需求相匹配。

其四,通过专业的招聘信息发布网站发布招聘信息。随着企业门户网站的纷纷建立和整个互联网的迅速发展, 越来越多的企业开始把招聘信息首先发布在企业自己的公共网站上,并向国内外知名的招聘网站(如 51Job、前程无忧等)发布企业招聘信息。与前面几种方式相比,这种方式经济实用,且信息更新快捷、覆盖面广、存留时间久,还能更详细地展示企业形象,因此受到了越来越多企业的欢迎。

五、实施招聘选拔

(一)招聘选拔的涵义

人员招聘选拔是指从审查应聘者的资格开始，经过用人部门与人力资源部门共同的初选、面试、考试、体检、个人资料核实，到人员甄选的过程。一般来讲，招聘选拔主要考虑应试者以下方面的特征：

- 基本生理/社会特征：如性别、年龄、户籍等；
- 知识/技能特征：如学历、专业、工作经历、培训、专业资格证书等；
- 心理特征：各种素质、人格、兴趣偏好等。

(二)选拔前应核实应聘者相关资料

企业在正式开始招聘选拔之前，应核实应聘者的相关资料，主要包括核实应聘者身份证明的相关内容以及与工作相关的背景资料。核对应聘者是否同原单位合法解除劳动关系，需要应聘者出据原单位证明，最好在入职前进行核实，避免给招聘企业带来不必要的麻烦和损失。对应聘者个人简历中的重要部分和可疑之处应进行核实，其内容也可包括其身份证明，尤其对关键职位和对企业有极大影响的职位最好及时核实应聘者的真实背景，避免给招聘企业带来不必要的麻烦和损失。在企业实践中，人力资源部可以通过电话，传真，网络，登门拜访等方式向其母校、原单位、同事等有关方面进行核实，公司可保存记录。

(三)企业招聘选拔的基本程序

1. 选拔指标分析与定义

选拔指标或称选拔维度，就是根据岗位的具体要求对每个申请者需要考察的内容，包括该岗位需要考察的指标有哪些，每个指标具体的行为表现应该有哪些。这就是选拔指标分析与定义的过程。

下面举例说明如何对选拔指标进行分析和定义。

某高科技公司招聘总经理，通过工作分析以及与该企业高层主管的深入访谈确定了总经理岗位需要具备的素质，分别是：

- 战略管理能力
- 知人善任能力

- 创新变革能力
- 团队组织能力
- 分析决策能力
- 授权控制能力
- 建立伙伴关系能力
- 沟通能力

以上这些具体的素质要求就是该岗位的选拔指标。选拔指标是通过工作分析或胜任特征分析获得的表现岗位素质要求的具体指标。

实践中我们发现很多岗位对某一项能力都有要求，比如“沟通能力”无论对管理岗位、技术岗位还是营销岗位都是重要的基础能力。但稍加分析就会发现，其实某一项能力在不同岗位上会表现出不同的行为特点（见表 4–5）。

表 4–5 管理岗位与技术岗位的关键行为分析

岗位类别	关键行为表现
管理岗位	主动积极沟通的意愿 完整地倾听别人的观点 对下属的问题进行适当考虑后再答复 注意交流问题的机会与场合 通过面部表情和肢体语言增强交流效果
技术岗位	清晰、完整、流畅地表达自己的观点 利用各种机会表达自己的意见 能够倾听并正确理解别人的意见 对别人的问题能快速做出反映

选拔指标定义方法有很多，如典型行为定义、操作定义和极端特征定义等。我们经常采用的方法是“两维行为分析法”。即分析构成选拔指标的关键行为和每个关键行为的等级区别。即使是同一项选拔指标，在不同类别岗位上的关键行为不同，且每个等级的行为表现也存在一定差异。表 4–6 以某通讯公司人力资源经理的沟通能力为例。

2. 选拔方法选择

选拔方法就是考官利用那些具体的技术对职位申请者进行评估。对于大部分人力资源主管来说，面试是普遍采用的技术。当然还包括心理测验、情境模拟（其中包含无领导小组讨论、公文筐测验、案例分析、管理游戏等）、工作样本、申请表、背景调查等。任何选拔方法都有其局限性，不同的选拔指标适用于不同的选拔方法，一个选拔维度可能同时适合两种以上的选拔方法。

表 4–6 沟通能力的两维行为分析法举例

指标名称		沟通能力					
关键行为		主动性	倾听	反馈	表达	技巧	把握机会
行为等级	1	总是先与他人交流	完整倾听他人观点，关注对方并记录对方观点	反馈滞后，但会认真考虑对方意见或观点	完整表达自我观点，语言清晰流畅	表情丰富，动作协调	正确分析交流场合和机会，发言内容使对方接受
	2	有时会与他人交流	认真倾听他人意见，不时插话打断别人	反馈及时，但考虑不深入	表达基本完整，语言缺乏组织	表情、动作根据发言内容发生变化	把握发言机会，不会让对方感到尴尬
	3	经常等待他人主动交流	不等别人完整表达观点就会打断别人	马上反馈意见，缺乏必要考虑	语言累赘，观点表达不直接，令人费解	表情呆板，动作僵硬	不注意场合，发言不合时宜

假设我们确定了“影响并试图控制他人、沟通能力、创新能力、关注他人”四项选拔维度作为经理的选拔指标，现在我们要逐一分析这四个指标分别用哪些测评方法比较合适，“影响并试图控制他人”可以使用心理测验中的动机测验测评；“沟通能力”可以用面试或无领导小组讨论测评；“创新能力”可以用情境模拟中的公文筐测验或无领导小组讨论，也可以用面试的方法测评；“关注他人”可以用面试或情境模拟中的无领导小组讨论测评。确定了适宜每个选拔指标的方法后，再将这些选拔方法进行组合，设计题目或直接选取题库中的题目。

3. 设计、选择选拔题目

这个环节是设计、选择各种选拔方法所采用具体题目的过程。如：面试题目设计、情境模拟题目设计等。这就需要人力资源主管必须注意各种方法之间的联接性，让题目之间有一定的联系性，国外很多企业开始尝试在情境模拟中采用同一案例背景信息，以增强其仿真的特点。如果需要利用心理测验的话，人力资源主管还需要选择合适的测验量表。

4. 选拔方案设计

选拔方案设计即根据选拔方法的特点及实际情况来决定选拔技术的先后顺序。设计选拔方案要根据“成本最低、时间最短、用人最少”的原则，精确计算选拔成本、准确规划选拔时间、合理安排选拔场地、详细安排人员分工。做好考官分组、人员分工、计算题目数量、计划选拔时间等工作。选拔方案的设计还要注意各种方法之间的联接性。如在情境模拟方法中的公文筐测验结束后，考官要对申请者进行追问，因此选拔方案设计可以先进行公文筐测验，然后面试。

5. 实施选拔过程

选拔的实施过程是按照选拔方案规定的时间计划与分工计划及前后顺序完成选拔任务的过程。实施评估之前必须对考官进行深入、细致的培训。很多考官一般只依赖自己在以往项目中积累的经验对申请者进行评价，而不是依据客观的岗位素质标准，这也是很多选拔结果缺乏说服力的直接原因，因此在实施之前必须对考官进行选拔维度、题目、评价标准等方面的系统培训。

6. 选拔结果统计与报告

选拔结束以后，考官要进行各项测验的结果统计工作，并在定量与定性分析的基础上撰写选拔报告。有些测验可以通过计算机统计结果，例如卡特尔16人格因素测验就有计算机软件系统可以直接进行结果统计与选拔报告输出。实践中，往往会根据选拔维度的特点使用多种选拔方法，这就需要选拔专家根据被试者在针对同一维度的多种选拔方法中的结果撰写总体报告。

7. 选拔结果反馈

很多选拔技术在企业的内部选拔或能力考核与诊断等过程中的应用需要对申请者进行测评结果的反馈。反馈的目的是向申请者说明其在评估过程中的行为或心理表现，并进一步剖析申请者的素质特点，向申请者说明评估结果与岗位的匹配程度。在某些情况下还需要专家根据申请者的素质特点与岗位特点，为申请者提出素质发展建议，发展建议则必须具有可实施性。

（四）企业人员选拔的意义

人员选拔对组织来说至关重要，有效的人员选拔具有以下意义：首先，保证组织用在员工身上的投入得到回报，也保证员工在组织中得到发展；其次，有效的人员选拔可为组织节省费用，减少了雇用不合格人员和不愿为组织工作人员的可能性，降低了员工的辞退率与辞职率，为组织节约了离职成本。另外，有效的人员选拔可以减少对员工的培训投入，节省培训开支。有效的人员选拔还为组织内的员工与组织外的应聘者提供了公平竞争的机会。

六、组织人员录用

（一）人员录用的过程

人员录用过程主要包括：公布录用名单、办理录用手续（包括通知被录用者、回绝应聘者、关注拒聘者)、签订试用合同、员工初始配置、试用、签订正式合同正式录用。在办理录用手续时,组织除了通知被录用者以外,还应对落选者和拒聘者予以关注。对于落选者,应告知对方希望将来有合适的机会时其继续关注本组织。对于拒聘者,一方面要尽量找出对方拒聘的真实原因,另一方面也要表现出对拒聘者选择的尊重。对于这两类应聘者,组织应将其档案归入储备人才库,以备后用。

员工在进入组织前,要与组织签订试用合同。员工试用合同是对员工和组织双方在试用期内的约束与保障。试用合同一般包括:试用职位、试用期限、试用期薪酬福利、试用期培训、试用期绩效目标、试用期权利、试用期责任与义务、试用期满转正条件、试用期满解聘条件与组织和员工承担的责任和义务、试用期辞职的条件与义务、试用延期的条件等。

员工的正式录用即我们常说的“转正”,是指试用期满且试用合格的员工正式成为组织一员的过程。员工能否被正式录用的关键在于试用部门对其的考核结果如何。正式录用过程中,用人部门和人力资源部门应完成以下主要工作:员工试用期的考核鉴定;根据考核情况进行正式录用决策;与员工签订正式雇用合同;给员工提供相应的待遇;制定员工发展计划;为员工提供必要的帮助与咨询等等。

(二)人员录用的原则

组织在录用人员时,必须遵循一定的原则,主要包括以下几个方面:

1. 因事择人,知事识人

因事择人,要求组织招聘员工是出于工作需要,建立在人力资源规划和工作分析的基础上,而非出自组织某位管理者的个人需要或长官意志。知事识人,要求管理者一方面要对每一工作岗位的责权利和任职资格要求都非常清楚,另一方面要学会鉴别人才,掌握基本的人才测试、鉴别、选拔方法,从而真正做到因事择人、人事相宜。

2. 任人唯贤,知人善用

任人唯贤,强调用人要以组织的整体利益为重,避免出现亲近效应和月光效应。所谓亲近效应,简言之就是“任人唯亲”。管理者往往容易对和其接触频繁者、和领导关系密切者予以特殊照顾,从而严重干扰录用的公正性。所谓月光效应(自身不发光,借助太阳的光芒而闪光),是指管理者只看重某人的“背景”、“后台”而不计较其能力高低。只有任人唯贤,才能做到用人公正,赢得组织内部员工的忠诚。

知人善用,要求管理者对所任用的员工十分了解,并能及时发现人才,使用得当,使每人都能施展自己的才能。

3. 用人不疑,疑人不用

“用人不疑,疑人不用”这个原则要求管理者对员工要给予充分的信任和尊重。如果对员工怀有疑虑,不如干脆不用。事实上,员工能否创造出卓越的绩效,关键往往在于管理者能否给予他们充分的信任和授权,让他们在各自的岗位上大胆放手,充分发挥自己的才能。相反,如果管理者总担心下属不努力、存有私心,就会导致对下属的不信任。这样一来,员工的工作积极性会被严重挫伤,使得工作效率和工作绩效大受影响。

4. 严爱相济,指导帮助

员工在试用期间,管理者必须为其制定工作标准与绩效标准,对其进行必要的考核,这是“严”的一面;同时,管理者要关心试用期内员工的思想动态和生活问题,尽可能帮助其解决后顾之忧。在工作上,要积极提供指导和帮助,助其工作进步;在感情上,要与之多交流沟通,用感情和诚意吸引他们留在组织中。这对于员工是否愿意为组织长期稳定地积极努力工作至关重要。

七、评估招聘成效

招聘评估是招聘过程中重要的环节之一,招聘评估包括:招聘结果的成效评估,如成本与效益评估,录用员工数量与质量的评估;招聘方法的成效评估,如信度与效度评估。

(一)招聘结果评估

1. 成本效益评估

主要对招聘成本、成本效用、招聘收益—成本比等进行评价。评估方法如下:

(1)招聘成本。招聘成本分为招聘总成本与招聘单位成本。招聘总成本即是人力资源的获取成本,它由两个部分组成。一部分是直接成本,它包括:招聘费用、选拔费用、录用费用等;另一部分是间接费用,它包括:内部提升费用、工作流动费用。招聘单位成本是招聘总成本与录用人数的比。很显然,招聘总成本与单位成本越低越好。

(2)成本效用评估。它是对招聘成本所产生的效果进行分析。主要分析如下：

总成本效用 = 录用人数 / 招聘总成本

招聘成本效用 = 应聘人数 / 招聘期间的费用

选拔成本效用 = 被选中人数 / 选拔期间的费用

人员录用效用 = 正式录用的人数 / 录用期间的费用

(3)招聘收益—成本比。它既是一项经济评价指标，同时也是对招聘工作的有效性进行考核的一项指标。招聘收益—成本比越高，说明招聘工作越有效。

招聘收益—成本比 = 所有新员工为组织创造的总价值 / 招聘总成本

2. 录用人员数量评估

录用人员数量评估主要从以下三个方面进行：

录用比 = 录用人数 / 应聘人数 × 100%

招聘完成比 = 录用人数 / 计划招聘人数 × 100%

应聘比 = 应聘人数 / 计划招聘人数 × 100%

如果录用比越小，则说明录用者的素质可能越高；当招聘完成比大于100%时，则说明在数量上全面完成招聘任务；应聘比则说明招募的效果，应聘比越大说明招聘信息发布的效果越好。

3. 录用人员质量评估

实际上是在人员选拔过程中对录用人员能力、潜力、素质等各方面进行的测评与考核的延续，其方法与测评方法相似。

(二)招聘方法评估

人员招聘方法的成效可以从效度和信度两个方面来评估。

1. 效度评估

效度是指招聘真正测评到了的品质与想要测评的品质的符合程度。在甄选过程当中，有效的招聘测评，其结果应该能够正确地预计应聘者将来的工作成绩，即甄选结果与以后的工作绩效考评得分是密切相关的。这两者之间的相关系数称为效度系数，它的数值越大，说明招聘测评越有效。

效度可分为：预测效度、同测效度、内容效度。

(1)预测效度。预测效度是指测试用来预测将来行为的有效性。我们可以把应聘者在选拔中得到的分数与其被录用后的绩效分数相比较，两者的相关性越大，说明所选方法的效度越高。

(2)同测效度。同测效度又称同时效度,是对现有员工实施某种测试,然后将测试结果与员工的实际工作绩效考核得分进行比较,若两者的相关系数很大,则说明此测试效度就很高。

(3)内容效度。内容效度是指某测试的各个部门对于测量某种特性或作出某种估计有多大效用。考虑内容效度时,主要考虑所用的方法是否与想测的特性有关,如招聘打字员,测试其打字速度和准确性、手眼协调性和手指灵活度的操作测试的内容效度是较高的。内容效度不用预测结果与工作绩效考核得分的相关系数来表示,而是凭招聘人员或测试人员的经验来判断。内容效度多应用于知识测试与实际操作测试,而不适用于对能力和潜力的测试。

2. 信度评估

信度指的是可靠性程度,指系列测评所得的结果稳定性与一致性的高低。可信的测评,其信度系数大多是0.85以上。由于测评的信度受到多种因素的影响,如测评本身内容的组织与安排、测试者个人的因素、被测者情绪、注意力、疲倦程度、健康水平的变化等,因此我们不可能要求测评的信度系数达到1.00,即几次测评结果完全相同。

通常信度可分为:稳定系数、等值系数、内在一致性系数。

(1)稳定系数。稳定系数是指用同一种测试方法对一组应聘者在两个不同时间进行测试的结果的一致性,一致性可用两次结果之间的相关系数来确定。此方法不适用于受熟练程度影响较大的测试,因为被测试者在第一次测试中可能记住某些测试题目的答案,从而提高了第二次测试的成绩。

(2)等值系数。等值系数是指对同一应聘者使用两种对等的、内容相当的测试的结果之间的一致性。例如,如果对同一应聘者使用两张内容相当的个性测试量表时,两次测试结果应当大致相同。等值系数可用两次结果之间的相关程度(即相关系数)来表示。

(3)内在一致性系数。内在一致性系数是指把同一(组)应聘者进行的同一测试分为若干部分加以考察,各部分所得结果之间的一致性。这可以用各部分结果之间的相关系数来判别。

在对应聘者进行招聘测评时,应努力做到既可信,又有效。但应注意的是,可信的测评未必有效,而有效的测评必定是可信的。

第三节 常用招聘选拔方法

组织在实施招聘选拔的过程中,往往会采用多种方法的组合。每一种方法都有其适用范围和优缺点,组织在具体实施选拔时应慎重选择。组织常用的招聘选拔方法有以下几种:

一、笔试法

(一)笔试法的涵义

笔试又称纸笔测试,是通过严格的书面材料的问答来考察应征者的综合素质、特征和能力的一种人才测评方法。笔试的主要内容是基础知识和专业技能,其次是同专业知识有关及同招聘单位有关的某些知识和技能。笔试在员工招聘中发挥着相当大的作用,尤其是在大规模的员工招聘活动中,它可以迅速地甄别应试者的综合素质,从而判断应试者是否符合岗位基本要求。

(二)笔试法的特点

(1)笔试卷的题目是经过系统地分析人才和职位的情况,按企业的需求而设计的;

(2)笔试卷的题目由填空题、选择题、问答题、判断题等多种题型组成;

(3)笔试卷的测试过程是标准化的过程,一般为限定答题时间;

(4)对笔试卷结果的统计和分析也具有相对的严格和封闭性,有客观答案提供参照;

(5)笔试卷由于考察应征者的综合素质,涉及的内容非常广泛,但始终与岗位要求相匹配。

(三)常见笔试类型

目前在企业招聘中常见的笔试大致可分为四大类:①专业知识测试;②IQ 测试和类 IQ 测试;③能力测试;④个性测试。实践中企业的笔试基本上是这四类笔试的不同组合。如壳牌(中国)石油公司在招聘时采用的笔试组合为:①类 IQ 测试,主要对应聘者进行数量分析和逻辑推理的测试;②能力测试,主要测试应试者对真实的管理事件的理解能力、分析问题的深入和敏锐程度;③个性测试,用管理人员人格测验的12个维量的测度来判断是否满足企业对应聘者个性的要求。

1. 专业知识测试

专业知识笔试和传统的笔试方式类似,实际工作中多数企业的做法一般以应聘者的学历和工作经验作为判断专业知识好坏的标志。如果应聘者是应届毕业生,那么应聘者的在校成绩,尤其是和应聘工作相关课程的成绩也可以作为辅助判断的标志。对于个别专业知识要求很强的岗位(如翻译、工程师等等),应采用笔试的方式来考察。

2. IQ测试和类IQ测试

国内企业笔试中运用较多的是IQ测试或类IQ测试。类IQ测试是指对数量分析、逻辑推理等基本能力的测试。国外有许多成熟的IQ量表,用于测量人的智商,如比奈量表、瑞文图形推理等等。值得指出的是:IQ测试多用来测量未成年人的智商,多数IQ测试对成年人是不太适用的。那么企业为什么还要使用IQ或类IQ测试呢?在限定时间的情况下,这类测试的作用有:①可以考察人的反应速度和敏捷性,虽然题目一般不太难,但不同应聘者的反应速度是不一样的;②这类测试的题量一般都比较大,可以考察应聘者在任务压力面前的承受能力,一般比较冷静、专注思考的应聘者发挥的会比较好;③测试的题目有的需要应聘者换个角度想问题才能较快的解出,因此考察了应聘者的灵活性;④有的企业(尤其是外企)出的题目全是英文的,在一定程度上考察了应聘者的英文水平。除了上述作用外,使用这种测试可能还有一种基于实际工作情况的作用:通过IQ测试可迅速筛选掉一批人。因为知名企业应聘的人员会很多,虽然IQ测试成绩高的人不能很好地说明这名应聘者将来的工作绩效,但是把IQ测试成绩差的人从应聘队伍中淘汰出去,可视为一种较为合理、简洁的做法。综上所述,现在企业中运用的IQ或类IQ测试实际上已经不再是原本的测试目的,可看做是对工作合适度中能力维度(逻辑推理、灵活性、承受压力能力等)的初步考察。企业人力资源管理者在解释这类测试的结果时,应以这样的测试目的作为认识的基础。

3. 能力测试

能力测试(Ability Test)笔试一般是把在工作中可能会遇到的情景问题用书面问题的形式表达出来,让应聘者根据自己的工作经验或想像来回答,是一种将情景反应书面化的测试方法。这类笔试的效果要劣于评价中心(Assessment

Center)的效果，但成本比评价中心小得多。一般的设计思路为：①开展工作分析，找出绩效表现突出的员工有哪些关键的事件和行为表现；②对关键事件和行为表现进行分析，确定最主要的几项能力维度(Ability Dimensions)；③结合关键事件和行为表现，对每项能力维度设计具体的情景问题；④考虑应聘者可能的回答，给出评判标准；⑤试实施并最后定稿。由于这类笔试设计和评估的难度比较大，例如设计的某个问题可能会和多个能力维度相关、应聘者的主观回答难以客观评判等等，所以一般需要人力资源专家或工业心理学家的辅助。

4. 个性测试

传统的个性测试一般包括人格、职业兴趣和动机测验。其基本思想是认为不同的工作对人的个性要求不同，必须有针对性地为不同的工作匹配不同个性的人才。在国外工商界应用比较广泛的个性测试包括：卡特尔16因素人格问卷、梅耶—布里基斯人格特质问卷、霍兰德职业兴趣问卷等等。但总的来看，在企业招聘中运用人格和职业兴趣测验非常成功的例子还不多。

动机测试相对来说容易在企业的招聘实践中得到运用。一种应用较为广泛的方法是分别考察应聘者的工作动机合适度和组织动机合适度。前者是指应聘的职位包括的内容和责任以及工作本身能在多大程度上使应聘者满意，具体包括诸如挑战性的工作、薪酬、晋升、认可、不断的学习等等。后者是指企业运作的方式和价值观在多大程度上能使应聘者满意，具体包括诸如高技术导向、客户导向、强竞争氛围等等。这两者具体要考察哪些方面需根据具体的职位和组织来决定。和前面介绍的三类测试结合起来，目的就在于寻找"能干又想干"的人。

传统的心理测量中，对个性的笔试测验还包括投射测验如夏罗克墨迹测验、主题统觉测验、罗特莫完成句子量表等，但这种笔试致命弱点在于对结果的评价带有浓重的主观色彩，不能满足招聘的公平性原则，所以目前很难在企业实际的招聘工作中推广。

需要指出的是，对人内在动机的考察仅仅通过笔试是难以准确考察的。原因在于一方面设计好考察内在动机的问题比较困难，另一方面笔试在此的预测效度一般比较差。所以，绝大多数企业还是采用面试为主、笔试为辅的手段来考察应聘者的内在动机。

(四)笔试注意事项

招聘过程中笔试卷的应用应注意以下几个问题：

1. 确定合格标准

通过内部严格采样，确定笔试卷合格的标准。笔试卷完成之后，要先在内部进行测试，由不同的人员在严格的时间限制下完成作答，根据结果做出统计分析后确定不同标准，在实际测试时参考这些标准做出人员评价决策。

2. 注意控制笔试卷内容

一份完整的笔试卷应能保证应试者在60分钟内完成，评估者在5分钟内完成试卷批阅。如果时间过长，则会影响应试者的耐心，而且也是成本的浪费；如果时间过短，试卷的内容又不能足以真实反映考察的几个方面的素质。

3. 笔试卷应注意设计精美，印刷质量好

笔试卷展现给应聘者的是公司的形象，一份精心制作的笔试卷展示给应聘者的是专业、负责、有前景的积极形象，而一份粗糙的笔试卷则会给面试者留下随意、轻视、邋遢等不好的印象，从而对公司本身也会失去信心。

4. 笔试卷的题库应准备多套，并定期更换

一套笔试卷在使用一段时间后，会产生信度上的减少，因此，必须准备充实的题库，固定时间随机更换其中的题目，或者准备多套试卷，进行整体替换。

笔试卷设计的内容具有系统性才能发挥纸笔测验的作用，每一部分内容的构成都必须结合企业和岗位来设计，这样才能做到有的放矢，达到测试的目的。

（五）笔试法的优缺点

笔试法的优点有：其一，可以有效地测量应聘者的基本知识、专业知识、管理知识、相关知识及综合分析能力、文字表达能力等素质；其二，对知识、技能和能力的考察可信度较高，可以大规模地进行测试，省时高效；其三，应聘者进行笔试时的心理压力较小，较易发挥正常水平；其四，成绩评定比较客观，且笔试试卷可以长久保存备查。但这种方法不能全面考察应聘者的工作态度、品德修养以及组织管理能力、口头表达能力和操作技能等。

二、面试法

面试法是现代组织在实施招聘选拔过程中应用最普遍的方法，它具有很多其他方法不具备的优点。

(一)面试的涵义

面试是指通过人才供需双方正式交谈，以使组织能够客观了解应聘者的业务知识水平、外貌风度、工作经验、求职动机等信息，应聘者能够了解到组织的更全面信息。面试主要目的在于:组织可以从求职者那里获取与个人行为、工作有关的信息,以确定求职者能否成为组织的一员;组织向应聘者提供有关工作和企业的信息;组织基于双方的互相适合状况作出招聘与否的决定。这种人员考选技术尽管可能会与笔试、人事传记资料审核法、推荐书和其它人事资料发生重复的现象,但是它比笔试或查看人事传记资料更为直观、灵活、深入,可以判断出这些方法无法看出的人的属性或者层面,它不仅可以评价出应试者的学识水平,还能评价出应试者的能力、才智及个性心理特征等。

面试主要是对被试者的非语言行为的观察与分析，主要包括以下两个方面的内容:

(1)面部表情的观察。在面试过程中,被试者的面部表情会有许多变换,主试必须能够体察到这种表情的变换,并判断其内在心理。面试者借助于对被试者面部表情的观察与分析,可以判断被试者情绪、态度、自信心、反应力、思维的敏捷性、性格特征、人际交往能力、诚实性等素质特征。

(2)身体动作的观察。在面试过程中,人的身体、四肢的运动在信息交流过程中也起着重要作用。非言语交流的躯体表现包括手势和身体的姿势,按照某些行为科学研究者的看法,手势具有说明、强调、解释或指出某一问题、插入谈话等作用。是很难与口头的言语表达分开的。此外,身体姿势的改变也是身体语汇中最有用的一种形式。因此,在面试中观察这种改变可以得到从对方言语交流中得不到的东西。

(二)面试的类型

面试的类型从达到的效果分为初步面试与诊断面试；从参与面试的人员分为个别面试、小组面试、集体面试;从组织形式分为结构型面试和非结构型面试。除此之外,其他常见的面试形式还有压力面试、BD面试(即行为描述面试)、能力面试等。

1. 初步面试与诊断面试

初步面试用来增进用人单位与应聘者的相互了解的过程，在这个过程中应聘者对其书面材料进行补充（如对技能、经历等进行说明），组织对其求职动机进行了解，并向应聘者介绍组织情况、解释组织招募的原因及要求。通常，初步面试由人力资源部负责招聘的人员主持，不合适的人员或对组织不感兴趣的应聘者将被筛选掉。

诊断面试则是对经过初步面试筛选合格的应聘者进行实际能力与潜力的测试，它的目的在于招聘单位与应聘者双方补充深层次的信息，如应聘者的表达能力、交际能力、应变能力、思维能力、个人工作兴趣与期望等，组织的发展前景、个人的发展机遇、培训机遇等。这种面试由用人部门负责，人力资源部门参与，对于高级管理人员的招聘则组织的高层领导也将参加。这种面试对组织的录用决策与应聘者能否加入组织的决策至关重要。

2. 个别面试、小组面试与集体面试

个别面试是一个面试人员与一个应聘者面对面地交流，这种方式的面试有利于双方建立亲密的关系，双方能深入地相互了解，但这种面试的结果易受面试人员的主观因素的干扰。小组面试是由二三个人组成面试小组对各个应聘者分别进行面试。面试小组由用人部门与人力资源部门的人员共同组成，从多种角度对应聘者进行考察，提高面试结果的准确性，克服个人偏见。集体面试也叫成组面试，是由面试小组对若干个应聘者同时进行面试，在集体面试过程中，通常是由面试主考官提出一个或几个问题，引导应聘者进行讨论，从中发现、比较应聘者表达能力、思维能力、组织领导能力、解决问题能力、交际能力等。集体面试的效率比较高，但对面试主考官的要求比较高，主考官在面试前要对每个应聘者都有大致的了解，在面试时要善于观察、善于控制局面。

3. 结构型面试与非结构型面试

结构型面试是在面试之前，已有一个固定的框架（或问题清单），主考官根据面试框架控制整个面试的进程，严格按照这个框架对每位应聘者分别做相同的提问。

结构化面试一般包括四类问题。

一是情景问题（situational questions），提出了一个假设的工作情景，以确定求职者在这种情况下的反应。

二是工作知识问题（job knowledge questions），探索求职者与工作的知识，这些问题既可能与基本教育技能有关，也可能与复杂的科学或管理技能有关。

三是工作样本模拟问题（job sample simulation questions），包括一种场景，在

该场景中要求求职者实际完成一项样本任务，当这种作法不可行时，可以采用关键工作内容模拟。

四是员工要求问题(worker requirement questions)，旨在确定求职者是否愿意适应工作要求。例如，考官可能问求职者，是否愿意从事重复性或迁往另一城市。这种问题的性质是实践工作的预演，并可能有助于求职者自我选择。

结构型面试的优点在于，对所有应聘者均按同一标准进行，可以提供结构与形式相同的信息，便于分析比较，同时减少了主观性，且对考官的要求较少。研究表明，结构型面试的信度与效度较好。但缺点是过于僵化，难以随机应变，收集信息的范围受到限制。

在进行结构型面试时应注意以下问题：一是工作技能需求分析。在面试之前，主考官应弄清招聘职位所需的技能，并对各个技能区分其需要的重要程度，这有助于寻找到合适的人选。二是面试问题的准备。面试的问题应当围绕所需了解的信息，重点是对能力与潜力的了解，问题要简单扼要，应有一定的诱导性，尽量给应聘者以更多的发挥机会。三是对面试过程的引导与控制。由于这种面试更接近于考试，因此主考官应注意不要给应聘者以较大的精神压力，注意引导面试的氛围。四是对面试结果的评价。主考官对应聘人员的评价应建立在公正平等的基础上，将应聘者的实际表现与技能需求分析作对比分析，然后排出各个应聘者的优劣。

非结构型面试则无固定的模式，事先无需做太多的准备，主考官只要掌握组织、职位的基本情况即可。在面试中往往提一些开放式的问题，如“请谈谈你对大学生就业难现象的看法”，“你有何兴趣与爱好”等等。这种面试的主要目的在于给应聘者充分发挥自己能力与潜力的机会，由于这种面试有很大的随意性，主考官所提问题的真实目的往往带有很大的隐蔽性，要求应聘者有很好的理解能力与应变能力。

非结构型面试由于灵活自由，问题可因人而异，可深入浅出，可得到较深入的信息。但这种方法缺乏统一的标准，易带来偏差，且对主考官要求较高，主考官需要有丰富的经验与很高的素质。

4. 压力面试

压力面试往往给应聘者提出一个意想不到的问题，让其处于某些方面的巨大压力之下，主考官以此考察应聘者对压力情境的反应。通过这种方法，主考官可以了解应聘者承受压力、调整情绪的能力，可以测试应聘者的应变能力和解决紧急问题的能力。

在典型的压力面试中,主试者提出一系列直率(通常是不礼貌)的问题,置被试者于防御境地,使之感到不舒服。主试者通常寻找被试者在回答问题时的破绽,在找到破绽后,主试者就集中对破绽提问,希望借此使被试者失去镇定。若求职者表示出愤怒和不信任,就可以将其看作是在压力环境下承受力弱的表现。比如,你有个朋友生病在家,你带着礼物前去看望,偏巧在楼道里遇见了你领导的爱人,对方以为你是来看你的领导,接下礼物并连连道谢,这时你如何向对方说明你的真正来意,又不伤害对方的面子。

压力面试有它的优缺点:一方面,它是界定高度敏感和可能对温和的批评做出过度反应(愤怒和辱骂)的求职者的良好方法;另一方面,使用压力面试的主试者应当确信厚脸皮和应付压力的能力是工作之需要。压力面试一般用于招聘销售人员、公关人员、高级管理人员。

5. BD面试(行为描述面试)

行为描述面试是基于行为的连贯性原理发展起来的。面试主考官通过行为描述面试要了解两方面的信息。一是应聘者过去的工作经历,判断他选择本组织发展的原因,预测他未来在本组织中发展所采取的行为模式;二是了解他对特定行为所采取的行为模式,并将其行为模式与空缺职位所期望的行为模式进行比较分析。

在面试过程中,主考官往往要求应聘者对其某一行为的过程进行描述。如主考官会问:“你能否谈谈你过去的工作经历与离职的原因?”等。主考官所提问题往往还与应聘者过去的工作内容与绩效有关,且提问的方式更有诱导性。例如,对于与同事之间的冲突或摩擦,“你与你的同事有过摩擦吗?请举例说明”的提问方式显然不如“请你告诉我,与你工作中接触最少的同事的情况,包括问题是如何出现的,以及你们之间关系最紧张的情况”更能激起应聘者更真实的回答。

6. 能力面试

与注重应聘者以往取得的成就不同的是,能力面试关注的是应聘者如何去实现所追求的目标。在能力面试中,主考官要试图找到过去成就中所反映出来的应聘者具备的优势。要确认这些优势,主考官要寻找STAR——即情境(Situation)、任务(Task)、行动(Action)和结果(Result)。其大致过程如下:先确定空缺职位的责任与能力,明确它们的重要性;然后,询问应聘者过去是否承担过与空缺职位类似的职位,或是否处于类似的“情境”,一旦主考官发现应聘者有类似的工作经历，则再确定他们过去负责的“任务”，进一步了解一旦出现问题他们所采取的“行动”，以及“行动”的“结果”究竟如何。

（三）面试程序与过程管理

1. 面试程序

（1）征募宣传与应聘者资格审查。这一阶段的任务，主要是利用多种渠道传播招聘录用信息，广泛动员符合报考条件的人员参加录用考试，并完成考试录用的第一次竞争——报考者的资格的审查。

（2）筛选申请表，了解个人简历。求职者通常会寄来个人简历或在办公室填写申请表。通过这种方式，组织可获得求职者的“书面形象”，对这些申请表及个人简历的初审及评价是甄选系统的重要组成部分。这种初审的目的是要挑选有希望的求职者，在其余的选择过程中再收集有关该求职者的更详细的情况。这个程序被称为“筛选”。该程序用于为甄选系统中后面一些程序的进行而筛选求职者，通过迅速地从求职者信息库中排除明显不合格者来帮助机动性甄选系统有效地运行。

（3）组织多种形式的考试和测验。考试和测验内容应根据岗位的不同要求进行设计和取舍，一般而言，此项工作涉及下述几个方面的内容。通过对应聘人施以不同的考试和测验，可以就他们的知识、能力、性格、职业性向、个人素质等多方面加以评定和甄选，从中选出优良者，进入到面试候选人的范围。

（4）组织面试。一是最后确定参加面试的人选，并发出面试通知书。二是进行面试前的多项准备工作。其中包括：

①确定面试考官。面试考官应由三部分人员组成：人事部门主管、用人部门主管和独立评选人。但是，无论什么人担任面试考官，都要求他们能够独立、公正、客观的对每位面试者做出准确的评价。

②选择合适的面试方法。面试方法有许多种类，面试考官应根据具体情况选择最合适的方法组织面试。

③设计评价量表和面试问话提纲。面试过程是对每位参加面试的应聘者的评价，因此，应根据岗位要求和每位应聘者的实际情况设计评价量表和有针对性的面试问话提纲。

④面试场所的布置与环境控制。要选择适宜的场所供面试使用，许多情况下，不适宜的面试场所及环境会直接影响面试的效果。

(5)面试过程的实施。这一阶段是面试工作程序中最主要的环节,它依靠面试考官的面试技巧有效地控制面试的实际操作。

(6)分析和评价面试结果。这部分工作主要是针对应聘人在面试过程中的实际表现做出结论性评价,为录用人员的取舍提供建议性依据。

(7)依据上一阶段的结果确定人员录用的最后人选。这里需要注意的一个原则是:如果人事部门与用人部门在人选上意见有冲突,应尊重用人部门的意见。

(8)面试结果的反馈。面试结果的反馈有两条线路,一是由人事部门将人员录用结果反馈到组织的上级和用人部门。二是逐一将面试结果通知应聘者本人,其中既包括录用人员,也包括未录用人员,对未录用人员表示组织的辞谢。

(9)将所有面试资料存档备案,以备查询,录用人员接受岗前培训。至此面试招聘与评价工作全部完成,重新回到人员选聘与录用的主程序之中。

2. 面试过程管理

面试过程共分为五个阶段:预备阶段、引入阶段、正题阶段、变换阶段、结束阶段。预备阶段主要是以一般的社交话题进行交谈,使应聘人员自然地进入面试情景之中,以消除他们的紧张心理、建立和谐、友善的面试气氛。引入阶段主要围绕其履历情况提出问题,给应聘者第一次真正发言的机会。第三个阶段进入面谈的实质性正题,主要是从广泛的话题来了解应聘人员不同侧面的心理特点、行为特征,以及能力素质等。因此,提问的范围也较广,主要是为了针对应聘人的特点获取评价信息。评价的内容基本是面试“评价表”中所列的各项要素。面谈的最后一个阶段是结束阶段,面谈的结束应该自然、流畅,切不要给应聘人员留下某种疑惑、突然的感觉。

(四)面试的重点内容

(1)仪表风度。指应试者的体格外貌、穿着举止以及精神状态等。

(2)求职动机与工作期望。了解求职者为何希望来本单位工作,对哪种职位最感兴趣,在工作中追求什么,判断本单位所能提供的职位或工作条件能否满足其工作要求和期望。

(3)专业知识与特长。了解应试者掌握专业知识的深度和广度,其专业知识与特长是否符合所要录用职位的专业要求,作为对专业知识笔试的补充。

(4)工作经验。这是面试过程中所要考察的重点内容。此项内容,是通过了解应试者的工作经历,来查询其过去工作的有关情况,以考察其所具有的实践经验和程度。通过考察工作经验,主试人还可考察出报考人的责任感、主动精神、思维能力以及遇到紧急情况的理智状况。

(5)工作态度。这里面有两层含义:一是了解报考者过去对工作、学习的态度;二是对要报考的职位的态度。

(6)事业进取心。事业心、进取心强烈的人,一般都确立有事业上的奋斗目标,并为之而积极努力。表现在工作上兢兢业业、刻意追求、不安于现状,努力把工作做好,工作中常有创新;进取心不强或没有什么进取心的人,必然是无所事事、安于现状,不求有功,但求能敷衍了事,因此对什么事都不热心。这样的人是难以做好本职工作的。

(7)语言表达力。被试是否能对主试所提的问题能够用清晰、准确的语言回答,并且说理透彻、分析全面、条理清晰。

(8)综合分析能力。被试是否能对主试所提的问题能够通过分析准确理解和抓住事物本质,并且正确、全面的回答。

(9)反应能力。被试对主试所提问题能否迅速、准确地理解并尽快做出相应的回答而且答案简练、贴切、反映出他头脑的机敏程度的高低。

(10)自我控制能力。对管理阶层人才的考选,自我控制能力的考察也是一项重要内容,一方面,在遇到上级批评指责、工作有压力或是个人利益受到冲击时,能够克制、容忍、理智地对待,不致因情绪的波动而影响工作;另一方面干工作要有耐心和韧劲。

(11)人际交往倾向及与人相处的技巧。通过询问被试经常参与哪些社团活动,喜欢和什么样类型的人打交道,在各种社交场所所扮演的角色,可以了解其人际倾向及与人相处的技巧。

(12)精力和活力。通过了解被试喜欢什么运动,每天运动量等,可以考察其精力和活力。

(13)兴趣与爱好。被试休闲时间爱好从事哪种活动,喜欢阅读哪些书籍以及喜欢什么样的电视节目,有什么样的嗜好等,可以了解一个人的兴趣与爱好,这对录用后的职位安排同样也是有益的。

表 4-7　某知名合资企业面试测评表

要素	观察内容	提问项目	评价要点
礼仪风度	仪容、衣着 行为、举止 敲门、走路、坐姿、站立等仪态 口语		穿着整齐、得体、无明显失误 沉着、稳重、大方 走路、敲门、坐姿符合礼节
求职动机愿望		选择本公司的原因 选择本公司最重视什么 对本公司的了解 希望公司如何安排你的工作待遇	是否以企业发展为目标兼顾个人利益 回答完整、全面、适当 说服力
表现力、语言表达能力	将自己表达的内容有条理的准确的传给对方。 引用实例、遣词准确 语气、发言合乎要求 谈话时的姿态表情合适	请谈谈你自己 谈谈你的优缺点 你的兴趣爱好 据你自我分析，最适合你的工作是什么	谈话前后连续性 主题、语言简洁明了 逻辑清楚 说服力 遣词准确
社交能力和人际关系		请介绍你的家庭。 你的朋友如何看待你。 你希望在什么样的领导下工作 你交朋友最注重什么？	自我认识 交往能力
判断力、情绪稳定性	准确判断面临情况 处理突发事件 迅速回答对方问题 处理难堪问题的反应	假如 A 公司与 B 公司同时录用了你，你将如何…… 公司工作非常艰苦，你将如何对待？ 你怎么连这种问题都听不懂？ 你好像不太适合本公司的工作	理解问题的准确性、迅速性 自我判断能力 是逻辑判断还是感情判断 有自己的独到见解。
行动与协调能力、工作经验	对自己认定的是能够坚持进行 工作节奏紧张、有序 集团工作的适用性 组织领导能力 能够更多地从他人的角度解释问题	你从事过何种勤工俭学工作？ 你参加过何种组织活动？ 你对某问题有过何种研究？ 你谈谈你的论文写作过程？	表现力 考虑对方处境和理解力 实践能力 交往能力
责任心、纪律性	负责到底的精神 对工作的坚持 令人信服地完成工作 考虑问题全面 对本职务的要求	你对委任的任务完成不了时如何处理？ 对学校的规章制度的看法是什么	自信力 纪律力 意志力
个人性格品质	有无不良的性格（过分狂妄和过分自卑） 有无偏激的观点 回答问题的认真、诚实 掩饰性	你认为现在社会中一个人最重要的是什么性格？ 你能否“受人之托忠人之事”？	诚实真诚 人生观 信用
专业技能学识	对专业知识的了解程度成绩 对所要从事的工作的认识	你为何选择你的专业 介绍一下自己成绩和擅长科目 你有何等特长和具备何种资格 谈谈你从事这项工作的优势	专业学识是否符合工作要求 有无特殊技能 有无工作经历
	面试结束后你的评价	请你对你的面试结果作初步的评价，说明为什么	

(五)常见的面试偏差

1. 轻易判断

主试通常在面试开始的几分钟就对候选人做出判断。随后的面试通常并不能增加改变这一决定的信息。一位研究者甚至发现,在85%的案例中,主试在面试开始前,就已经对候选人做出了判断,其根据是候选人的申请表和个人仪表。

2. 强调负面信息

主试受不利信息的影响要大于受有利信息的影响。主试从好的印象转变为坏的印象,要比从坏的印象转变为好的印象更为可能。事实上,面试本身经常主要是寻求负面信息。

3. 不熟悉工作

主试未能准确地了解工作包含什么,以及什么类型的求职者最适合工作,通常就会形成关于什么是好的求职者的不正确的框框。没有全面工作信息的主试还不能很好地鉴别所有求职者,而趋向于给所有求职者很高的评定。

4. 雇佣压力

当处于需要雇用较多求职者的压力下时，那些被告知没有达到招聘定额的经理人员对同样的求职者的评价要比其他经理人员更高。

5. 顺序偏差

求职者的次序安排会影响对求职者的评定。在一项研究中,经理们在首先对几位“不适合”的求职者进行评价后,被要求对一位“仅仅是一般”的求职者进行评价。这位一般的求职者得到的评价比他实际能得到的评价更好,因为与前几位不适合的求职者相比,这位一般的求职者显得比他实际上要好。在一些研究中,只有对小部分的求职者的评定是他的实际潜力做出的。多数求职者的评定是在前面一位和很好的或很差的求职者的影响下做出的。

6. 非言语行为

主试可能还会受到求职者的非言语行为的无意识的影响。几项研究表明,眼接触、头移动、微笑,以及其他非言语行为的求职者所得到的评价更高。事实上,这些非言语行为通常说明了求职者评定的80%。一位本来会被评定为很差的求职者接受培训后,在面试中正确地表现,通常会得到比一位能力更强但缺乏恰当的非言语面试技能的求职者更高的评价。

(六)面试的优缺点

1. 面试的优点

(1)适应性强。面试可以在许多方面收集有用的信息,主试可以根据不同的要求,对被试提各种各样的问题,有时在某一个方面可以连续提各种问题,全面深入地了解被试。

(2)可以进行双向沟通。主试可向被试提问,被试可以向主试提问,主试在了解被试的同时,有时被试也在了解主试,这样对于招聘工作有比较积极的作用。

(3)有人情味。

(4)可以多渠道地获得被试的有关信息。

2. 面试的缺点

(1)时间较长。

(2)费用比较高。

(3)可能存在各种偏见。

(4)不容易数量化。

(5)测试的有效性和可靠性不甚确定。

三、心理测验

心理测验是现代人事测评中应用较多的方法之一，广泛应用于组织的各种招聘选拔活动中。

(一)心理测验的概念

心理测验就是通过一系列心理学方法来测量被试的智力水平和个性特征的一种科学选择方法。心理测验是员工招聘过程中一种非常重要的技术,在西方国家,企业人员招聘运用得十分广泛,许多企业不仅用心理测验来挑选员工,而且也用其来测评现有员工的能力水平。

(二)心理测验的原则

在心理测验中,应遵循两项基本原则:一是要对被试的个人隐私严格保密。心理测验涉及个人的智力、能力、兴趣、态度、动机、性格等方面,严格来说,这些内容只能让被试者以及他愿意让其知道的人了解,所以应该严加保密。二是要做好测验前各项准备工作。心理测验的内容、实施和计分以及对测试结果的解释，都有严格的标准和程序。一般来说，心理测验的主试人员必须是受过严格的心理测试方面训练的专业人员，以确保最大限度降低测验误差。

(三)常用心理测验介绍

心理测验包括的内容十分丰富，但在人力资源管理方面常用的心理测验主要有以下几种：

1. 智力测验

智力测验是对被试解决问题能力的测验，即被试如何在判断、创造(即逻辑思维能力)等方面使用自己智力的测验。智力测验注重于测量一般能力，常被用于最初的筛选。最常用的智力测验是韦克斯勒成人智力量表(WAIS)，它由语言和操作两部分组成，共包括 11 个小测验。语言部分包括资料、理解、算术、相似形、数字广度和词汇等测验，操作部分包括数字符号、填图、分组设计、拼图和实物装配等测验。

2. 性向测验

性向是指个人在某些领域中所具有的潜在能力，一般而言，在一特定的领域上潜能愈高者，其学习或表现该领域之相关活动时，成功的可能性也愈高。性向的概念就像是我们平常所说的“天份”，有些人较具语言的天份，在语言的学习上便会比一般人来得容易，有些人可能对数字较具敏锐性，在一些需要处理数字的工作上，例如会计、人事薪资作业人员等，可能会表现的比较好。

就内容而言，性向测验与智力测验并没有太大的差异，常看到的测验项目包括：语文能力、数字能力、知觉速度和确度、空间关系、逻辑或抽象推理能力等。

3. 成就测验

成就测验测量的是一个人在接受教育或训练后，习得相关知识、技能的程度，目的是在检验学习的成果，在求学时的各项考试以及联考等都是属于这一类的测验。

在企业也会经常使用这一类的测验，例如在甄选过程中用的专业测验，所测的就是应征者在过去求学或工作经验中，所累积的工作相关专业知识或技能是否符合该职位的需求；或者在训练课程后，对受训的学员进行测验，以了解学员是否吸收训练的内容等，都是属于这一类的测验。

性向测验是以个人的潜力预测未来在学业或工作上成功的可能性，而成就测验则是检视个体目前拥有的知识技能状态。

4. 兴趣测验

兴趣是人格的一部份，兴趣测验可以显示学生的职业趋向。它通常是列举工作或职业的内容细节，由受试者按其好恶作答，进而发现其兴趣。兴趣是后天学习的结果，它可以启发个人去从事某项活动，但它绝不同于性向，故兴趣测验的结果不能预测个人的性向，也不能预测职业的成功。

5. 人格测验

人格测验是指测量个体特质中非智能特质的测验，如测量情绪适应、自我态度、社会关系、动机等。在人格测验上并无对的答案，而只是看看受试者通常的表现方式如何。几个常用人格测验如下：

(1)卡特尔 16PF 问卷：是美国心理学家卡特尔研制的。测试结果反映人的个性、行为、能力及潜能，如社会适应力、专业能力、组织管理能力、创造能力，以及心理健康水平等。素质报告取代了以往的自我鉴定，用于自我推销，也为用人单位录用适宜人才提供科学的依据。目前国际上已广泛应用于人才招聘、职业选择、心理咨询、心理治疗、婚姻介绍等诸多方面。

(2)艾森克人格问卷：是英国伦敦大学心理系和精神病研究所艾森克夫妇编制的。是国际上广泛采用的人格量表之一。

(3)明尼苏达(MMPI)多项人格测验；是美国明尼苏达大学的心理学家哈撒伟和精神科医生，根据临床需要编制而成。目的是为神经症、精神病、病态人格提供早期诊断、病情随访、疗效评估。

四、情景模拟法

在现代组织招聘选拔活动中，情景模拟法由于其与真实工作环境的模拟与仿真，能够测试出更深层次的被试工作能力与潜力而日益受到组织的认可。

(一)情景模拟法的涵义

所谓情景模拟就是指根据被试者可能担任的职务，编制一套与该职务实际情况相似的测试项目，将被试者安排在模拟的、逼真的工作环境中，要求被试者处理可能出现的各种问题，用多种方法来测评其心理素质、潜在能力的一系列方法。它是一种行为测试手段。由于这类测试中应试者往往是针对一旦受聘可能从事的工作做文章，所以也被称为“实地”(intray)测试。面试官将为他们提供一种有代表性的模拟情况，需要他们完成应聘岗位上的典型任务，然后对其工作质量进行分析。

情景模拟假设解决方法往往有一种以上的方法，而且测评主要是针对被试者明显的行为以及实际的操作，另外还包括两个以上的人之间相互影响的作用。一般情况下，这种测试有时间限制。应试者必须对要做的工作安排轻重缓急，然后在规定的时段内完成尽可能多的任务。

（二）情景模拟的优点

（1）信度高。情景模拟测试的信度，比其他测评的方法更高，一般在 0.74 到 0.95 之间。

（2）效度高。情景模拟有较高的效度，这也是它明显优于其他测评方法的一个长处，它的效度一般在 0.45 到 0.65 之间。

（3）预测性强。根据有关企业进行情景模拟以后，发现一年以后自信的预测性 R=0.46，半年以后自信性 R=0.69，这说明情景模拟的预测能力是很强的。

（4）提高管理水平。使被试者进行了一次系统的模拟练习，提高了管理水平。

（三）情景模拟的缺点

（1）时间较长。情景模拟的设计工作一般在一个月以上，主试培训一般在三到五天，有时达到两个星期左右，情景模拟的实施一般是一到三天。

（2）费用比较高。

（3）要有专家指导。

（4）情景模拟一般局限于高层次的管理人员或特殊的专门人员，如果要进行大面积的情景模拟，它的信度、效度都会明显下降，会由于费用的提高而得不偿失。

（5）由于测试情景是模拟的，而不是真实的，那么有些特定因素会影响候选人的表现。如果他们感到紧张，或是缺乏该岗位相关的背景知识和经历，他们的应试表现就会比较糟糕。

此外，还有一些别的问题，例如，沉重的设备可能不容易搬到测试现场，未经训练的求职者可能弄伤或损坏贵重设备，而且编组测试的成本较高。

为了能够克服上述缺点，组织可以采取以下对策：(1)在员工招聘中先用其他的方法筛选掉大部分不合格的应聘者，在最后阶段才用情景模拟方法测评，这样既可以节省时间，又可以降低费用。(2)请专业公司或专业机构来主持情景模拟。企业自己不要轻易主持情景模拟，这样费用太高。

(四)情景模拟的一些原则

我们在设计情景模拟时，应该考虑以下一些原则：

(1)应该在明确管理行为要素的定义的基础上，进行评价。

(2)应该采用多种多样的评价方法。

(3)应该采用多种类型的工作选择方法。

(4)主试应该知道成功的要诀是什么，他们应该对该工作和该公司有比较深刻的了解，如果可能的话最好能够从事过该工作。

(5)主试应该在情景模拟前得到充分的培训。

(6)观察到的行为数据应该在主试小组里进行记录和交流。

(7)应该有主试小组讨论的过程，汇总观察的结果，评价要素并作出预测。

(8)评价过程应该分解一个个阶段，以推断总体形象，评价总体评分或最终预测的形成。

(9)评价对象应该在一个确切含义的标准下接受评价，而不应该相互作为参照标准，也就是说事先最好要有一个常模。

(10)预测管理的成功必须是判断性的。

(五)公文处理

公文处理是情景模拟的一种主要的形式。公文一般由文件、备忘录、电话记录、上级指示、调查报告、请示报告等组成。在被试者受试前，应该向他介绍有关企业的背景材料，然后告诉被试者，他现在就是这家企业的负责人，全权处理各种文件，要使被试者意识到他既不是在演戏，也不是代理职务，而是一位真正的手握实权的负责人。公文可多可少，一般不少于5份，不多于30份，每个被试者要批阅的公文可以一样，也可以不一样，但难度要相似，公文有来自上级的，有来自下级的，有组织内部和外部的各种典型问题和指示，有日常琐事，也有重要的大事。根据公文的数目和难度，规定完成时间。在处理过程中，评价人员观察被试者是否分别轻重缓急，是否恰当地授权下属。公文处理完毕后评判人员还要对被试者进行采访，要求被试者说明为什么这么处理。谈话可以按以下方式进行，首先由被试者说明是怎么做的，内容包括：(1)材料是否看过，是否都做了答复。

(2)是否将每一份书信均按重要性来分类,然后做答复。(3)采用了其他哪些方法。然后评价人员问被试者做出每项决定的理由,看其理由是否充足,决定是否果断。采访完毕评委对被试做出鉴定并记录下来。

(六)角色扮演

角色扮演是情景模拟中的一个重要方法。它要求被试者扮演一个特定的管理角色来处理日常的管理事务,以此来观察被试者的多种表现,以便了解其心理素质和潜在能力。

例如,要求被试者扮演一名高级管理人员,由他来向下级作指示、下命令;或者扮演一名车间主任,请他在车间里直接生产;或者扮演副总经理,处理公司各种事务,诸如财务部经理请示员工年终奖金发放问题,人事部请批员工招聘方案,产品开发部汇报开发新产品的思路,秘书请示会议安排事项,外单位来电商谈商务问题,公司办公室主任告知刚发生的突然事件并请示处理方法,等等。

在测评中要强调了解被试者的心理素质,而不要根据他临时作出的意见作出评价,因为临时工作的随机因素很多,不足以反映一个人的真才实学。有时可以由主试主动给被试者施加压力,如工作时不合作,或故意破坏,以了解该被试者的各种心理活动以及反映出来的个性特点。

(七)系统仿真

系统仿真是情景模拟的一种方式,有时又称为商业游戏,或者称为商业竞争法、仿真游戏法。它是在纸上或计算机上进行经营管理的操作,被试者可以及时得到反馈信息,以便了解自己的经营效果,最后以企业的经济效益来反映被试者的心理素质和潜在能力的一种方法。

一般来说,系统仿真是情景模拟的一种变式,也就是说把情景模拟的许多可以数量化的内容搬到计算机上来操作。系统仿真可以仿真各种企业,系统仿真规定的经营管理时间可长可短,一般为三到五年,被试者的身份一般被设计为总经理或厂长。通过系统仿真可以在较短的时间内了解被试者在三到五年中的实际管理业绩。为了充分发挥系统仿真的长处,克服其短处,在组织系统的仿真时要注意以下几点:

(1)精心编制好反馈系统,否则系统仿真的效果就不理想。

(2)应该尽可能计算机化,否则时间太长,工作量太大。

(3)事先向被试提供有关的背景材料,否则被试者无从入手。

(4)要规定操作时间,根据难度可以安排在1–3小时之内完成。

(5)详细编制指导语,使每个被试者知道系统仿真的基本规则和怎样操作计算机。

(八)无领导小组讨论

所谓无领导小组讨论,就是指一组被试者开会讨论一个实际经营中存在的问题,讨论前并不指定谁主持会议,在讨论中观察每一个被试者的发言,以便了解被试者心理素质和潜在能力的一种测评方法。

在一般情况下,每个小组会有一名被试以"组长"的姿态出来负责这些问题,出来主持会议,这个人的领导能力相对较强。根据每一个被试者在讨论中的表现,可以从以下几个方面进行评价:领导欲望、主动性、说服能力、口头表达能力、自信程度、抵抗压力的能力、经历、人际交往能力等等。也可以要求被试者讨论完以后,写一份讨论记录,从中分析被试者的归纳能力、决策能力、分析能力、综合能力、民主意识等等。

例:让小组成员6人或8人,从下列题组中,选择一个题目进行讨论,并将讨论结果记录下来。

- 一个管理者最重要的职能是什么?
- 怎样才能提高职工的工作积极性?
- 中关村开发对公司的发展有何影响?
- 聘请外国足球教练来华执教,对中国足球的未来有何影响?
- 中国如何才能成为世界的强国?
- 中华民族有哪些缺点和优点?
- 时间:60分钟。

又如IBM曾运用这种方法来选拔经理人员。讨论小组由6人组成,首先,每个人假设自己为某一部门的经理候选人做5分钟的自我陈述,然后,各自以不同的部门经理的角色共同讨论某一问题,主试者根据被试者的实际表现,按照7个项目对他们进行测评。

这7个项目是:

- 进取心
- 说服力

技能与高级技能两个层次上,但是未来的工作需要员工更广博的知识,培训员工学会知识共享,创造性地运用知识来调整产品或服务的能力。无论是管理人员还是基层人员,都应具备完成本岗位工作任务所必需的专业知识和相关知识,以及相应的管理技巧和服务技巧, 同时还应具备在饭店工作的敬业精神和对客人亲切热情的友好服务态度。

培训能够使员工的工作能力提高,为其取得好的工作绩效提供了可能,也为员工提供更多晋升和较高收入的机会。

2. 有利于改善饭店工作质量

工作质量包括生产过程质量、产品质量与客户服务质量等。毫无疑问,培训使员工素质、职业能力提高并增强,将直接提高和改善企业工作质量。培训能改进员工的工作表现,降低成本;培训可增加员工的安全操作知识,提高员工的劳动技能水平;增强员工的岗位意识和责任感,规范生产安全规程;增强安全管理意识,提高管理者的管理水平。因此,企业应加强对员工敬业精神、安全意识和知识技能的培训。

3. 有利于降低损耗和劳动力成本

饭店许多服务工作都有一定的浪费和损耗,如餐饮、客房清洁、洗涤等。这里既有自然损耗,也有人为因素。据有关专家研究结果显示,培训可以减少 73%左右的浪费。

对设备性能与工作程序不了解的员工常常会损坏设备的零部件或造成材料的浪费;也可能由于服务的不礼貌,待客态度不佳而影响饭店的声誉。通过有目的的培训可以使上述现象大大减少。

同时培训可以进一步加深员工对饭店及各部门工作的认识, 协调各部门间的关系,从而促进改善员工关系,减少人际之间的隔膜,并降低人员招聘、培训的费用。

4. 满足员工实现自我价值的需要

在现代饭店中,员工的工作目的更重要的是为了“高级”需求——自我价值实现。培训不断教给员工新的知识与技能,使其能适应或能接受具有挑战性的工作与任务,实现自我成长和自我价值,这不仅使员工在物质上得到满足,而且使员工得到精神上的成就感。

总之,培训是饭店生存发展的重要保证之一。

二、饭店员工培训与开发的特点

饭店员工培训与开发是职工教育的有机组成部分。不了解和不能把握职工教育的特点和规律,也就不能正确地认识饭店员工培训与开发的特点与规律。饭店员工培训与开发既不同于一般意义上的学校普通教育，又有别于其他行业的培训,其培训与开发是受饭店业的性质和从业人员的工作特性制约和影响的。

职工教育一般有两个根本特点:一是"在职性",二是"成人性"。所谓在职性,是指职工教育的对象是有工作的,受多种因素影响和制约的在职职工。普通教育的对象没有工作的压力,没有家庭的拖累,基本任务就是学习。而职工教育的对象则是以工作和劳动力为主,学习必须是服从于工作和劳动。这就要求职工教育不能脱离工作和劳动,专业设置要强调实用,选用教材要精,学制上要尽可能缩短,在学习的形式和方法上要灵活多样,教学活动和内容既要有较为系统的理论指导,更要与工作和劳动实践相结合。所谓成人性,是指成人无论生活和心理特征,较之普通教育的对象——青少年都有很大不同。一是年龄较大,机械记忆力减弱;二是学习目的明确,不希望仅仅是空泛地谈理论,而是期望能理论联系实际,以求学以致用;三是有工作和生产岗位,有任务压力;四是各种干扰因素较多,容易分散精力等。这些都给职工教育带来不利因素。当然,成人的理解力强,接触的课外知识面广,容易触类旁通、举一反三,结合实践应用效果好等特点亦是职业教育的有利因素。

饭店业的产品具无形性、及时性(生产与消费的同时性)、不可贮藏性、产品质量的可变性、季节性等特点。

饭店员工的培训既是职业教育的有机组成部分，又是依附于饭店业的工作特点,有着自己的特色。

1. 针对性

饭店是一个综合性的劳动密集型行业,有许多岗位,专业繁多,技术工种齐全,人员构成复杂。因此要针对不同岗位制定不同的岗位职务标准进行培训,才能收到理想的效果。例如因员工的流动量加大,前台服务人员外语水平下降,要立刻安排岗位外语培训等。当然,培训不是为了走过场,给别人看,而是为了解决存在的问题。例如:接线员业务不熟练,外币兑换员缺少外币知识,要立即安排适应性培训。

2. 多样性

饭店工作的特点决定了不同的培训对象、不同的工作内容要分为不同层次和采用不同的方法进行培训。饭店培训活动不是一个封闭的系统，这个培训体系实际是呈动态开放性的，这就决定了饭店培训工作应有多样性的特点。多样性体现在多层次、多形式、多渠道等方面。

(1)多层次。饭店员工培训是全方位、全员性培训。不同的职务、年龄构成、知识结构和专业技术等级决定了不同的工作内容和要求。因此，要分为不同层次和采用不同的办法进行培训。

(2)多形式。不同内容的培训有着不同的划分标准，决定了多样的培训方式。根据培训时间来划分，有中长期培训、短期培训和速成培训等；根据培训方式来划分，有脱产培训、半脱产培训、业余学习等；根据培训性质划分，有岗前培训、在岗培训、转岗培训、岗位培训、技术登记培训、晋升培训等。

(3)多渠道。多渠道培训是指饭店不局限于本饭店力量，应广开门路和渠道，形成多样化。可以选择店内与店外、本店与外请培训相结合的方式。

3. 标准化

标准化是饭店培训工作有别于其他一些行业培训的一个显著特点。无数事实证明，凡是管理工作有成效的企业都希望重视管理规范和服务标准的基础性建设。饭店的经营管理要真正上标准，就需要用高标准来实施。标准不高、不先进就无法达到国际水平，没有标准就无法管理，而标准不统一就会各行其是，使管理混乱。培训工作亦是如此。没有标准的饭店和依此展开的培训，都将是盲目的、事倍功半甚至是做无用功的。

饭店培训工作的标准化是指：

(1)制定工作标准。工作标准包括工作职责、工作程序、工作规则和工作标准四部分内容。为了提高服务质量，保护宾客的合法利益，满足宾客的合理要求，国家旅游局公布了星级饭店优质服务的十条要求。这实际上也是饭店树行业新风，对客人实行优质服务基本标准的外在体现：

①树立“宾客至上，服务第一”的思想，最大限度地满足宾客的合理需求；

②服务主动、热情，使用文明用语；

③实行明码标价，保证质价相符、交易公平；

④讲究效率与效能，提供周到、标准、及时的服务，总机须在铃响5声之内接听电话；

⑤总服务台24小时接待客人,值班经理16小时接待客人;

⑥公共区域保持干净、整洁;

⑦客房、卫生间每日全面清理一次,每日更换床单及枕套;

⑧提供不少于12小时的餐饮服务;

⑨自觉遵守国家有关环境、卫生、消防、安全等方面的规定,每日进行安全检查;

⑩当日处理客人投诉,并给予答复。

这些基本标准既是饭店业开展优质服务监督、检查、评比的主要内容,也是培训员工的主要依据之一。

从实际情况看,无论是国有饭店还是合资饭店,都是比较重视培训工作的。而且不少国有饭店在培训上花费的时间、精力和经费绝不比合资饭店少,但效益却往往不能与合资饭店相提并论。这里固然有多种因素,但其中重要的一点,就是一些国有饭店在培训员工时,其培训标准如同基础性的工作标准一样,有时随意性很大,缺乏客观的、公正的衡量标准来严格培训和严格要求。可以说,制定完备的工作标准等基础性工作和严格要求,是饭店管理的需要,也是培训工作的内在要求。

(2)严格按照工作规程实施培训。饭店的服务质量需要有一个明确的标准。然而,服务质量是通过一定的服务形式和过程表现出来的,有形式但没有实物。所以其标准无法像工业或科技产品那样能用一定的技术参数, 用仪器仪表的测定来加以衡量,从而定出量化的标准。这就容易产生一种模糊概念,似乎服务质量的标准是不确定的。因为这里面确实有一定的困难:一方面,服务质量要有个体标准;另一方面,服务质量又无法作出量的标准规定。为了确定服务标准,就需要对服务过程制定工作规程。

工作规程是以描述性的语言,规定服务过程的内容、顺序、规格和标准的程序。它是服务规范的根本保证,是饭店服务工作的准则和法规。有了工作规程,就便于确定服务过程标准,以检验饭店服务质量的优劣。当前,国内许多饭店虽然也经过考核挂上了不同星级的铜牌,但服务水平的波动却很大。有领导或重要宾客来时,可以不惜代价地给予优质服务。而平时,就可以懒懒散散、工作怠慢。服务不是按制度、按标准、按规范,而是随心所欲,经常走样。给宾客的印象就是服务不规范,服务态度差。工作规范的具体实施,即饭店服务质量能否保证,在很大程度上取决于饭店员工素质水平的高低。因此,严格按照工作规程标准对饭店员工实施培训是非常必要的。当前，不少饭店制定的培训目标就是要求员工按照高标准为宾客提供一流的服务，并形成较为完整的服务规程和标准。以此制定的培训内容也层次分明。饭店上自总经理，下至一线服务员，都必须分别接受管理技能培训、工作技能培训、待客技能培训和语言技能培训等有针对性地培训。通过规范化的培训，使员工明白服务标准的内涵，由强制性养成到自觉性养成，从而在工作中按照受训的标准进行规范服务，以达到宾客满意，全面提高饭店经营管理水平和服务质量的效果。标准化培训可以提高培训效果，使培训与管理、服务紧密结合，有助于饭店服务质量的提高，这是饭店培训工作中主要运用的一种手段。

4. 协调性

员工培训是一个系统工程，它要求培训的各环节、培训项目应协调，使培训系统运转正常。如饭店经营中有淡旺季之分，但并不是说旺季就可以不做培训。正确的做法应为“淡季以系统培训为主，旺季以零散训练为主”；由于饭店产品特点要求饭店在强化标准化、规范化的同时也要注意员工的应变能力，对特殊问题的处理、语言技巧、推销技巧等适宜客人个性化需求的内容。制度化、规范化是基础，个性化是提升。

5. 长期性和速成性

随着科学技术的日益发展，人们必须不断接受新的知识，不断学习，任何企业对其员工的培训将是长期的，也是永恒的。员工学习的主要目的是为企业工作，所以，培训一般周期短，具有速成的特点。许多培训是随经营的变化而设置的，如为改善经济技术指标急需掌握的知识和技能以及为掌握已决定进行的攻关课题、革新项目急需的知识和技能，为强化企业内部管理急需掌握的管理基本技能等等。

第二节 制定饭店员工培训与开发制度

饭店的培训工作存在着一定的活动规律和运行轨迹，它们贯穿于培训过程的始终，使培训工作的每一步、每一个环节都有章可循，有利于保证培训的质量和效率。许多饭店做了不少培训，受训人数也很多，但培训效果并不理想，不受学员和管理层的欢迎，其问题就出在培训质量和质量控制上。因此，制订饭店员工培训与开发制度是非常必要的，也需要进一步加强。

一、饭店员工培训与开发制度概述

1. 饭店员工培训与开发制度的内涵

饭店员工培训与开发制度，即能够直接影响与作用于培训系统及其活动的各种法律、规章、制度及政策的总和。它主要包括培训与开发的法律和规章、培训的具体制度和政策两个方面。

饭店员工培训与开发的具体制度和政策是饭店员工培训与开发的根本保证，是饭店在开展培训工作时要求人们共同遵守并按一定程序实施的规定、规则和规范。饭店员工培训与开发制度的根本作用在于为培训与开发活动提供一种制度性框架和依据，促使培训与开发沿着法制化、规范化轨道运行。

饭店员工培训与开发涉及两个培训与开发主体——饭店和员工，这两个主体参与培训与开发的目的存在一定的差别。在一定的制度条件下，这种差别将导致培训无法达到目的或效果很差。因此，要想提高培训的效率，就必须建立一套完整的培训制度，通过制度来明确双方的权力和义务、利益和责任，理顺双方的利益关系，使双方的目标和利益尽量相容。由于培训与开发制度是由饭店制定的，所以制度的主要目的是调动员工参与培训与开发的积极性，同时也使饭店的培训与开发活动系统化、规范化、制度化。

2. 饭店培训与开发制度的构成

在饭店培训与开发的管理活动中，各类饭店根据自己的实践经验和具体情况，制定一系列的员工培训管理制度，一般来说包括以下制度：

(1)培训服务制度。对于一些投入较大的培训与开发项目，特别是需要员工离职的培训项目，企业不仅需要投入培训费用，还要提供给学员工资待遇，同时企业要承担因为员工离职不能正常工作的机会成本。倘若参加培训的员工学成后就跳槽，企业投入价值尚未收回，这种培训得不偿失。为了防范这种问题的出现，就必须建立制度进行约束，培训服务制度由此产生并被广泛运用。

培训服务制度是培训管理的首要制度，虽然不同组织有关这方面的规定不尽相同，但目的都是相同的，只要是符合企业和员工的利益并符合国家法律的有关规定就应该遵守。

培训服务制度包括培训服务制度条款和培训服务协议条款两个部分。其中制度条款需明确：①员工正式参加培训前，根据个人和组织需要向培训管理部门或部门经理提出申请；②在培训申请被批准后需要履行的培训服务协议签订手续；③培训服务协议签订后方可参加培训。另外，培训服务条款协议条款需明确：①参加培训的申请人；②参加培训的项目和目的；③参加培训的时间、地点、费用和形式等；④参加培训后要达到的技术或能力水平；⑤参加培训后要在企业服务的时间和岗位；⑥参加培训后如果出现违约的补偿；⑦部门经理人员的意见；⑧参加人与培训批准人的有效法律签署。

(2)入职培训制度。入职培训制度就是规定员工上岗之前和任职之前必须经过全面的培训，没有经过全面培训的员工不得上岗和任职。它体现了“先培训，后上岗”，“先培训，后任职”的原则，适应企业培训的实际需要，有利于提高员工队伍的素质，提高工作效率。

入职培训制度的主要条款应有以下几个方面：①培训的意义和目的；②需要参加的人员界定；③特殊情况不能参加入职培训的解决措施；④入职培训的主要责任区（部门经理还是培训组织者）；⑤入职培训的基本要求标准（内容、时间、考核等）；⑥入职培训的方法。

(3)培训激励制度。饭店员工培训与开发制度的主要目的是激励各个利益主体参加培训的积极性。对员工的激励性包括三个方面：

① 对员工的激励。培训必须营造前有引力、后有推力、自身有动力的氛围机制，建立培训—使用—考核—奖励的配套制度，形成以目标激励为先导、竞争激励为核心、利益激励为后盾的人才培养激励机制。

② 对部门及其主管的激励。建立岗位培训责任制，把培训任务完成的情况与各级领导的责、权、利挂钩，使培训通过责任制的形式，渗透在领导的目标管理中，使培训不再只是培训部门的事，而是每一个部门、每一级领导、每一位管理人员的事。

③ 对饭店本身的激励。培训与开发制度实际上也是对企业有效开展培训活动的一种约束。企业培训的目的就是要提高员工的工作素质，改变员工的行为，提高饭店的经营业绩。因此，应制定合理的制度并严格实施，激发企业的培训积极性，使培训真正满足企业生产发展的需要。

配套的激励制度，应该包括如下几个方面：① 完善的岗位任职资格要求；② 公平、公正、客观的业绩考核标准；③ 公平竞争的晋升规定；④ 以能力和业绩为导向的分配原则。

(4)培训考核评估制度。评估作为培训发展循环的中心环节已经是业内的共识，但从培训模式中各环节体现的培训评估目的多是为提高培训管理水平，同时也有对培训效果的评估，而对参加培训人员的学习态度、培训参加情况则关注的少一些，设立培训考核评估制度的目的，既是检验培训的最终效果，同时也为培训奖励制度的确立提供依据，也是规范培训相关人员行为的重要途径。

需要强调的一点是：员工培训的考核评估必须是100%进行，并且要与标准保持一致，考核评估的过程要开放透明、公平公正，方可达到员工培训考核评估的目的。

培训考核评估制度需要明确的内容有：①被考核评估的对象；②考核评估的执行组织（培训组织者或部门经理）；③考核的标准区分；④考核的主要方式；⑤考核的评分标准；⑥考核结果的签署确认；⑦考核结果的备案；⑧考核结果的证明（发放证书等）；⑨考核结果的使用。

（5）培训奖惩制度。奖惩制度是保障前面几项培训管理制度能够得以顺利执行的关键，如果参加与不参加培训一个样，培训考核评估好与不好一个样，相信谁也不会对这些制度重视，同时培训本身也无法引起足够的重视。因此，非常有必要设立、执行培训奖惩制度。

值得注意的是，制定培训奖惩制度一定要明确培训可能出现的各种优劣结果的奖惩标准，如果奖惩标准不一或不明确，就无法保证此制度的有效性。

培训奖惩制度主要内容包括：①制度制定的目的；②制度的执行组织和程序；③奖惩对象说明；④奖惩标准；⑤奖惩的执行方式和方法。

（6）培训风险管理制度。培训是一项生产性投资行为，做投资就必然存在风险。培训风险如人才流失及其带来的经济损失、培养竞争对手、培训没有取得预期的效果、送培人员选拔失当、专业技术保密难度增大等。若企业培训风险较大且找不到合适的防范手段时，就会对培训投资持有不积极的态度。培训风险只有通过做好培训实施工作来尽量降低，如积极性维持和培训质量保证等。

企业培训风险管理制度需要考虑以下几点：①企业根据《劳动法》与员工建立相对稳定的劳动关系；②根据具体的培训活动情况考虑与受训者签订培训合同，从而明确双方的权利义务和违约责任；③在培训前，企业要与受训者签订培训合同，明确企业和受训者各自负担的成本、受训者的服务期限、保密协议和违约补偿等相关事项；④根据“利益获得原则”，即谁投资谁受益，投资与受益成正比关系，考虑培训成本的分摊与补偿。比如，对于投资大、时间长、能够迅速提高收益者能力和其个人收入的开发性培训项目，对基础学历教育及以提高自身基本素质为主的培训，以个人投资为主，企业部分分担，根据员工学习成绩的好坏，以奖惩的性质调整各自的比例。

除了上述各项制度之外,还有培训实施管理制度、培训档案管理制度、培训资金管理制度等,从而给予培训活动自上而下、全方位的制度支持。

二、饭店员工培训与开发制度的制定

企业要有系统、有计划地开展员工活动,必须制定员工发展规划,确定人才培训的基本体系。员工发展规范的制定是实施员工培养的前提条件,规划制定得好不好直接影响到人才的成长和使用, 所以制定员工发展规划是企业组织管理中极其重要的环节。

一般来说,制定饭店员工培训与开发应包括以下主要项目:①完善饭店员工培训与开发的方针、规章制度和执行措施体系;②制定明确的员工培养理念和培养目的;③明确员工培养活动的基础和任务分担;④完善员工培养与人力资源管理各项职能的配套措施;⑤设计有效的员工培养、培训体系与人才开发系统;⑥建立运行良好的员工培训与开发机制;⑦实施规范化、制度化的员工培训活动。

第三节 饭店员工培训与开发管理

培训与开发管理的全过程,按时间顺序应包括:培训需求分析、制定培训计划、实施培训计划和评估培训项目四个部分。此外,还有培训总结资料归档的具体工作。

一、饭店培训需求分析

培训需求分析对是否需要进行培训来说是非常重要的。它包括组织分析、工作分析与人员分析三项内容。培训需求分析是确定是否需要培训的一个过程。

1. 饭店组织分析

饭店培训需求的组织分析主要是通过对饭店的目标、资源、特质、环境等因素的分析,准确地找出饭店存在的问题及其产生的根源,以确定培训是否是解决这类问题的最有效的方法。饭店培训需求的组织分析涉及能够影响培训规划的饭店的各个组成部分,包括对饭店组织目标的检查、饭店资源的评估、饭店特质的分析以及环境的影响等方面。饭店组织分析的目的是在收集与分析饭店绩效和饭店特质的基础上,确认绩效问题及其病因,寻找可能的解决方法,为培训部

门提供参考。

一般来说,饭店组织分析主要包括三项内容:

(1)进行饭店组织目标分析。明确、清晰的饭店组织目标既对饭店的发展起决定性作用,也对培训规划的设计与执行起决定性作用,饭店组织目标决定培训目标。例如:如果一个饭店的目标是提高服务质量,那么培训活动就必须与这一目标相一致,假若组织目标模糊不清,培训规划的设计与执行就会很困难。

(2)饭店资源分析。如果没有确定可被利用的人力、物力和财力资源,就难以确立培训目标。饭店资源分析包括对饭店的经费、时间、人力等资源的描述。一般情况下,通过经费、时间、人力等资源的描述,就可了解一个饭店资源的大致情况,即饭店所能提供的经费将影响培训的范围和深度;对饭店而言,时间就是金钱,培训是需要相当的时间的,如果时间紧迫或安排不当,极有可能造成粗略的培训结果;对饭店人力状况的了解非常重要,它是决定是否安排培训的关键因素。饭店的人力状况包括:工作人员的数量和年龄、工作态度、技能水平和知识水平、工作绩效等。

(3)饭店特质和环境分析。饭店特质与环境对培训的成功与否也起着重要的影响作用,因为当培训规划和饭店的价值不一致时,培训的效果则很难保证。饭店特质与环境分析主要是对饭店的系统结构、文化、资讯传播情况的了解。主要包括三个方面的内容。其一是系统特质。指饭店的输入、运作、输出、次级系统互动以及与外界环境间的交流特质,使管理者能够系统地面对饭店,避免饭店组织分析中以偏概全的缺失。其二是文化特质。指饭店的软硬件设施、规章、制度、饭店经营运作的方式、饭店成员待人处事的特殊风格,使管理者能够深入了解饭店,而非仅仅停留在表面。其三是资讯传播特质。指饭店部门和成员收集、分析和传递信息的分工与运作,促使管理者了解饭店信息传递和沟通的特性。

对上述问题和特性的了解,将有助于管理者及培训部门全面真实地了解饭店。

2. 工作分析

工作分析的目的在于了解与绩效问题有关的工作的详细内容、标准和达成工作所应具备的知识和技能。工作分析的结果也是将来设计和编制相关培训课程的主要资料来源。工作分析需要富有工作经验的员工积极参与,以提供完整的工作信息与资料。

按照分析目的的不同,工作分析可分为两种:一是一般工作分析,主要目的

(3)计算培训成本。预算培训的不同阶段所需的设备、设施、人员和材料的成本,明确不同培训项目成本的总体差异。

培训成本包括直接成本和间接成本。具体说来,有培训教师费用、交通费用、培训项目管理费用、培训对象受训期间工资福利以及培训中的各项花费等。

(4)确定培训收益。培训成本预算就是对培训项目进行成本—收益分析。主要是通过会计办法决定培训项目的经济效益的过程,它需要从成本和收益两方面的信息进行考虑。

培训收益一般为潜在收益,如培训的实施可能降低生产成本或额外成本,或者增加重复购买量。在饭店大规模投入资源前,通过实验性的培训评价一小部分受训员工所换得的收益;通过对成功的工作者的观察,可帮助饭店确定成功与不成功的工作者的绩效差别。

(5)编制培训预算方案。每年饭店培训部门必须就编列的预算向饭店管理层做简报。简报内容扎实、明确,才能获得管理当局对预算的支持,因此简报一定要包含培训目标及财务分析报告。

2. 选择培训机构

通常是在认识到饭店内部缺乏拥有满足饭店管理目标的知识或技能的受过培训的合格人员之后,才会决定用外部资源来说明培训或发展需求。近些年来,管理顾问的可用性和质量有所提高,培训咨询机构变得越来越多,规模培训的发展以及组织发展顾问机构一直致力于确保其完善的程度。培训机构主要包括:管理顾问、管理咨询机构、商务学校、管理学院和培训公司等。

3. 实施培训管理

培训课程的实施是指把课程计划付诸实践的过程,它是达到预期课程目标的基本途径。课程设计得再好,如在实践中得不到实施,也没有什么意义。课程实施是整个课程设计过程中的一个实质性阶段。

(1)前期准备工作。在新的培训项目即将实施之前做好各方面的准备工作,是培训成功实施的关键。准备工作包括以下几个方面:确认并通知参加培训的学员,培训后勤准备,确认培训时间,教材准备,确认理想的培训师。

(2)培训实施阶段。做好培训上课前的准备,做好培训器材的维护、保管。

(3)培训实施计划的控制。培训实施计划控制步骤为:收集培训相关资料→比较目标与现状之间的差距→分析实现目标的培训计划,设计培训计划检讨工具→对培训计划进行检讨,发现偏差以及培训计划纠偏→公布培训计划,跟进培训计划落实。

四、饭店培训项目评估

培训评价是员工培训系统中的重要环节。一般包括五个方面的工作:确定培训项目评价标准,评价方案设计,培训控制,对培训的评价,对培训后果的评价。

1. 确定评价标准

为评价培训项目,必须明确根据什么来判断项目是否有效,即确立培训的结果或标准。只有目标确定后才能确定评价标准,标准是目标的具体化又称为目标服务。

(1)培训结果的确定。培训结果可以划分为五种类型:认知结果、技能结果、情感结果、效果以及投资净收益。①认知结果。它可用来判断受训者对培训中强调的原则、事实、技术、程序等的熟悉程度,也是衡量受训者从培训中掌握了哪些知识的指标。通常可用书面测验的方法来评价。②技能结果。它是用来评价受训者的技术及行为的一种指标。技能结果包括技能的获得或学习和技能的在职应用(技能转化)两方面,两者都可以通过观察来评价。③情感结果。它包括受训者的态度和动机两个方面的内容。情感结果的一种类型是受训者对培训项目的反应。反应性结果是指受训者对培训设施、培训者以及培训内容的感知。对反应性结果的评价可通过受训者填写问卷获得, 这种信息对于确定哪些因素有利于学习,哪些因素阻碍学习是很有用的。④效果。它用来判断项目给企业所带来的回报,效果性结果表现在企业成本节约、产量增加以及产品或顾客服务质量的改善等。⑤投资净收益。它是对培训所产生的货币收益与培训的成本进行比较,企业从培训中所获得的价值。

(2)评价标准。评价标准通常由评价内容、具体指标等构成。制定标准的具体措施步骤分为:一是对评价目标进行分解;二是拟订出具体标准;三是组织有关人员讨论、审议,征求意见,加以确定;四是试行与修订。在确定标准时必须把握一定的原则: 评价标准的各部分应构成一个完整的整体; 各标准之间要相互衔接、协调;各标准之间应有一定的统一性与关联性。

2. 评价方案设计

饭店可以采用不同的评价设计来对培训项目进行评价。主要有以下几种:

(1)小组培训前和培训后的比较。即将一组受训者与非受训者进行比较。对培训结果的信息要在培训之前和之后有针对性地进行收集。如果受训组的绩效改进大于对比小组,则培训有效。

(2)参训者的预先测验。它是让受训者在接受培训之前先进行一次相关的测试,即实验性测试。一方面使受训人员在接受培训之前受到一次培训,以更好地引导培训的侧重点,同时也可对培训效果进行评价。

(3)培训后测试。它只需收集培训的结果信息。如果评价设计中找到对比小组,操作则更方便。

(4)时间序列分析。即利用时间序列的方法收集培训前、后的信息,以此来判断培训的结果。

3. 培训控制

培训控制贯穿于整个培训实施过程之中,即根据培训的目标、员工的特点等调整培训系统中的培训方法、进程等。它要求培训者具有观察力,并经常与培训教师、受训者沟通,以便及时掌握培训过程中所发生的意外情况。

4. 培训的评价

进行培训评价时应对培训目标、方案设计、场地设施、教材选择、教学的管理以及培训者的整个素质等各个方面进行评价。因此,评价内容包括:评价培训者、评价受训者、评价培训项目本身等三方面。评价的过程一般包括:首先是收集数据,如进行培训前和培训后的测试、问卷调查、访谈、观察、了解受训者观念或态度的转变等等;其次是分析数据,即对收集的数据进行科学地处理、比较和分析、解释数据并得出结论;最后是把结论与培训目标加以比较,提出改进意见。

5. 结果的评价

结果的评价是对培训效果转移的评价,即指对员工接受培训后在工作实践中的具体运用或工作情况的评价。对培训效果的评价要考虑评价的时效性。有些培训的效果是即时性的,如对操作人员进行一种新设备操作技能的培训,其培训效果在培训中或在培训结束后就会表现出来,则即时性评价能说明培训的效果;而有些培训的效果要通过一段时间才能表现出来,如对管理人员进行的综合管理能力的培训,在这种情况下,对受训者长期的或跟踪性的评价则是必须的。

广州花园酒店的员工培训与开发

广州花园酒店位于地理位置极为优越的广州市环市东路繁盛商业区之心脏地带,该地是四通八达的交通汇点。

花园酒店的员工培训与开发与一般企业的培训不同。绝大多数企业的员工培训是为了提高企业的工作效率,员工的培训费用大多要员工自己负担;培训的重点是业务技能。这是典型的从企业利益出发的员工培训与开发,并非真正的以人为本的培训。花园酒店则不同,它对员工的培训是从员工的未来发展着想,从员工的职业保障出发, 目的是发展员工的能力,全面提高员工的素质。

为了全面提高员工素质,1997 年酒店成立了"花园酒店教育委员合",由其对员工的培训和文化素质教育进行领导和统筹规划;同时,酒店还对培训制度进行了改革,建立了多层次和多种形式的培训体系。

花园酒店认为,员工素质是个体系,主要由思想素质、文化素质和业务技能构成。为提高员工素质,发展员工能力,这三个方面都必须得到应有的提升。在这三种素质中,思想素质是最重要的。思想素质提高了,观念转变了,有了科学的世界观和方法论,文化素质和业务技能的提高就相对容易了。

因此,花园酒店自 1995 年开始,便有计划地组织员工学习"老三篇"——《为人民服务》、《纪念白求思》和《愚公移山》等文章,对员工进行社会公德教育、职业道德教育、爱国主义教育、集体主义教育,倡导无私奉献和艰苦奋斗的精神,引导员工追求高尚的理想;教育员工树立正确的世界现、人生观和价值观。同时,组织员工学习马克思主义哲学, 学习辩证唯物主义和历史唯物主义,学习毛泽东的《实践论》和《矛盾论》,学习邓小平理论。在学习过程中,组织员工结合工作实际开展讨论,从中领会、掌握科学的认识论和辩证唯物主义的思维方法,学会以正确的立场、科学的方法认识问题、分析问题和解决问题。

通过学习,酒店形成了清晰明确、具有凝聚力的花园酒店价值观,这一价值观贯穿于花园酒店的业务运作过程之中。这就是"花园酒店五种精神":

团结拼搏,勇于开拓;
群策群力,争创效益;
顾客至上,主动服务;
热爱本职,甘于奉献;
克己奉公,助人为乐。

随着员工思想素质的提高,1996 年花园酒店又不失时机地提出了"学业务、学文化"的号召。酒店培训中心召开了提高员工素质的研讨会,会议确定了酒店的培训模式,明确了培训工作的重点和方向。人事培训部门作为花园酒店员工培训与开发的执行部门,积极实施既定的培训模式,加大培训工作力度,重点抓了员工素质的提高。

为了全面提高员工素质,花园酒店拓宽了培训的范围和渠道,在原基本技能和岗位培训的基础上,投入了相当的资源和力量,对全体员工进行文化课程的培训,从而使员工文化素质得到普遍提高。如,1996 年,培训部对 2353 名员工进行英语测试和培训,对 578 位管理人员进行了中文文化普查,全面掌握了员工个人文化水平,了解到员工素质的真正缺口所在,设置了有针对性的培训活动和课程。

花园酒店还根据不同的员工和不同的内容，采用不同的形式进行有针对性的培训。针对一般文化素质的员工，主要是采取鼓励自学的办法。花园酒店鼓励员工参加社会上各类成人教育和自学考试，并在费用方面提供资助，在工作安排和时间上提供方便。这就是花园酒店的"立足岗位、自学成才"的奖励制度。对业余外出进修、攻读对口专业课程以及上岗证的员工，学成之后给予学费资助；在人事考核制度上，向有学历、有职称、有资格证的人员倾斜。因此，花园酒店掀起了一股股学习热潮，形成了好学之风。员工由原来的"要我学"到现在"我要学"。高峰期的时候，酒店的6300名员工主动参加业余社会进修，形成了前所未有的读书热潮，员工的基本素质得到全面提高。

对酒店管理专业基础知识，采取与某大学联合举办两年制的酒店管理大专班、建立各部门以至每一位员工的学习规划等形式，让员工系统地掌握酒店管理基础理论。现已有75位员工完成酒店管理大专班课程的学习，并取得了证书。

在业务技能培训方面，对一般员工，酒店人事培训部分批集中进行培训。先是请外方人员到酒店培训班给新学员上酒店管理的有关业务课，从外语训练到仪态仪表系统的进行学习。有了一定的基础之后，再将这些经过培训的人员派到国内外去学习，让他们直接掌握先进的酒店管理经验和知识。事实证明，这是非常成功的培养人才之道，花园酒店的大部分业务骨干，都是这么培养出来的。

管理人员的培训，是花园酒店近年来培训的重中之重。为了培训出对部门业务能够起指挥策划作用、具备组织协调、统揽全局的能力的懂业务、懂管理、懂经营的"复合型"人才，花园酒店不惜工本，采取了多种形式。如，聘请有经验的大学教授，为管理人员开设现代企业管理、经济、法律、领导学的理论课及专业课程；举办职业道德讲座、管理知识讲座、财务知识讲座等。结合理论学习，在管理人员中开展"如何当好领导干部"的讨论，要求大家从"总经理"的角度畅谈对管理好酒店所应具备的能力和水平的认识等。

为了提高管理人员的文化素质、管理水平，开阔管理人员的视野和思维，从整体上提高他们理解政策、分析市场和科学决策的能力，花园酒店组织管理人员分批到南京某大学进修外语；选派管理人员分批前往美国的一些大学的酒店管理学院进修学习，并不断扩大培训的途径，挑选多名管理人员脱产参加专科教育学习。

参观、考察、学习同行先进经营思想和管理经验，是提高管理水平的重要手段。近年来花园酒店组织有关管理人员参观学习的国内同行有：香港酒店协会、九龙湾职业训练中心、龙岛食品有限公司、香港理工学院酒店管理系、香港半岛酒店、九龙酒店、利国酒店、君悦酒店、金陵饭店等。花园酒店主要学习它们的管理、培训、经营、服务、消防、保安等方面的经验。酒店还组织工程技术人员到香港"菱电"电气公司培训中央空调技术操作；组织厨师赴新加坡参加"广州美食节"的饮食烹调等。

酒店部门多，工作差异大，分工细，十分讲究协作。因此，酒店管理人员不仅要求是专才，还要是通才，即T型人才。而在实际工作中，许多管理人员只是专才，他们对其他部门的工作不甚了解,影响了部门间的协调。因此,实行自己管理后,花园酒店便酝酿要对管理人员进行岗位轮训,1998年这一计划开始实施。

花园酒店有的放矢进行对口业务培训,使管理人员开阔了视野,增长了知识,较好地掌握了现代酒店管理技巧与专业技能。花园酒店为保持五星级酒店的水准培训了一支训练有素、不断进取的酒店管理队伍,并总结出"当好花园酒店领导应具备的素质与能力"标准,这就是除了要具备花园酒店的"5种精神"外,还要符合"一个宗旨;二种素质;三种道德;三种作风;四种心态;五种能力;六项标准"。

一个宗旨,就是以为人民服务为宗旨,要具有科学的世界观、人生观、价值观,有科学的思维方法和认识论。

二种素质,即文化素质和身体素质,文化要求在大专以上,身体年轻力壮。

三种道德,要有社会公德、职业道德、家庭伦理道德。道德是人们生活的基本规范,在社会公共场所,要讲社会公德;在酒店为顾客服务,要讲职业道德;在家庭生活,与亲人、朋友相处,要讲家庭伦理道德。

三种作风,就是肯学、肯干、实干的作风。

四种心态,就是要有事业心、责任心、进取心、好胜心,即做事要有高度的责任感,谦虚学习,不断提高;能要求进步,上进,办事尽心尽力,力争做得最好;对事情要有好胜心,好胜心强才能做好事。

五种能力:宏观决策能力;统揽全局能力;组织协调能力;知人善用能力和处理突发事件能力。

六项标准:旗帜鲜明,政治过硬;解放思想,实事求是;以人为本,效益为先;团结协作,顾全大局;集体领导,分工负责;钻研业务,善于学习。

通过对员工的全面培训,花园酒店的员工素质得到全面提高,同时也提高了员工忠诚度,因为只要员工在花园酒店,酒店就会为其未来考虑。这种考虑不是生、老、病、死全包或长期就业,而是发展你的能力,提高你的素质,增加你的就业机会,为你的未来发展奠定基础。

第四节 饭店员工职业生涯规划与管理

培训与开发的各项活动,是促进员工职业生涯发展的重要途径。因此,培训与开发的计划实施,越来越多地考虑职业生涯管理的要求。在今天,培训与开发和职业生涯管理成为同一项工作的两个方面。此外,培训与开发建立在长期雇用关系的基础之上。为了提高培训效益,企业需要与员工建立持久的雇用关系,而职业生涯管理则有助于保留员工,促进这种长期雇用关系。

一、职业生涯规划概述

目前,我国饭店行业普遍存在后备人才缺乏、人员招聘困难、员工素质无法适应快速发展的行业要求、一些管理人员思想模式跟不上等问题。从上世纪八十年代开始,国外饭店的人力资源管理就已经将工作的重点转移到员工的生涯规划与管理上。企业培训工作就是促进员工职业生涯发展的重要途径,培训工作的计划实施必须考虑职业生涯开发与管理的要求。

1. 职业生涯

职业生涯可分为个体的职业生涯和组织生涯两种。个体的职业生涯是指劳动者在职业生命周期(从进入劳动力市场到退出劳动力市场)的全程中,由职业发展计划、职业策略、职业进入、职业变动和职业位置的一系列变量构成。组织生涯强调劳动者通过职业所隶属的组织机构,是个人经历的组织所具有的一系列社会位置。职业生涯还可分为主观性生涯(Subjective Career)和客观性生涯(Object Career)。主观性职业生涯指的是对一个人一生从主观层面去考察人的职业发展,在一个人的工作过程中,他的为人处世的态度、价值观、职业动机、需要和激励的变化过程。客观性职业生涯是指一个人在一生中遵循一定的人生轨迹或路径,去实现所追求的职业目标,是一个人在一生中所从事的各种不同职位而构成的一个连续的终身的过程。从过程看,职业生涯包括了教育、职业进入、职业发展策略、职业流动和升迁、最终的职业位置;从结构看,职业生涯是人们在职业发展过程中占有的社会位置。

员工职业变化主要受两个方面的因素影响:其一是个人因素,如兴趣、能力、价值观等;其二是环境因素,尤其是所在企业对个人努力的回报程度,如果企业能帮助员工实现个人追求的目标,员工的职业变化就可能在企业内部垂直流动,如果员工认为付出未必能得到应有的回报,其职业变化就体现为在不同职业领域内的发展过程。

2. 职业生涯规划

所谓职业生涯规划是指个人结合自身情况以及眼前的制约因素,为自己实现职业目标而确定行动方向、行动时间和行动方案。

良好的职业生涯规划应具备以下特性:

(1)可行性。规划要有事实依据,并非是美好的幻想或不着边际的梦想,否则将会延误生涯良机。

(2)适时性。规划是预测未来的行动,确定将来的目标,因此各项主要活动何时实施、何时完成,都应有时间和时序上的妥善安排,以作为检查行动的依据。

(3)适应性。规划未来的职业生涯目标,牵涉到多种可变因素,因此规划应有弹性,以增加其适应性。

(4)持续性。人生每个发展阶段应能持续连贯衔接。

职业生涯规划按照期限可以分为:短期规划、中期规划和长期规划。

短期规划,为三年内的规划,主要是确定近期目标,规划近期完成的任务。

中期规划,一般为三至五年,在近期目标的基础上设计中期目标。

长期规划,其规划时间是五至十年,主要设定较长远的目标。

从企业角度讲,个人职业生涯规划就是企业协助员工开发各种知识和技能,尤其是专业性知识和技能,向员工提供实现个人专长的契机。随着经济的发展和我国加入 WTO 后各个方面的调整,个人和企业都应高度重视职业生涯规划。

职业规划的设计必要性是由两个方面来决定:

第一,企业中绝大多数职工都有从自己现在和未来的工作中得到成长、发展和获得满意的强烈的愿望和要求,他们不断地追求理想的职业,并希望在职业生涯中得到顺利的成长和发展。因此他们制定了自己成长、发展和不断追求满意的职业计划。

第二,在广大职工希望自己不断发展和成长的强烈要求下,企业通过对员工的个人成长和发展方向的了解,通过制定各种措施(职业规划管理)使员工的成长和发展同组织的需求和发展结合起来,实现组织和个人的共同发展。

3. 制定职业生涯规划应遵循的原则

(1)清晰性原则。考虑目标、措施是否清晰明确,实现目标的步骤是否直截了当。

(2)挑战性原则。目标或措施是否具有挑战性,还是仅保持原来的状况而已。

(3)变动性原则。目标或措施是否具有弹性或缓冲性,是否能依循环境的变化而作调整。

(4)一致性原则。主要目标与分目标是否一致,目标与措施是否一致,个人目标与组织发展目标是否一致。

(5)激励性原则。目标是否符合自己的性格、兴趣和特长,是否能对自己产生内在激励作用。

(6)合作性原则。个人的目标与他人的目标是否具有合作性与协调性。

(7)全程原则。拟定生涯规划时必须考虑到生涯发展的整个历程,作全程的考虑。

(8)具体原则。生涯规划各阶段的路线划分与安排,必须具体可行。

(9)实际原则。实现生涯目标的途径很多,在做规划时必须要考虑到自己的特质、社会环境、组织环境以及其它相关的因素,选择确实可行的途径。

(10)可评量原则。规划的设计应有明确的时间限制或标准,以便评量、检查,使自己随时掌握执行状况,并为规划的修正提供参考依据。

4. 职业生涯规划的作用

通过对职业规划的研究和大量实践经验的总结，在企业开展职业生涯规划主要有两个作用:

一是随着社会和经济的发展,员工素质越来越高,人们不满足于传统的那种找一个工资高的工作的求职观念,而是要求工作内容的丰富化,有更多的成长和发展机会,并有更多的自我管理、自我决策的机会和权力,希望在工作中得到自我成长、自我发展、自我实现。开展职业生涯规划有利于促进员工的成长和发展以及增加满意感。这样就可以留住人才和吸引人才,同时也是培养人才最经济最有效的方法之一。

二是随着科技的迅速发展和市场竞争的加剧,使得企业对职工本身,对他们的主动性和创造性越来越依赖。而人力资源管理所面临的组织需求与个人之间的矛盾,主要表现在企业目标与个人目标不尽一致,这样就导致了效率低下。所以企业必须通过制定职业生涯规划，合理地指导职工兴趣的开发和他们自我发展与成长的方向,实现企业与个人目标的一致化。使个人目标的实现离不开为实现组织目标工作,以此提高企业竞争优势。

二、职业生涯规划的方法和内容

职业生涯规划是饭店与员工共同进行的,因此,职业生涯规划是个人与饭店共同承担的责任,但针对规划的方法和内容,两者有所不同。

(一)员工职业生涯规划

员工自我职业生涯规划的方法包含如下五个步骤(如图 5-1 所示)。

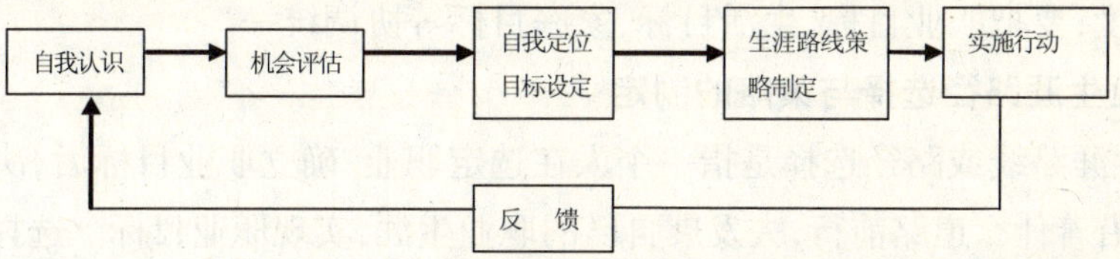

图 5-1 员工自我职业生涯规划的步骤

1. 自我剖析

在进行职业生涯规划时，首先必须了解自己所面临的内外决策因素。对自己的认知越深刻，职业生涯规划的目标性和方向性才越强。对自己的认知可以通过专家协助完成(如做测试题或专家访谈等)，也可以通过不断自我反思取得(如问自己:我喜欢的工作到底是什么;我的专长是什么;现有的工作对我的重要性如何;有哪些工作机会可供我选择;与工作有关的其他考虑是什么)。

2. 职业生涯机会评估

在对自身情况有了一定的了解后，还必须对客观环境进行考察，了解职业分类、职业性质和组织情况等。

职业分类包括职系、职级和职务等。职业性质是关于某一职业真正和全部的内容。人们认识一个职业往往只注意表层，从而会造成对某项职业认识的偏差，如只看到演员在台上的风光，不了解其台下的艰辛。另外，在进入一家饭店前，要研究这家企业的风格和行为，分析将面临的环境特点及条件，明确环境对自己提出的要求以及环境对自己有利的或不利的因素等。

3. 自我定位与职业生涯目标设立

自我定位是在自我剖析和机会评估的基础上，个人对于自己的职业理想、职业选择、事业发展目标、职业生涯发展方向、路径，在人才市场和职业领域的价值、地位等做一个比较全面、客观、准确的预期定位，恰如其分地确定自己职业生涯发展的相应位置。进而开发“适销对路”的职业目标和路径，发展相应职业生涯策略组合，从各方面培养自己的职业发展特色，树立良好的职业形象，以求满足组织和职业市场的需要，有效实现根据自身特点设计的职业发展方向和目标。

职业生涯目标的选择和确定是职业发展的关键。职业目标指出了个人未来职业发展的方向，是职业生涯的方针和纲领，对个人职业生涯有着重要影响。职业生涯目标的设置应当建立在自我剖析、机会评估和自我定位的基础之上。确定的职业目标必须符合以下要求:要符合自身特点，扬长避短;要符合组织和社会需要；要把“志当存高远”与脚踏实地相结合，注意长期与短期相结合；简明、具体、定位适度；要把职业目标、生活目标、家庭目标等协调统一。

4. 职业生涯路径选择与策略的制定

职业生涯路线或路径选择是指一个人在选定职业、确立职业目标后，决定从什么方向，沿着什么道路前行，去发展自己的职业生涯，实现职业目标。选择生涯路线就是要解决个人职业发展的“桥”和“船”问题，是个人职业发展的重要环节之一。例如，一个技术人员，他既可走课题组长—项目经理—高级项目经理的发展路线，也可以走经理助理—地区经理—部门经理—总裁助理—总裁的上升路径。个人选择职业生涯路线时，首先要回顾前三步的结果和信息，对影响职业选择的个人因素、组织因素和环境因素等进行系统分析，然后应依次考虑回答“个人期望向何路线发展”、“个人适合从何路线发展”、“个人能够从哪条路线得到发展” 等问题，最后综合选定职业生涯路线（可画出职业生涯路线图或以文字表示）。

职业生涯策略是指实践职业生涯路线、实现职业目标所采取的各种方法、措施和行动步骤等。制定职业生涯策略就是要考虑和确定个人该如何做，如何做得更好，如何以恰当的方式方法去有效发展职业生涯，实现职业目标。具体、明确、可行的职业生涯策略是实现职业目标的重要保证。

5. 实施行动与平衡修正

实施行动与平衡修正这一步骤就是要具体实施既定的职业生涯规划，采取各种积极的行动扎扎实实地去发展自己的职业生涯，争取职业目标的达成。并应不断检验自己的职业定位、目标、策略等是否符合实际，是否能有效实行。注意平衡计划与实践、主观与客观、职业目标与其他目标之间的关系，自觉总结经验和教训，评估和修正不恰当的自我认知、职业目标、职业路线与策略等，及时纠正行动偏差，保证职业生涯规划及其指导下的职业活动都能够卓有成效。上述的信息要进行及时反馈、传递，从而调适和促进生涯规划的其他步骤工作。

（二）组织职业生涯规划

组织职业生涯规划是一个组织根据自身的发展目标和任务需求，结合本组织员工的发展需求，制定出本组织的职业需求战略、职业变动规划与职业通道，并采取必要的措施加以实施，以实现组织目标与员工职业目标共同发展的过程。

有组织的职业生涯规划与开发能吸引和留住更多更好的人才，能使员工的职业前景更加明朗，组织和个人的需要更加协调，有利于提高员工的工作满意度和积极性。组织职业生涯规划的目的是帮助员工真正了解自己，在客观衡量内外环境的机会与限制的基础上，指导员工设计出合理可行的职业发展目标，并在促进员工达到个人目标的同时实现组织的目标。

组织职业生涯规划需考虑的要素和基本环节与个人职业生涯规划相似，一般应经过的步骤见图 5-2：

图 5-2　组织生涯规划的步骤

1. 对员工进行分析评价与定位

此阶段的主要任务是开展员工自我评估、组织对员工评估和环境分析等三项工作。组织应当帮助员工确定自己的兴趣、价值观、资质、技能和行为倾向，应当提供信息来判断员工的优势、劣势和职业需求，同时还必须对员工所处的相关环境进行深层次分析，并根据员工自身特点和所在环境特点指导其进行职业发展定位，将职业开发需求确定下来，设计相应的职业发展方向和目标。

2. 现实审查

在此阶段，员工在获得组织对自己知识技能所作出的评价，以及自己该怎样定位以适合组织计划等相关信息后，确定个人有哪些需求具有开发的现实性。组织则应就员工的分析评价结果，以及员工特质和需求与组织发展规划匹配之处，与员工进行沟通。管理者通过提供信息、专门绩效审查、单独面谈等形式，审查对员工的分析评价与定位，并讨论员工的职业兴趣、优势以及可能参与的职业开发活动等。从而把员工的条件与组织的条件、员工的需求与组织的需求、职业发展的机会与职业发展的障碍等，统统审视清楚，做到“心中有数”。

3. 帮助员工设置职业生涯目标

员工职业发展必须要有明确奋斗目标，职业目标的设立是个人职业发展的关键。在此阶段，组织需要在前面工作基础上帮助员工把组织和个人的需求结合起来，恰当地确定其长短期职业目标及其进展状况的判断方法。组织应确保设立的目标是具体可实现且富有挑战性的，并承诺协助员工实现职业目标。因此，所设定的职业目标通常是与理想的职位、技能应用水平、工作设定、知识能力水平的提高等联系在一起。

4. 帮助员工制定职业发展策略与行动计划

在此阶段，管理者应当指导帮助员工做出正确决定：采取什么样的路径、方法和措施，才能达成个人短期或长期的职业目标。上级主管应指导员工制定采取行动、达成目标的步骤和时间表。组织则要确定和提供员工在实现职业目标过程中所需要的资源。行动计划中具体可以包括培训课程、研讨会、开展信息交流、申请空缺职位、找一位导师、获得新的工作经验等方法或方法的组合，但行动与方法须服从和服务于职业开发的需求和目标。职业生涯发展的行动计划应由员工与其主管，在有关部门和专家的指导下合作制定，并且携手完成。

5. 职业生涯发展的评估与调适

此阶段的评估一是指实施职业发展策略与行动计划后个人职业发展状况的评估，也就是定期对员工的工作能力、绩效、进步和不足进行评估，及时校正误差，取长补短，推进员工职业生涯的有效发展。二是指对实施中的职业发展规划评估，及时修正规划的目标、策略、行动、方法等不切合实际的部分，修正对员工的认识和判断，调适职业目标与现实的工作目标、生活目标和组织目标的关系，从而完善职业生涯规划，提高职业发展与开发活动的有效性。具体评估可以通过调查规划系统的使用者的反应，了解执行结果的信息以及与确定的目标相比较等方式进行。

实际上，组织职业生涯规划的内容十分丰富，除了上述组织职业生涯规划的方法与程序外，还包含了人力资源招聘计划、人员继任计划、咨询计划、职业阶梯设置、退休计划等多方面内容。

三、职业生涯管理

职业生涯管理(Career Management) 是美国近十几年来从人力资源管理实践中发展的新学科。人力资源开发是企业的生命线，而职业生涯管理是饭店人力资源开发的重要组成部分。

(一)职业生涯管理的基本概念

所谓职业生涯管理，是指组织和员工本人对职业生涯进行设计、规划、执行、评估、反馈的一个综合管理过程。通过员工和组织的共同努力与合作，使每个员工的生涯目标与组织的发展目标一致，使员工发展与组织发展相吻合。从这一概念出发来理解职业生涯管理，它包括了以下两层意思：即个人职业生涯管理和组织职业生涯管理。

个人职业生涯管理，是个人为自己的职业生涯发展的需要，进行自我职业生涯的设计、规划与管理。组织职业生涯的管理，是组织为了自身战略发展的需要，协助员工规划其职业生涯的发展，并为员工职业生涯发展设计通路，提供必要的教育、培训、轮岗、晋升等发展机会。由于员工个人是自己的主人，是职业生涯管理的对象和主体，他首先要对自己的职业生涯发展负责，因而自我职业生涯管理是其职业生涯成功与否的关键。当然，员工在进入组织后，他就必须接受组织战略、组织结构、组织制度、组织文化等的影响和制约。因此，组织就成了职业生涯管理的主导。职业生涯管理作为人力资源管理体系中的一种专门化的管理，它必须遵从管理概念的基本要求，即：管理是组织的行为，是管理者代表组织行使的管理职能；管理是管理者代表组织对组织成员行使的计划、组织、协调、控制等的活动；管理要有目的性；管理过程要达到某种效果。

（二）职业生涯管理的定位

既然职业生涯管理是在管理理念的前提下实现的，那么就应在整个管理体系中给其以明确定位。这样才能在根本上把握职业生涯管理与其他管理之间职能的区别与联系。

职业生涯管理是员工与组织双向的职业活动。作为企业人力资源管理的组成部分，它要将生涯发展目标导向企业发展目标的实现。在关注企业经营目标实现的同时，也关注员工个人目标的实现与职业的发展。

职业生涯管理是员工与组织双方互动的过程。在组织和个人的不同发展阶段中有各自不同的管理任务与重点。因此，它更强调双方的协调与统一、变化与适应。

职业生涯管理坚持员工自身发展需求为目标。协调、计划、管理组织内部员工职业生涯开发和达成其职业抱负实现，实现员工发展目标与组织发展目标的有效结合。

职业生涯管理强调组织要给予员工提供职业发展的机会。为此，要给员工提供适当的教育、培训、指导、晋升的机会。

表 5–1 列出了几个主要职业发展阶段、个人和组织在职业生涯管理中的重点任务。

表 5-1 主要职业发展阶段、个人和组织在职业生涯管理中的重点任务

发展阶段	个人管理	组织管理
职业前	进行职前教育与培训	进行职务分析和人才规划
进入组织	参加组织的新员工培训和在组织帮助下制定职业生涯发展规划	对新员工进行培训与选聘设计职业生涯通路,制定人才培育计划
进入具体岗位	自我学习、提高,并定位职业发展方向	对员工进行考察和合理调配岗位制定评价、考核、交流、提拔制度
早期发展	达成职业适应,建立和发展职业锚	帮助员工确立稳定的贡献区和成长区,实施激励措施
中期发展	追求发展与晋升,克服中期危机带来的不利影响	帮助员工解决发展中的实际问题,开通新的职业通道和激励奋进措施
后期发展	继续贡献才能和智慧,争做良师益友	鼓励员工发挥良师益友的作用,适时做好人员更替和人事调整

(三)职业生涯发展的阶段

(1)成长阶段:0—15 岁,这是人逐步社会化的初级阶段,个人通过各种方式的学习,了解、认同、接受各种知识技能和各种社会关系,发展不同能力,直至青少年期思考未来的选择,确定志向和追求及兴趣、爱好。

(2)探索阶段:16—25 岁间,在学校和工作中,自我检查、评价和职业探索。

(3)确定阶段:26—45 岁,这是职业生涯的核心阶段。通常这一时期人们倾向尽早锁定自己的职业选择,但往往人们仍会持续尝试自己的各种职业理想,转换职业。

(4)维持阶段:46—60 岁,在从业领域稳居一席,维持巩固自己的地位。

(5)下降阶段:60 岁以后,进入职业生涯的下降阶段。

(四)职业生涯管理的意义

在市场经济和产业结构调整、变化的大环境中,几乎没有一个企业和个人,敢保证自己永远具有竞争力。为此,他们都在拼命地追求“永远不败”的良方。现实使人们充分认识到人才资源才是解决这“永远不败”的良好处方。当“人是最本质、最重要的资源”这一观点越来越被人们理解接受的时候,对职业生涯进行管理的意义就明显地表现出来了。对个人来说,要想不断提升自己的职业素质和能力,以提高自己在人才市场的竞争实力与价值,满足个体生存和发展的需要,就要对职业生涯进行自我管理。对企业来说,企业要想创造更好的经济效益,保持

企业的竞争优势和活力，适应外界经济环境的变化，就必须不断提高员工的业务技能和工作绩效。设法保持员工队伍的稳定性和调动员工的积极性，设法保持在一定程度和范围内的人员结构及人员知识观念的更新、替代、调整等，都需要通过职业生涯管理才能圆满实现。具体说，职业生涯管理的意义有以下几个方面：

1. 有利于应对社会经济变革的挑战

社会变革的一个特点是，经济和社会组织结构的不断调整和变化，一批企业的兼并、破产、倒闭和另一批企业的迅速崛起就成了这个时代特有的"风景"。据报道，居于世界五百强企业的美国安然公司破产，导致了一批世界知名企业的倒闭。尽管这些企业倒闭的原因是非常复杂的，但是对员工个体来说，其职业生涯的发展将会受到相当大的影响。应对社会组织中极不稳定的职业环境，管理好自己的职业生涯就能使员工养成对环境和工作目标进行分析的习惯，合理规划自己的职业生涯，在完成一个个职业目标的过程中，提高自己的职业适应性，泰然面对社会经济变革的挑战。

2. 有利于保持组织和员工的学习性

创建学习型组织和员工接受继续教育，是职业生涯管理的重要内容。随着知识、技术更新速度的加快，对组织和个人来说，不学习就意味着落后，不进步就意味着倒退。应对知识和经济的全球化的趋势，管理好职业生涯就能有针对性地安排好自己的工作与培训学习，提高职业技能，从而获得组织和个人持续发展的动力。

3. 有利于保持组织和员工的竞争优势

在全球经济发展起伏多变的情况下，任何一个企业都难以摆脱区域经济和社会某种事件的影响。如亚洲金融危机、"9·11"恐怖事件的影响，使许多行业急剧压缩规模。如果一个企业没有长远的人才战略规划，那么它必然难以形成应对这动荡经济事件的压力，保持企业持久发展的竞争优势。职业生涯管理可以成为企业的一种相对长久的激励核心员工的措施。对员工个人来说，管理好自己的职业生涯，就能应对企业大量裁员的困境，有较强的知识和技能，就不会因组织变化而长期失业。组织和员工只有在一种通力合作的前提下，才能在竞争的环境中保持优势，而职业生涯管理能达成组织和员工的通力合作。

4. 有利于人力资源的合理配置

人力资源管理的一个基本任务就是关注员工职业生涯的发展，给员工提供发展的机会和创设发展的空间。但有时受经济环境和业务调整的影响，组织必须不断从外部和内部吸引、招聘合适的员工,让他们担任更重要的岗位工作或配置承担新的工作任务。而且员工本人为了生存和发展的需要,也要在组织内部或外部寻求新的职业领域或更富挑战性的职业工作。职业生涯管理,可以实现员工职位配置的适宜性,达到人岗相宜和人岗匹配。

5. 有利于改善组织的文化建设

职业生涯管理作为一种对员工进行的特殊的激励形式，对企业制度创建和员工的行为规范,企业核心价值观的形成都会产生积极的影响,同样还会影响到员工主人翁意识的增强。一个企业文化比较健康的组织,一定会凝聚一大批有事业心、有能力、高素质、对企业忠诚的员工。管理好员工的职业生涯,可以保证员工队伍相对的稳定性,这也是企业文化建设所关心的问题。员工只有在良好的组织文化的氛围中,才会更加关心热爱企业,以饱满的工作热情获得良好的工作业绩来回报企业。也只有优良的组织文化,才能让员工因留恋组织而拒绝高薪和其他利益的诱惑离开组织。

6. 有利于协调好工作与家庭的关系

在人的三大生命周期中,职业生涯周期和家庭生活周期的发展,一开始就遵循着一条并行协调发展逻辑关系。职业生涯发展的每一个阶段都与家庭关系密切相关,家庭成员的行为、观念将直接影响到人工作的绩效和职业的发展。尽管人在社会生命的周期中有各种选择的可能性,但家庭成员的职责是难以放弃的。职业生涯管理的一项重要内容是实现工作与家庭的平衡，帮助人们从更高的层面去认识职业生涯与家庭生活的选择,协调好职业工作与家庭生活的关系,使家庭生活服务于职业目标。

7. 有利于实现自我价值

职业生涯成功的最高境界莫过于实现自我价值。虽然人们追求成功标志的价值取向有一定的差异性,但是任何一种成功,在需要人们努力付出这一点上是共同的。在满足了基本需要后,新的需要就会产生。人们就是在这一个个满足需要和追求更高层次需要的过程中获得成就感和满足感，在不断提升自我和超越自我的行动中,实现自我价值。职业生涯管理,可以极大激发人们朝着自己的发展目标奋力前行的动力,导向自我价值的实现。

复习思考题

1. 简述员工培训与开发的特点。

2. 培训与开发给企业公司和员工本人有何收获?

3. 简述培训与开发制度的内容及各项培训管理制度的要求。

4. 怎样制订培训与开发计划?

5. 你或你的员工做过个人生涯规划吗? 怎么样进行职业生涯规划呢?

主要参考文献

贺湘辉,徐明编著. 酒店人力资源管理实物[M].沈阳:辽宁科学技术出版社,2005: 106—111.

黄英,贺湘辉编著. 新编酒店培训管理[M].北京:人民邮电出版社, 2006:221.

贾青平. 企业员工职业生涯规划与管理 [J]. 山西经济管理干部学院学报,2001.(4):10.

林泽炎,李苗春编著.员工职业生涯设计与管理[M]. 广州:广东经济出版社,2003:410.

罗双平. 职业生涯规划理论[J].职海观澜.2003(3):33.

马新建等编著.人力资源管理与开发[M]. 北京:石油工业出版社 2003:313.

石金涛,等主编. 培训与开发[M]. 北京:中国人民大学出版社, 2003: 164.

魏洁文.现代饭店人力资源管理[M].北京:人民邮电出版社,2006:132.

闫德伟.酒店业人力资源管理研究与实证分析[D]. 天津大学工商管理硕士论文,2003.

案例来源: 廖鸣华主编. 走自己的路——广州花园酒店管理模式探索与发展. 北京:中国旅游出版社,2001.

3. 有利于饭店、员工绩效的改进

饭店根据绩效考核各项方案的实施，获得员工工作绩效状况，并由此而制定绩效改进计划，对员工进行有针对性的指导和帮助，强化员工的责任意识和目标导向，促使员工不断地改进和提高工作业绩和工作效率，从而提高饭店的整体绩效。

4. 员工人事调整的主要依据

饭店中每项职位都要求有其清楚的工作职责与任务、工作资格和要求等，而每一位员工又有着自己不同于其它人的优缺点和优劣势，很显然，无论是人力资源部门还是产品部门都必须选用最符合岗位的合适人选。这就是说，饭店进行人事调整必须严格与绩效考核的结果结合起来，这样才能做到在饭店人事调整中公平、公开、公正的原则，才能做到庸者下、能者上，实现人职的最大匹配和人力资源的优化配置。

5. 员工薪酬、奖惩实施的主要依据

薪酬是企业给员工对企业所做的贡献，包括他们实现的绩效，付出的努力、时间、学识、技能、经验与创造相应的回报或肯定。这实质上是一种公平的交换。很显然，饭店必须正确衡量每个员工所付出的情况与所获得薪酬的情况，在进行薪资分配和采取奖惩时，要着眼于企业的长久竞争力和获利能力，建立考核结果与薪酬奖惩挂钩制度，根据员工的绩效表现进行，运用考核结果，使不同的绩效对等不同的奖惩，紧扣员工内在心理需求，对不同层次、不同岗位的员工，采取不同的方式。

合理的薪酬奖惩不仅是对员工劳动成果的公正认可，而且可以产生激励作用，形成进取的组织氛围。考核结果不与薪酬、奖励、提职、培训等挂钩，就等于一句空话，不仅起不到激励效果，反而会挫伤员工的工作积极性，影响工作业绩和效率。

6. 开展员工培训的重要依据

饭店员工培训的好坏，通常被认为是饭店管理中的一个瓶颈，员工培训工作能否取得成效，也意味着饭店管理的成功与否。饭店员工培训的前提是要做好培训分析和培训需求的调查，而培训需求分析应把员工绩效考核的结果作为一个重要参考依据，根据这些就知道员工的绩效与饭店整体目标之间的差距，从而在接下来的时间里通过制定行之有效的培训内容，使饭店的培训开发做到有的放矢，从源头来提升员工绩效，减少这个差距，收到事半功倍的效果。

7. 为饭店进行有关决策提供依据

通过绩效管理，可以全面了解饭店各部门之间，部门内不同班组之间，以及班组内不同员工之间的各种差异、现状,从而给饭店在做出有关决策时提供良好的参考依据。

三、饭店绩效考核的分类

绩效考核的方法、手段很多,角度也不尽相同。从考核的性质、考核的主体、考核形式、考核方法、考核的时间来划分,可以分为以下几种:

1. 按考核性质划分

按照考核性质划分,绩效考核可以划分为定性和定量两大类。

定性考核。定性考核是由评估人在充分观察和征询意见的基础上对员工绩效所作的较为笼统的评价。定性考核的优点是简单易行,缺点是主观性较强,容易受心理因素的影响。

定量考核。定量考核是指按照标准化、系统化的指标体系来进行考核。其优点是比较客观、随意性较小,缺点是由于工作包含内容多,难以把所有内容都予以量化,在一定程度上会影响定量考核的使用范围。

因此,将定性考核与定量考核方式相结合的做法是比较常见的好方法。

2. 按考核主体划分

按照考核主体,绩效考核可以划分为:

上级考核。即直接领导者对自己下属员工的考核。这种方式是目前饭店应用最多的考核方式。

专业机构人员考核。即人力资源部门对员工进行考核。该方式也是应用最多的考核方式。

专门小组考核。即由有经验的员工、管理人员和人力资源部门人员结合,组成小组来实施考核的方式。该方法兼有全面、客观和容易开展的优点。

下级考核。即员工对自己的直接上级进行的考核。这充分体现了组织的民主性体制。

自我评价。即事先制定好一系列标准,然后由被评估人自己对照有关的标准对自己的工作做出评价。这种方法能够充分调动被评价者的积极作用。

相互评估。即被考核的员工们相互评价的方式。这种方式使考核的眼界较宽,反映的情况和问题较全面和深入。

外部评价。即由组织外部的有关人员或工作对象所做的评价,如宾客对酒店前台服务人员的评价,如供应商对饭店采购部员工的评价等。外部评价具有客观性和多层面性，是组织内部考核的有益补充（诚信供应评价）。

3. 按考核形式划分

按考核形成划分，可分为：

口头考核与书面考核。

直接考核和间接考核。这是以考核者与被考核者是否面对面为划分标准。

个别考核与集体考核。即对个别人的考核和对每个成员的考核。

4. 按考核方法划分

绩效考核的方法很多，有排序法、配对比较法、要素评定法、目标管理法等等。由于该部分的重要性，具体内容将在本章后面详细介绍。

5. 按考核时间划分

按绩效考核的时间长短划分，可以分为：

日常考核。每天或每周例行的考核，属于日常考核。

定期考核。每间隔一定时间进行一次考核。最常见的做法是按月记载上交的考勤。

长期考核。如对管理人员任期业绩的考核。

不定期考核。如为选拔人才而进行的考核、在培训前后进行的考核就属于不定期考核。

6. 根据考核标准的设计方法划分

绝对标准考核。制定一个绝对的考核标准，不和其它个体的工作进行比较，如饭店中的销售经理的销售指标的考核。

相对标准考核。如在同一群体中确定一个相对的考核标准，以此作为该群体中所有个体的绩效考核依据。

此外，根据考核的目的和用途，还可以把绩效考核划分为例行考核、晋升考核、转正考核、评定职称考核、转换工作考核等。

四、绩效考核的原则

员工在组织中工作，希望自己的工作成绩得到组织的认可，得到应有的待遇，并希望通过个人的努力取得事业上的进步，同时更希望得到上级对自己努力方向的指点。为了满足员工渴望公正评价的要求，在绩效考核中应确立以下基本原则：

1. 公开性原则

让被考核者了解考核的程序、方法和时间等事宜，提高考核的透明度。饭店的绩效考核标准、考核程序和考核责任都应当有明确的规定,并遵守这些规定。同时,考核标准、程序和对考核责任者的规定,在饭店内部应当对全体员工公开,尽可能减少被考核者对考核工作的神秘感。绩效标准的制定是通过协商来进行的,要做到考核结果公开化,考核过程制度化。这样才能使员工对人事考核工作产生信任感,对考核结果也易持理解、接受的态度。

2. 客观性原则

以事实为依据进行考核与评价,避免主观臆断和个人情感因素的影响。考核应当根据明确的考核标准,针对客观考核资料进行评价,尽量避免掺入主观性和感情色彩。也就是说,首先要做到"用事实说话"。考核一定要建立在客观事实的基础上,缺乏事实依据,宁可不做评论或注明"无从观察"字样。在考核工作中,每一项考核的结果都必须以充分的事实材料为依据,如列举员工的具体事例来说明和解释评分的理由。这可以避免凭主观印象考核和由晕轮效应、成见效应等所产生的问题;其次要做到把被考核者与既定标准作比较,按个体的绝对标准进行考核,引导成员个体进行工作改进,而不是在人与人之间进行比较,不利于团结。

3. 开放沟通原则

通过考核者与被考核者沟通,解决被考核者工作中存在的问题与不足。对各级员工的考核,都必须由被考核者的"直接上级"实施。相对来说,直接上级最了解被考核者的实际工作表现(成绩、能力、适应性),也最有可能反映真实情况。间接上级(即上级的上级)对直接上级做出的考核评语,不应当擅自修改。

4. 差别性原则

对不同类型的人员进行考核,内容要有区别。

5. 常规性原则

将考核工作纳入日常管理,成为常规性管理工作。

6. 发展性原则

作为绩效考核,一定要做到考核的目的在于促进员工和团队的发展与成长,而不是惩罚。激励和奖励员工,这是绩效考核的主要目标之一。当资源是可见时,容易监控,而人力资源及智力是不可控的,所以管理的难度增加,激励变得尤其重要。只有通过考核,才有激励和奖励员工的依据,通过一个增强的环路回馈,使高绩效员工保持高绩效,令后进者向往和主动改善绩效。

7. 立体考核原则

即多面考核,主要是为了增强考核结果的信度与效度。就是在考核过程中,运用多种方式,从多层次、多维度、全方位进行考核。360度考核是现代饭店十分流行的一种立体考核方式。

8. 及时反馈原则

便于被考核者提高绩效,考核者及时调整考核方法。考核的结果一定要反馈给被考核者本人,否则就起不到考核的教育作用。在反馈考核结果的同时,应当向被考核者就考核结果进行说明解释,肯定成绩和进步,说明不足之处,提出今后努力方向的参考意见等。同时,应听取被考核者的意见及自我评价情况。

9. 可行性原则

可行性从两方面来理解,一是在绩效考核过程中,要加强与之相关资料来源的可靠性和操作性,考核方案能够通过实施来达到,同时也需考虑成本以及员工的认可程度,考核的指标应尽量简捷,过多的指标极易导致考核组织者工作量的增加,并且难以区分各考核指标之间的权重对比等等,都将直接影响绩效考核的可行性;二是对潜在问题的分析,应提前预测在绩效考核过程中可能发生的问题、困难和障碍及应变措施。

10. 实用性原则

绩效考核的执行,一定要取决于是否有利于组织目标的实现。确定考核内容指标时,要考虑企业的实际特点,建立针对性的、切实符合企业自身管理要求的指标体系;如果绩效考核的内容不能和组织目标相匹配,则会出现词不达意。牛头不对马尾的现象,严重者甚至会影响整个组织的价值观;同时也要考虑考核的方法和手段是否和被考核者的岗位和考核的目的相适应。在使用过程中应注意考核手段、方法的选择,无论使用什么方法,其宗旨都在于达到绩效考核的实用性和鉴别性。

11. 敏感性原则

也称区分性原则,是指考核的结果应当能够有效对员工工作效率高低予以区分,避免出现鞭打快牛的现象,挫伤绩效好的员工的积极性,纵容绩效差的人。

12. 重视时效性原则

绩效考核是对周期内的所有考核结果进行评价,而不是将本考核前的行为强加于现在考核结果上,既不能只注重档案中死材料或只进行静态的考核,也不能仅取近期的一两件事例来代替整个考核周期的绩效进行评估,要防止近因和首因效应在考核过程中的产生,即要求绩效数据与考核时间相吻合。

当然,除上述原则外,对绩效考核的承担者也应进行充分培训,使其尽量排除主观因素,并能够对考核标准有准确、统一的理解,也是非常重要的。如果人力资源部门既负责考核工作的组织与策划,同时又承担具体的实施操作职责,这势必影响考核工作的效率与效果。作为企业的核心职能部门之一,人力资源部门的职责应定位于对考核工作的组织及策划,即负责制定考核目标、规范考核的主体内容、指导各具体考核工作单位的考核实施与结果运用。绩效考核工作应当由能够直接观察到员工工作的主管、领班承担,甚至由最了解员工工作表现的人承担。

五、绩效考核的内容

员工绩效考核的对象、目的和范围复杂多样,因此考核的内容也就显得颇为复杂。绩效考核的内容主要从三大方面和四个具体内容来设置。

(一)绩效考核的基本内容

从"绩效考核"一词的字面上可以看出,考核是以实际成效为中心,注重员工的工作成果。但是,如果仅仅看到最终的"绩效",而不注重员工在工作中的过程显然是不够全面的。因此,在绩效考核中,要把员工的工作态度和行为与他们的工作结果以及员工的个人特征一起作为考核的主要内容。许多企业的绩效考核在分项时也往往从员工特征、员工行为和工作结果等三大方面来分别考核。

为了在对员工的绩效考核中得到最全面、客观、正确的资料,应从多方面、多角度着眼进行立体、多维度的考核。具体地说,绩效考核主要包括四个方面:德、能、勤、绩。

1. 德

品德。主要是指职业道德、政治思想素质和心理素质,包括纪律性,责任感,积极性等方面。

德的标准绝对不是抽象的,而是随时代、行业、层级的变化而不断变化的。很多企业老总在谈及人才的任用方面,都会先提出这样一个观点,做事先做人,用人首先得看这个人的德是否过关。这里讲的德主要是指职业道德、政治思想素质等。

2. 能

能力。指员工的业务知识和工作能力,即从事本职工作所须具备的基本能力和应用能力，主要包括专业知识，业务技术，组织管理，开拓创新，能力开发，发展潜力。

3. 勤

勤指员工在工作中的态度和勤奋敬业精神。主要指员工的工作积极性，主动性、创造性、纪律性和出勤率。真正的勤，不仅出勤率高，更重要的是能以强烈的责任感和事业心，用自己的全部体力和智力，包括情感来开展工作。所以，在考核勤的过程中，尤其要将勤的表面和内在结合起来全面考核，千万不要让员工出现出工不出力的“伪勤”现象。

4. 绩

工作业绩。指员工工作的数量、质量、效益和贡献大小等。考核过程中，要做到在充分认识员工工作数量、质量和效益以及贡献的对立统一的关系的同时，又要做到对不同的职位要有不同的考核侧重点。如饭店中高层人员的考核中，作为前台经营性部门的考核，一般情况下，它的经济指标的考核力度相对来说要比后台部门来的更注重些。

当然，在具体的绩效考核过程中，仅有这些还是不够的，必须将上述内容做进一步的细化。

(1)项目指标的建立。根据组织的需要，把需要考核的德、能、勤、绩四大要素按员工工作的性质和实际情况，用具体的内容、项目和详细的指标来体现。

(2)项目分值的确立。即权重，就是在项目指标建立的基础上，根据组织侧重的点的不同，给各项目进行赋分，给予一定的分值，如在饭店中营销部门的考核一般都会在经营指标和客户指标的完成上面加大权重。根据考核得分情况，可以知晓员工在该项目上的总体状态。企业中一般以优秀、良好、中等、合格、不合格等层次来最终表现。

(3)项目的评分标准。每个考核项目在有了一定的权重，还要给出一个打分依据，即什么样的状况可以得到什么样的分值，这过程能否做到公正就必须有一个公正的评分依据。如工作的积极性方面的考核，5 分“不讲条件、尽量多做、主动完成”，4 分“欠主动、但能完成本份工作”，2 分“需提醒、引导”，1 分“讲条件或不能完成”。这就是对工作积极性方面的作了具体的考核标准，在打分时就应按照这个原则进行。

第二节　饭店绩效考核的流程

在很大程度上,绩效考核的效果取决于考核系统的设计、考核方法的选择和实施过程的安排。因此,做好绩效考核的程序尤其显的重要。本节将从考核的设计、考核方法的选择等方面来着重介绍绩效考核的主要程序。

一、饭店绩效考核流程概述

绩效考核的程序一般分为“横向程序”和“纵向程序”两种。

(一)横向程序

横向程序是指按绩效考核工作的先后顺序形成的过程进行，其主要环节有下列几项：

(1)制定绩效考核标准。这是在绩效考核时为避免主观随意性所不可缺少的前提条件。绩效考核标准一是必须以职务分析中制定的职务说明与职务规范为依据;二是这种标准必须得到考核者和被考核者的共同认可;三是标准的内容必须准确化、具体化和定量化。

(2)实施绩效考核。即对员工的工作绩效进行考核、测定和记录。根据考核的项目,绩效考核可以是全面的或局部的。

(3)绩效考核结果的分析与评定。通过绩效考核的实施,得出员工实际工作绩效并与工作期望(既定工作标准)进行对比和衡量,并依据结果来分析与评定员工的绩效,并得出最终结论。

(4)结果反馈与纠正运用。绩效考核的结论通常应与被考核员工见面,使其了解组织对自己工作的看法与评价。一是绩效考核意见的认可,包括阅读书面意见和签名盖章,即让被考核者认可考核意见;二是绩效反馈面谈,即通过考核者和被考核者之间的谈话,将考核意见反馈给被考核者,征求到被考核者的看法,进而共同探讨最佳工作改进方案。但另一方面，还需针对绩效考核中发现的问题,采取纠正措施。因为绩效是员工主、客观因素的综合反映,所以纠正不仅是针对被考核的员工,也需针对环境条件做出相应调整。

(二)纵向程序

纵向程序是指按组织层级逐级进行绩效考核的程序。绩效考核一般是先对基层绩效考核,再对中层绩效考核,最后对高层绩效考核,形成由下而上的过程。其主要环节有下列几项:

(1)以基层为起点,由基层部门的领导对其直属下级进行绩效考核。考核分析的单元包括员工个人的工作行为(如是否按规定的流程和操作规程进行等),员工个人的工作效果(如指标完成情况、出勤等),也包括影响其行为的个人特征及品质(如工作态度、信念、技能、期望与需要等)。

(2)基层考核之后,便会上升到对中层人员进行考核,其内容包括中层人员的个人工作行为与特征。

(3)待逐级上升到饭店领导层时,再由饭店所隶属的上级机构(或董事会),对饭店最高层次总经理进行绩效考核。其内容主要是经营效果方面为硬指标的完成情况(如 EBITDA 值、市场占有率等)。

二、绩效考核的工作流程

饭店绩效考核的流程,一般按照制定考核计划、进行技术准备、选拔考核人员、收集信息资料、考核分析、考核结果运用来进行。

(一)绩效管理组织制度

1. 绩效考核领导小组的建立

为确保绩效考核工作顺利开展并真正发挥其作用,必须设立相应的组织机构(管理委员会或领导小组之类的组织),对考核工作进行监控与协调。

2. 领导小组的组成

一般由饭店总经理、驻店经理或副总经理、人力资源部总监及各部门总监或经理组成。

3. 领导小组的职责

对关键业绩指标提出建议及分解目标;追踪关键业绩指标,确保质量;定期对绩效考核责任制度及考核的项目、流程进行检讨并调整。

4. 领导小组成员的职责

总经理、驻店经理或副总经理:主要是对考核流程、项目、指标进行审批,并审查考核结果的合理性。

人力资源总监：在取得与被考核者的认可下，制定考核流程、项目及指标；统筹组织、安排考核工作；对考核结果进行整理统计；在考核过程中提供必要技术支持。

各部门总监或经理：分解指标到被考核者个人，并做好对下属考核的评估和结果反馈工作。

(二)绩效考核评分标准的设计、档次的划分

为保证绩效考核顺利进行，人力资源部应当事先制定绩效考核工作计划。

1. 明确考核的目的和对象

不同的考核对象有不同的考核目的，如饭店技术津贴的评比，一般只针对工程维修人员、电脑维护人员、餐饮厨师等技术性岗位；对最佳管理人员的评比，对象就是管理人员；年终先进的评比，则又把对象选定为全体员工。当然，这里所说的绩效考核范围限于绩效考核期末在册的员工。

2. 选择合适的考核内容

关于绩效考核的内容和项目，主要是根据每个员工所在岗位的不同、工作职责的不同等进行不同内容的有侧重的考核，而非一概而论。

3. 根据不同的考核目的、对象和内容确定考核频率

饭店绩效考核的频率一般可以分为月度考核、季度考核、半年度考核和年度考核。表 6-1 列举了绩效考核频率优缺点。

表 6—1 绩效考核频率优缺点分析表

绩效考核频率	优点	缺点	适用案例
1 个月	及时反馈日常工作状况，并能得到及时有效整改	投入人力、物力相对较大	部门经理月度重点工作完成情况的考核
季度	适时反馈日常工作状况，有利于在一定时间内采取措施进行调整	无明显缺点	饭店主题类活动的考核
半年	能按照半年的目标制定相配套	缺少日常反馈和评估机制	饭店最低标准的考核
1 年	与年底的各项工作配套	缺少日常反馈和评估机制	饭店员工满意度的考核

4. 确定考核者

考核者的确定除了上下级关系的因素外，还得遵循两个原则，一是尽可能朝着考核者能全面考核观察被考核者，两者关系较近的方向；二是尽可能朝着考核

者在考核过程中可以减少误差和偏见的方向。

5. 确定考核者和被考核者的权利和义务

考核者必须把绩效考核作为一项重要的管理工作，通过有效利用绩效考核工具，正确客观地做好考核工作；而被考核者在了解考核内容的基础上，应认真履行工作职责，客观地评价自己，自觉地接受饭店的绩效考核评价。

（三）技术准备和人员培训

1. 技术准备

（1）考核标准的确定。考核标准的确定包括考核项目的等级标准和每个等级的计分标准。考核项目等级标准又包含三方面内容：考核项目的等级，考核项目的绩效标准，每个等级的评估标准。该项工作能否做好直接影响绩效考核的合理性和成效性。

①等级设计。就是把考核项目的具体行为表现根据优劣分为几个等级：如“优、良、一般、差”或“4、3、2、1”等。

②绩效标准。就是衡量员工在该考核项目上的工作表现优劣的尺度标准。这里主要是关键业绩指标（KPI）的设立。

KPI（Key Performance Indicators）意为关键绩效指标，是通过对组织内部流程的输入端、输出端的关键参数进行设置、取样、计算、分析，衡量流程绩效的一种目标式量化管理指标，是对企业运作过程中关键成功要素的提炼和归纳。

确定关键绩效指标的一个重要工作是SMART原则的运用。S即Specific，代表具体的，指绩效考核要切中特定的工作指标，不能笼统；M即Measurable，代表可度量的，指绩效指标是数量化或者行为化的，验证这些绩效指标的数据或者信息是可以获得的；A即Attainable，代表可实现的，指绩效指标在付出努力的情况下可以实现，避免设立过高或过低的目标；R即Realistic，代表现实性，指绩效指标是实实在在的，可以证明和观察；T即Time—based，代表有时限，注重完成绩效指标的特定期限。

KPI体系的设立要点在于流程性、计划性和系统性，它的落实需要全体员工的参与。首先，需要明确饭店的战略目标和价值评估的重点。其次，找出这些关键业务领域的关键绩效指标，即饭店级KPI。然后，各部门的负责人依据饭店级KPI建立部门级KPI，并对相应部门的KPI进行分解，确定相关的要素目标，分析绩效驱动因素（技术、组织、人），确定实现目标的工作流程和评价指标体系。最后，各部门的负责人和部门设计 KPI 的人员再将 KPI 进一步细化，分解为更细的 KPI 及各职位的业绩衡量指标，这些业绩衡量指标就是员工考核的要素和依据。

③计分标准。指各等级对应的分值，如优：80—100 分，良：70–80 分，一般：60–70 分，差：60 分以下。

选择或设计考核方法。在选择、设计考核方法时，要根据考核的目的、内容、对象来设计和选择。

2. 人员培训

在选定考核者以后，需要对考核工作人员进行特别培训，提高他们的业务能力，减少考核中人为的非正常误差。培训的内容一般可以包括：一是培训正确的考核态度和认识；二是提高专业知识和技术水平，如电脑、SPSS 统计软件等专业工具的使用方法。

3. 表格文本设计

由于对象、目的、内容、频率的不同，绩效考核会需要较多的表格文本。在表格文本的设计过程中要遵循二大原则，一是不同的职位有不同的考核表格；二是表格必须包括下列要素：考核项目、评分标准、权重、得分。

表 6–2 某领班的工作能力考核表

一级项目	二级项目	考核者	权重指数	考核者	权重指数	考核者	权重指数
		班组员工	1	部门主管	2	部门经理	1.5
	专业知识	4		4		4	
	完成工作所需技能	5		4		5	
	协调督导能力	5		4		5	
	处事能力	3		4		5	
	独立工作能力	4		5		5	
	创新能力	3		4		4	
	小计	24		25		28	

在该领班的考核中，如果在设置时把班组员工的评价结果加大权重指数，或减少管理层的权重指数，则该领班的工作能力考核最终结果又会发生变化。因此，是否合理的设置好考核等级、考核标准和计分标准会直接影响评价的结果。

4. 收集信息

作为考核基础的信息，必须按照拟定的考核方案，落实专人收集考核所必需的绩效信息。如饭店中经常会有人事经理、文员常常作为绩效考核资料的收集人，收集的资料必须做到真实、可靠、有效；同时还必须安排专人填写各种考核表格，做好数据的录入工作。

5. 分析评价

这项是对员工整体工作状况做出的综合评价，包括从定性到定量再到定性的过程，依据考核标准，根据所得的绩效数据、等级设计和计分标准，给员工最终一个分值，并划分至某一个等级，由此来了解员工的工作状况，分析原因。这当中某些标准的变化，就会引起衡量结果的变化，权重指数就是一个很明显的例子（表 6-2）。

（四）考核申诉与申诉结果的处理

饭店中很多考核都是自上而下的考核，其中考核项目很多还不能和生产单位一样全部以简单的数据来衡量，需要考核者通过意识和专业能力来判断结果，这样就会直接影响考核过程中的客观性和公正性，甚至不排除会有个人感情因素在内的评价。而绩效考核申诉可以对考核者形成约束监督，可以使考核环境更客观、更公正。首先，绩效考核申诉的前提是考核结束后，被考核者应有权了解自己的考核结果，考核者有主动向被考核者告知和说明的义务。其次，被考核者如对考核结果有异议时，可以向饭店绩效考核主管部门人力资源部或者绩效考核领导小组进行申诉。碰到有被考核者申诉，一般情况下先通过沟通方式，如果情况复杂，则必须采取调查等手段在最短的时间内给予员工答复，同时详实记录这些申诉并做好存档工作。

（五）绩效考核结果的运用和改进

考核的结果将为饭店管理层提供大量有用的信息，通过对这些信息的合理处理，为饭店管理工作提供大量的工作依据。如促进员工工作绩效的改进；作为对员工的奖励依据；作为晋升、提薪依据；找出并确定人才开发的方针，正确把握教育和培训的方向，制定相应的方案和政策；制定工作轮换计划及职务调整计划等。

某新开饭店年底员工工资调整工作中部分考核措施

一、考核对象

除了管理人员、钟点工、见习生外的所有酒店员工。

二、考核办法

1. 种类:理论考核、实践考核、综合测评。

2. 理论考核由人力资源部统一组织,实践考核由部门班组组织,综合测评由部门、班组管理人员进行;对于文化程度较低的员工,理论考试由部门统一上报采用口头问答式。

3. 考核结果分部门、考核种类进行统计。

三、考核分值比例

理论考核占 30%,实践考核占 40%,综合测评占 30%。

1. 三项考核均及格,工资按回套方案实施;考核优异者按照一定比例,工资在原有基础上再上调一档。

2. 在三项考核中有一项或者两项不合格者,工资下浮一档,一个月以后再进行考核,合格者恢复到回套定级工资标准。

3. 三项考核均不及格者,工资下调一档,并于三个月之后再进行考核,合格者工资恢复到回套定级工资。

三、绩效考核的实施方法

随着现代企业发展,绩效管理的方法也逐渐增多,到今天已经有了几十种。从考核指标和考核标准派生源来分,一般可以分类为:

(1)基于工作过程和工作结果的;

(2)基于职位要求的(包括工作职责所要求的能力、性格等);

(3)基于战略的考核方法,也就是说其考核标准紧紧围绕战略。

当然,这三种类别的管理方法之间不是对立的,往往可以交互使用,或者复合使用。随着时间的推移和管理科学的发展,许多方法在使用中暴露出不足,不得不与其他方法融合使用,衍生为新的方法,使得这三种类别的界限越来越模糊。

这里归纳了几种现代饭店常用的绩效考核方法。

(一)评级量表法

评级量表法是饭店绩效考核中普遍使用的一种方法。参照等级标准与计分标准对各项考核项目进行考核,按“优、良、合格、不合格”等对被考核人实际工作表现进行评估。

表 6–5 行为锚定法示例(节选某饭店绩效考核)

项目	行为特征	评分标准	评分
完成任务精神	有困难也积极确保完成	4	
	基本上能完成,责量欠佳	3	
	有困难时无法完成	2	
	无困难时也不能确保	1	
承担责任	勇于承担责任和过失	4	
	基本会	3	
	能避就避	2	
	强词夺理,推卸责任给他人	1	

优点是:①有典型性行为做等级标准,评价减少了主观性,增加了客观性;②较为清晰的反馈了员工具体的工作情况,对员工的监督和指导会更有效。缺点是:①要对员工的行为进行锚定,设计复杂,有一定难度;②关键事件的选择一旦错误,则绩效考核就会产生误导;③关键事件的评分标准设置较难,员工部分行为较难界定。

(四)目标管理法

目标管理(Management by Objectives,MBO)是一种综合性的绩效考核方法,也是饭店业中比较流行的一种绩效考核方法。实质就是考核人员与员工共同讨论和制定员工在一定考核期内所需要达到的绩效目标,同时还要确定实现这些目标的方法及步骤。目标经过贯彻执行后,到规定的考核期末,由双方共同对照原定目标来测算实际绩效,找出成绩和不足之处,然后再制定下一考核期的绩效目标。

目标管理法是一个不断循环的系统,具体操作时要遵循六个步骤:

①确定饭店总体绩效目标。管理者根据饭店某阶段的发展战略确定本绩效考核期饭店所应达到的绩效考核指标及其相应的等级标准,根据平衡计分卡理论,科学的指标体系应从财务、客户、内部经营过程、学习与成长四个方面来确定。

②确定饭店部门特定绩效目标。部门绩效目标要根据部门的不同特性来确定,不同部门的绩效目标会有不同,如饭店餐饮部侧重于营业额等。

③确定员工个人目标。这一目标的确定必须是管理者和员工共同商讨决定的,一方面,上司要对部门目标进行计划,制定出员工绩效的目标,另一方面,

上司要组织员工根据自我实际情况制订本考核期内所达到的目标，双方共同商讨决定这两个清单，尽可能使两者吻合，对员工在本考核期内所达到的目标形成共识。

④员工目标实施与辅导。员工目标实施过程中，上司必须对员工绩效目标进行状况实施辅导，这样有利于员工绩效目标的达成，同时还要及时发现目标制订中可能存在的不合理的部分，适时进行修订。

⑤员工绩效目标期末考核。员工绩效目标的期末考核是考察员工绩效目标的实际完成情况，考核结果是员工奖惩、晋升等的依据。

⑥绩效成果的总结与反馈。对员工绩效考核的结果应有书面说明，使之成为下一期饭店制订绩效目标时的参考依据。

表 6-6　目标考核法示例(节选某饭店绩效考核)

指标	权重	考核方式说明	评分标准	
宾客满意度	15	集团市场部开展问卷调查	85.1 分以上 80.1–85 分 75.1–80 分 70.1–75 分 70 分以下	5 点 4 点 3 点 2 点 1 点
员工满意度	15	集团开展问卷调查。	具体评分标准另附	
最低标准执行	15	按集团制订的最低标准进行检查。检查在集团职能总监到酒店巡视时随时进行。最低标准包括：工程、餐饮、房务、安全、VI、插花手册、服装手册	90.1 分以上 85.1–90 分 80.1–85 分 75.1–80 分 70.1–75 分 (各项最低标准的累计总分为 100 分)	5 点 4 点 3 点 2 点 1 点
常客奖励计划	15	散客会员人数、2007 年新增存款额比 2006 年有一定比例增长。会员人数和新增存款各占 7.5 点	评分标准另附	
内部审计	10	集团财务部开展制度审计、合规审计及管理审计，每发现一项不合规事项扣一分	90.1 分以上 80.1–90 分 70.1–80 分 60.1–70 分 60 分以下	5 点 4 点 3 点 2 点 1 点
人员流失	10	酒店人员流失率保持稳定	流失率 24%(不含)以下 流失率 24%(含)–28%(不含) 流失率 28%(含)–32%(不含) 流失率 32%(含)–36%(不含) 流失率 36%(含)以上	5 点 4 点 3 点 2 点 1 点
民意测评	10	集团人力资源部组织，按测评要求进行测评	95.1 分以上 90.1–95 分 85.1–90 分 80.1–85 分 80 分以下	5 点 4 点 3 点 2 点 1 点

到权力制衡的目的。另一方面由于下级对上级工作了解不够全面，容易造成片面性；同时由于是对上级的评价，员工会有所顾虑或者偏见，所以该方法必须采用匿名制。

(3)同事考核。由于同事(一般指从事相同岗位的同事)对彼此的工作绩效非常了解，熟悉被考核者的素质、技能等，相对而言，同事能够做出相对准确的评价。但由于同事之间朝夕相处，容易产生圈子文化，顾个人交情，使考核偏离实际情况；而且因私人恩怨而产生的感情偏差，同事之间的利益之争，均有可能会在这当中体现，从而导致考核失去准绳。所以，同事考核尤其要注意信息的公开反馈。该方法一般要求能和上、下级考核一起使用，以确保同事考核的有效性。

(4)自我考核。自我考核是被考核者本人对自己的工作表进行反省和评价的方式，内容可以包含被考核者的各个方面，常以开放式的问题为主要手段。该手段最好用在绩效考核阶段的前期，这样有利于员工思考自己的绩效，使绩效反馈面谈更有针对性。

(5)客户考核。客户包括外部客户和内部客户两部分。外部客户就是指宾客，宾客满意度已成为众多饭店绩效考核体系的重要组成部分。饭店一般会采用向自己的宾客发放问卷调查表的形式，获取宾客对酒店的评价，从而促进饭店的服务、产品向着宾客的意图改进。内部客户就是指员工在内部提供服务的对象，如用餐员工就是员工餐厅员工的内部客户，现代饭店已十分重视整体的内部客户(员工)的满意度状况，每年均会开展一些员工满意度调查，为酒店提供更多的绩效改进信息。

宾客满意度调查表示例：致谢函

先生／小姐：

您好！感谢您下榻XX集团所属酒店。

您是我们的贵宾，您的意见是我们的宝贵财富。如果您愿意抽出您宝贵的时间填写此问卷，我们将有效地改进酒店的服务和产品，更好地为您提供服务。

为了表示我们的谢意，如果您将您答复好的问卷回复给我们，我们将在一周左右时间内为您寄上一份我们集团特制的精致礼品。

再次感谢您对我们的支持。衷心地祝您工作顺利，一切如意。

XX集团

年 月 日

请您就您下榻的________的经历，对以下酒店设施和服务提供评价：

5 分 = 完美的,非常好

4 分 = 良好,高于一般水平

3 分 = 一般,还可以

2 分 = 较差

1 分 = 很差,让人难以接受

前厅和总台	5 分	4 分	3 分	2 分	1 分	没有体验
司门的问候与服务态度	□	□	□	□	□	□
总台入住登记的效率	□	□	□	□	□	□
总台退房结帐的效率	□	□	□	□	□	□
总台服务态度	□	□	□	□	□	□

在酒店大堂和前厅,您最欣赏的是:______________________________

您认为最需要改进的是:______________________________

客房	5 分	4 分	3 分	2 分	1 分	没有体验
床及棉织品的舒适性	□	□	□	□	□	□
室内空气质量以及空调效果	□	□	□	□	□	□
淋浴系统的舒适性	□	□	□	□	□	□
日用品的质量,如肥皂、沐浴液、牙膏等	□	□	□	□	□	□
噪音控制	□	□	□	□	□	□
电视频道的数量和质量	□	□	□	□	□	□
灯光照明设计合理	□	□	□	□	□	□
房间清扫服务的效率和质量	□	□	□	□	□	□
洗衣服务的效率和质量	□	□	□	□	□	□
服务中心的服务效率和态度	□	□	□	□	□	□
上网是否快速、方便和稳定	□	□	□	□	□	□

在酒店客房,您最欣赏的是:______________________________

您认为最需要改进的是:______________________________

早　餐	5 分	4 分	3 分	2 分	1 分	没有体验
服务态度	□	□	□	□	□	□
食物品种	□	□	□	□	□	□
食物口味	□	□	□	□	□	□

附件一

序号	考核项目	考核内容	分值	考核评分	备注
(一)公共部分					
1	执行能力（20分）	能按时完成各项目标任务，准确、及时传达饭店各项规定，部门员工100%以上了解。	16–20		
		基本按时完成各项目标任务，偶尔一次不能及时传达饭店各项规定，部门员工90%以上了解。	15–10		
		延后完成各项目标任务，在推行饭店各项规定中，部门执行略有偏差，经上级指导后基本完成。	4–9		
		未完成各项目标任务，在推行饭店各项规定中，执行过程中有重大失误，给此工作的推行带来了负面效应。	0–3		
2	部门配合（10分）	能积极配合相关部门工作，并及时完成与之相应的工作。	9–10		
		就部门之间配合做出适当的配合，在规定时间内完成与之相应的工作。	5–8		
		基本配合相关部门工作，基本完成或超过完成与之相应的工作。	1–4		
		不能与其它部门合作，工作相互推委。	0		
3	培训工作（15分）	能有效、准时的做好本部门的培训工作，培训效果优良。	11–15		
		能完成本部门的培训工作，培训效果一般。	5–10		
		能完成培训，但培训效果达不到目的。	1–4		
		未进行任何形式的培训工作。	0		
4	员工稳定（5分）	重视员工队伍建设，积极与员工沟通，部门员工流动率控制合理。	5		
		较为重视员工队伍建设，能与员工沟通，部门员工流动率基本正常。	3–4		
		不重视与员工沟通及稳定员工队伍，部门员工流动率较大。	1–2		
		与员工沟通不良、员工抱怨较多，未能有效稳定员工队伍，员工流动频繁。	0		
5	工作效率（10分）	工作一贯主动，提前完成任务。	9–10		
		工作较主动且平稳，不需上级催促。	5–8		
		很少采取主动，需上级催促才能完成。	1–4		
		工作极不主动，且在上级催促下仍不能完成工作。	0		

6	礼仪礼貌、行为规范、规章制度执行情况(5 分)	根据对部门员工纪律情况的了解进行相应扣分，如员工出现违反《员工手册》中惩罚条例第(一)(二)违纪情况，扣 1 分 / 次，出现《员工手册》中惩罚条例第(三)违纪情况，扣 2 分 / 次，出现《员工手册》中惩罚条例第四一)(五)违纪情况，扣 3 分 / 次，此项分值扣完为止，不计负分。	5		
7	卫生质量、服务质量、设施设备的维护保养（10 分）	卫生、服务、设施设备维护较好，质检过程中未出现被开罚单。	9–10		
		卫生、服务、设施设备维护基本合格，质检过程中被开罚单 1–2 次。	5–8		
		卫生、服务、设施设备维护勉强合格，质检过程中被开罚单 3–5 次。	1–4		
		卫生、服务、设施设备维护不合格，质检过程中被开罚单 5 次以上	0		
	劳动纪律出勤率(5 分)	根据考勤、出勤情况以及部门劳动纪律情况进行综合评分，如有迟到、早退扣 1 分 / 次，旷工 1 天扣 2 分 / 次，此分值扣完为止。	5		
(二)部门专业考核部分					
9	财务部：采购、库房保障、收银员技能技巧（20 分）	能在部门要求时间内及时采购回物资、物品，采购质量达到要求，库房对物品的管理井井有条，收银员专业技能高，无任何出错及投诉。	16–20		
		基本能在部门要求时间内完成采购，采购质量达到要求，库房对物品的管理能力达到部门要求，收银员专业技能好，出现 1 次错误或投诉。	11–15		
		能在部门要求时间内及时采购回物资、物品，采购质量差，库房对物品的管理基本能达到部门要求，收银专业技能一般，出现 2 次错误或投诉。	6–10		
		超时完成部门采购，库房管理不到位，收银员专业技能一般，出现 3 次以上错误或投诉。	1–5		
		完成采购情况严重不到位。	0		
10	总经办：人员招聘及后勤保障（20 分）	总是能提供符合素质标准的备选人才，根据部门需求及时将人员补充到位，后勤保障方面及时到位。	16–20		
		经常能提供符合素质标准的备选人才，根据部门员工类型需求，人员补充在一个星期至 15 天之内补充到位，后勤保障方面基本能满足要求。	11–15		
		基本能提供符合素质标准的备选人才，缺员一般在 30 天之内到位；后勤保障方面一般。	6–10		
		不能提供符合素质标准的备选人才，缺勤人员补充困难，缺员在 30 天之后才能补充到位，后勤无保障。	1–5		

11	保安部：安全工作（20分）	具有高度防火、防盗意识、无火灾、盗窃隐患。	16–20		
		重视安全防范工作，发现火灾、盗窃隐患及时整改。	11–15		
		较重视安全防范工作，发现火灾、盗窃隐患及时整改。	6–10		
		不重视安全防范工作，发现火灾、盗窃隐患未整改，出现了重大安全隐患，经多次督促方进行整改的。	1–5		
12	工程部：设备维保和工程专业技能（20分）	根据使用部门需求，提前在规定时间内对报修进行维护，维修效果达到部门要求，定期对设施设备进行清洁保养，延长使用寿命，维修方面专业技能水平高。	16–20		
		根据使用部门需求，对各部门报修能在规定日期内完成，维修效果达到要求，定期对设施设备进行清洁保养，保证设备正常使用，维修方面专业技能水平一般，出现1–2次维修达不到部门要求。	11–15		
		根据使用部门需求，对设施设备进行维修不及时，延期对设施设备进行清洁保养，基本保证设备使用正常，维修方面专业技能水平一般，出现3–5次维修达不到部门要求。	6–10		
		根据使用部门需求，延后对设施设备的维修，设备保养方面由于使用和维护保养不当，出现重大设备损毁事故，给饭店造成重大损失，维修方面出现5次以上达不到部门要求。	1–5		
13	前厅销售部：市场开发和客户管理（20分）	有齐全的客户档案，有定期的客户意见收集不少于30家，新签约客户45家以上，及时反馈销售预订给相关部门（包括签单人等），并及时反馈投诉信息。	16–20		
		有齐全的客户档案，定期的客户意见收集不少于20家，新签约客户30家以上，1次未及时反馈销售预订给相关部门（包括签单人等）。	11–15		
		有80–90%的客户档案，客户意见收集不少于15家，新签约客户20家以上，2次未及时反馈销售预订给相关部门（包括签单人等）。	6–10		
		客户档案不到70%，客户意见收集低于10家，新签约客户15家以上，3次及以上未及时反馈预订相关信息给相关部门（包括签单人等）。	1–5		
14	专业技能、技巧（20分）	部门员工专业技能技巧好，整体服务水平高，受客人好评，无因技能技巧引起的投诉。	16–20		
		部门员工专业技能技巧好，整体服务水平高，出现因技能技巧引起客人投诉1–2次。	11–15		
		部门员工专业技能技巧好，整体服务水平一般，出现因技能技巧引起客人投诉3–4次。	6–10		
		部门员工专业技能技巧好，整体服务水平一般，出现因技能技巧引起客人投诉5次以上。	1–5		

附件二

综合绩效考核表二

部门	考核项目	备注
茶艺部	1至8项,14	总分合计100分
餐饮部	1至8项,14	总分合计100分
客房部	1至8项,14	总分合计100分
娱乐部	1至8项,14	总分合计100分
前厅销售部	1至8项,13	总分合计100分
总经办	1至8项,10	总分合计100分
财务部	1至8项,9	总分合计100分
工程部	1至8项,12	总分合计100分
保安部	1至8项,11	总分合计100分

注:各个部门各项评分累计相加为综合评分得分。

附件三

部门综合绩效考核评分表

月份：

考核项目 \ 考评人	被评分部门										
	茶艺部	餐饮部	客房部	娱乐部	财务部	前厅销售部	保安部	工程部	总经办	执行总经理	总经理
第 1 项(20 分)											
第 2 项(10 分)											
第 3 项(15 分)											
第 4 项(5 分)											
第 5 项(10 分)											
第 6 项(5 分)											
第 7 项(10 分)											
第 8 项(5 分)											
专业项(20 分)											
总分合计											

评分部门：　　　　　　　　评分人：

注：总经办于每月 21 日将考评表下发到各部门，各部门进行考评后于每月 24 日返回总经办。

绩效考核在整个人力资源管理体系中处于核心地位，绩效考核要以职务分析为基础，考核的结果要运用于薪酬、人员调整、培训等方面，考核的效果又直接关系到员工的士气，所以绩效考核并不是一个单独的工作，实质是一个系统工程，对于饭店来说，做好了绩效考核，其实就等于握住了饭店人力资源管理的命脉。

复习思考题

1. 绩效考核的作用及意义有哪些？
2. 绩效考核标准建立应注意哪些？
3. 饭店绩效考核常用的方法及优缺点有哪些？
4. 说说建立考核申诉制的重要性。
5. 如何才能做到“以人为本”的绩效考核？
6. 请在调查某饭店某岗位后，谈谈你对该岗位绩效考核的设想。

主要参考文献

刘纯.关于饭店绩效管理体系的研究[J]. 旅游科学，2003(1)：28—30.
刘丽娟.我国饭店绩效管理[J]. 合作经济与科技，2005(9)：10—11.
魏洁文. 现代饭店人力资源管理[M]. 北京：人民邮电出版社，2006.

第七章
饭店薪酬管理

薪酬管理是酒店人力资源管理的一个最重要的组成部分,也是最为敏感部分,因为它关系到每一位员工的切身利益,并由此密切影响到酒店的发展。如何构建合理的薪酬管理体系,达到合理利用酒店最为重要的资产——员工的目标,已成为我国酒店行业必须解决的一个问题。

本章主要阐述饭店薪酬的含义、构成,薪酬管理的内容和作用,饭店薪酬的设计及薪酬制度。

第一节 饭店薪酬管理概述

薪酬管理是饭店人力资源部的一项重要的职责,能否客观、公正、公平、合理地报偿员工,保证员工从薪酬管理中获得经济上的、心理上的满足,形成员工素质的提升与薪酬水平提高之间的良性循环,将直接关系到饭店本身的战略发展。

一、饭店薪酬的概念及构成

(一)薪酬的含义

薪酬这个概念,常常出现在现代人力资源管理的文献中,很多时候被视为工资和薪水的同义词。但这种认识却是错误的。据韦氏和牛津词典注录,salary 和 compensation 两词都有薪水、薪资的意思,但是 compensation 一般被用来指雇员的一揽子整体性薪资,即除了上面所说的薪水外,还包括种种奖励、红利、福利以及其他收入等,前者一般被译为薪水,后者被译为薪酬,目前国外的资料都采用这个说法。Compensation 的直译是某种补偿，放在现代人力资源管理的语境中理解，有两个层次的涵义：

第一，在现代人力资源管理的理念中，雇员具有双重性质，一方面，他本身是劳动力商品，具有商品的市场价格；另一方面，他又被视为人力资本的占有者，而既然是资本，就必然要求分得资本的利润。所以在此情况下，雇员得到的不仅有相当于劳动力市场价格的薪资，还有资本性的收益。此外，企业还要支付雇员的法定社会保障费用即法定福利，这部分支付是固定不变的。这三者之和构成了对雇员劳动或服务的全部补偿。假设 C 代表薪酬，W 代表雇员的劳动力价格，W′代表雇员人力资本的收益，B 代表法定福利，那么 $C=W+W'+B$.

第二，C 反应的只是静态情况，而劳动力（资本）市场是动态的，买卖双方都处于不停的博弈过程中。随着当前世界经济的转轨，以知识为主导生产力的经济模式正在大范围地取代传统经济，增长不再主要依靠物质资本，而是知识资本或者人力资本。因此，对高素质人才的需求直接导致企业最终要获得自己需要的雇员，不得不支付高于 C 的薪酬，即除了支付正常情况下的静态薪酬，还要支付竞价后高出 C 的动态薪酬，这里用 C′ 表示。目前，国外企业支付的动态薪酬主要是除法定福利之外的各种商业福利，如养老医疗保险、父母赡养开支、带薪休假、托儿服务、危重家属帮助计划等，这里用 B′ 表示。所以，最后雇员得到的薪酬应该是静态薪酬与动态薪酬之和，即表示为：

薪酬 $=C+C'=W+W'+B+B'$

只有最终实现了静态和动态的薪酬，作为人力资本占有者的雇员才得到了全方位的补偿，这才是薪酬应有之义，脱离开现代人力资源管理这个背景，就很难全面理解薪酬的实质。

薪酬是指员工为酒店劳动而得到的以货币形式和非货币形式所表现的补偿，是企业支付给员工的劳动报酬，它包括工资、奖金、津贴、补贴、劳动分红等。其基本的内涵是把薪酬分为内在与外在两大类，内在薪酬是指非货币形式的报酬，外在薪酬是指货币形式的报酬。

薪酬有广义和狭义之分。广义的薪酬是一个系统，它至少由五个要素构成：货币回报（即工资、奖金、津贴、股票），福利（即饭店为员工提供的各项好处），认可（即荣誉、奖励），机会（即晋升、培训、发展机会），环境（即与工作条件相当的报酬以及工作氛围）。狭义的薪酬即为劳动者的货币性报酬。

(二)薪酬的构成

现代饭店薪酬的表现形式并不局限于直接货币形式和间接货币形式，还包括舒适的工作环境、免费工作餐、参与决策的机会、学习成长的机会与条件等。

现代饭店薪酬主要包括经济性薪酬(包括直接经济薪酬和间接经济薪酬)和非经济性薪酬。直接经济薪酬主要包括工资、奖金等;间接经济薪酬包括保险、福利、带薪休假等;非经济性薪酬则包括工作的有趣性、责任感、成就感以及工作环境方面是否具有合理的政策、称职的管理和和谐的人际关系等。

(三)薪酬构成的基本要素

1. 基本薪酬

基本薪酬是指饭店员工所承担的已完成工作，或根据员工本身所具有的完成工作的技能与能力，而向员工支付的稳定性报酬。一定时期内，员工基本薪酬是比较稳定的。

2. 可变薪酬

可变薪酬指薪酬系统中与员工绩效直接挂钩的部分，可变薪酬的意义在于将绩效与薪酬之间建立起了紧密的联系，而这种联系可以是员工个人的业绩，也可以是饭店业绩或者是部门业绩。可变薪酬具有很强的激励作用，有利于饭店强化员工个人、部门以至整个饭店的优秀业绩，从而达到饭店的组织经营目标。

可变薪酬可以分为短期可变薪酬和长期可变薪酬两种。短期可变薪酬一般是建立在非常具体的绩效目标基础上，而长期可变薪酬的目的则在于鼓励员工努力实现跨年度或多年度的绩效目标。

3. 间接薪酬

间接薪酬指员工福利与服务，一般不以货币形式体现。间接薪酬的形式包括带薪休假、免费工作餐、免费洗衣、医疗保险、人寿保险、养老金、住房公积金及其他福利。

二、饭店薪酬管理的内容

薪酬管理是饭店人力资源部的一项重要的职责，能否客观、公正、公平、合理地报偿员工，保证员工从薪酬管理中获得经济上的、心理上的满足，形成员工素质的提升与薪酬水平提高之间的良性循环，将直接关系到饭店本身的战略发展。

薪酬管理的核心问题是如何科学、合理地根据“劳”来确定职工的薪酬差别,即制定公平、公开、公正的薪酬制度。

(一)薪酬管理的概念

所谓薪酬管理，是指饭店针对所有员工所提供的服务来确定他们应当得到的报酬总额以及报酬结构和报酬形式的一个过程。在这个过程中,饭店就薪酬水平、薪酬体系、薪酬结构、薪酬构成以及特殊员工群体的薪酬做出决策。同时,作为一种持续的组织过程,饭店还要持续不断地制定薪酬计划,拟定薪酬预算,就薪酬管理问题与员工进行沟通，同时对薪酬系统的有效性做出评价而后不断予以完善。

薪酬管理对任何一个饭店来说都是一个比较棘手的问题，主要是因为饭店的薪酬管理系统一般要同时达到公平性、有效性和合法性三大目标,饭店经营对薪酬管理的要求越来越高,但就薪酬管理来讲,受到的限制因素却也越来越多,除了基本的饭店经济承受能力、政府法律法规外，还涉及到饭店不同时期的战略、内部人才定位、外部人才市场、以及行业竞争者的薪酬策略等因素。

(二)薪酬管理的特殊性

薪酬管理比起饭店人力资源管理中的其他工作而言,有一定的特殊性,具体表现在三个方面。

1. 敏感性

薪酬管理是饭店人力资源管理中最敏感的部分,因为它牵扯到饭店每一位员工的切身利益。特别是在人们的生存质量还不是很高的情况下,薪酬直接影响他们的生活水平;另外,薪酬是员工工作能力和水平的直接体现,员工往往通过薪酬水平来衡量自己在饭店中的地位。所以薪酬问题对每一位员工都会很敏感。

2. 特权性

薪酬管理是员工参与最少的人力资源管理项目，它几乎是饭店高层管理者的一个特权。一般管理者认为员工参与薪酬管理会使内部管理增加矛盾,并影响投资者的利益。所以,员工对于薪酬管理的过程几乎一无所知。

3. 特殊性

由于敏感性和特权性,所以每个饭店的薪酬管理差别会很大。另外,由于薪酬管理本身就有很多不同的管理类型,如岗位工资型,技能工资型,资历工资型,绩效工资型等等，所以，不同饭店之间的薪酬管理几乎没有参考性。

（三）薪酬管理的内容

饭店日常薪酬管理工作包括：开展薪酬调查，统计分析调查结果，制订薪酬计划，适时计算、统计员工的薪酬，薪酬调整等。

1. 实施饭店薪酬调查

薪酬调查，是通过一系列标准、规范和专业的方法，对市场上各职位进行分类、汇总和统计分析，形成能够客观反映市场薪酬现状的调查报告，为企业提供薪酬设计方面的决策依据及参考。薪酬调查是薪酬设计中的重要组成部分，重点解决的是薪酬的对外竞争力和对内公平性问题。

饭店薪酬的现状调查主要涉及饭店内部的薪酬差距是否适应饭店的发展，饭店现有的薪酬体制是否具有市场竞争力，饭店现有的薪酬体制是否与员工绩效相联系，饭店对现有的薪酬体制的满意度以及其他的建议和意见。

2. 确定饭店薪酬管理目标

薪酬管理目标根据饭店的人力资源战略确定，具体地讲包括以下三个方面：①建立稳定的员工队伍，吸引高素质的人才；②激发员工的工作热情，创造高绩效；③努力实现组织目标和员工个人发展目标的协调。

3. 选择薪酬政策

饭店薪酬政策是饭店管理者对企业薪酬管理运行的目标、任务和手段的选择和组合，是饭店在员工薪酬上所采取的方针策略。饭店薪酬政策的主要内容包括：薪酬成本投入政策、根据饭店的自身情况选择企业合理的工资制度、确定饭店的工资结构以及工资水平。

4. 制定薪酬计划

饭店预计要实施的员工薪酬支付水平、支付结构及薪酬管理重点等。饭店在制定薪酬计划时，要通盘考虑，薪酬计划应与饭店的总体目标管理和薪酬目标管理相协调，从而增强饭店的外部竞争力和可持续发展能力。

5. 调整薪酬结构

薪酬结构是指饭店员工之间的各种薪酬比例及其构成。主要包括工资成本在不同员工之间的分配；职务和岗位工资率的确定；员工基本、辅助和浮动工资的比例以及基本工资及奖励工资的调整等等。通过调整薪酬结构不仅能充分打造饭店薪酬的外部竞争力，有效地吸引和保留人才，还能充分实现饭店薪酬的内部公平和个体公平,有效激励员工。

三、饭店薪酬管理的作用

作为人力资源管理的一项主要职能,薪酬管理对吸引和留住人才,提升员工士气,提高饭店的竞争力等,都有着不可忽视的作用。

(一)薪酬管理对员工的作用

1. 有效的薪酬管理有利于吸引和保留优秀的员工

这是薪酬管理最为基本的作用。员工在饭店付出劳动,理所当然地要获得相应的补偿。饭店支付的经济性薪酬为员工的生活提供了基本的物质保障,而那些非经济性薪酬为员工的生活提供了市场上无法买到的心理满足。在比较健全的市场经济条件下,优秀的员工往往是所有饭店争夺的对象。有效的薪酬管理则能满足这些员工在生理和心理方面的需求,能够对其产生吸引力,使其留下来为饭店服务。

2. 有效的薪酬管理有利于激发员工的积极性

"激励"功能是薪酬管理的核心功能,是薪酬管理的最主要目标。薪酬管理就是通过影响员工物质需求的实现在提高其工作积极性，引导他们在饭店经营中的行为。员工对薪酬状况的感知可以影响员工的工作行为、工作态度以及工作绩效,即产生激励作用。员工总是期望自己所获得的薪酬与同事之间具有一种可比性,得到公平感。饭店必须注意同时满足员工的不同层次薪酬需求。如果员工的薪酬需求得不到满足,则很可能产生工作效率低下、人际关系紧张、缺勤率和离职率上升、组织凝聚力和员工对组织的忠诚度下降等多种不良后果。有效的薪酬管理能够在不同程度上满足员工的需求,从而实现对员工的激励。

(二)薪酬管理对饭店的作用

1. 改善饭店经营绩效

通过合理的薪酬设计以及科学的绩效考核，饭店向员工传递了什么样的行为、态度以及业绩是受到鼓励的,是对饭店有贡献的信号。通过信号的引导,员工的工作行为和工作态度以及最终的绩效将会朝着饭店期望的方向发展。因此可以充分利用薪酬管理这个利器来改善饭店经营绩效。

2. 调节饭店人力资源配置

饭店可以通过薪酬水平的变动和倾斜，促使员工个人行为与饭店期望的行为最高限度地趋于一致，并引导内部员工合理流动，实现饭店内部各种资源的高效配置，吸引饭店需要的人力资源。

3. 塑造饭店企业文化

饭店企业文化是指饭店在长期的经营管理实践中，逐渐培育成的、占据主导地位的、并为全体员工所认同和遵守的企业价值观、企业精神、经营理念以及行为规范的总和，其内容包括物质文化、行为文化和制度文化。良好的饭店文化对于饭店的正常运行有着重要的作用，而有效的薪酬管理有助于塑造良好的饭店企业文化。经济性薪酬为饭店企业文化的建设提供了基本的物质保障，而非经济性薪酬本身就含有大量企业文化的成分。更为重要的是，合理的薪酬制度可以作为构建饭店企业文化的制度性基础，对饭店文化的发展方向具有重要的引导作用。

第二节 饭店的薪酬设计

薪酬体系是饭店的人力资源管理整个系统的一个子系统，它向员工传达了在饭店中什么是有价值的，并且为向员工支付报酬建立起了政策和程序。一个设计良好的薪酬体系直接与饭店的战略规划相联系，从而使员工能够把他们的努力和行为集中到帮助饭店在市场中竞争和生存的方向上去。薪酬体系的设计应该补充和增强其他人力资源管理系统的作用，如人员选拔、培训和绩效评价等。

一、饭店薪酬设计的原则

饭店设计薪酬时必须遵循一定的原则，这些原则包括战略导向、经济性、体现员工价值、激励作用、相对公平、外部竞争性等。

1. 公平原则

公平是薪酬设计的基础，员工只有在认为薪酬设计是公平的前提下，才可能产生认同感和满意度，才可能产生薪酬的激励作用。公平原则是制定薪酬体系首要考虑的一个重要原则，因为这是一个心理原则，也是一个感受原则。

美国心理学家亚当斯（Adams）于20世纪60年代提出的公平理论认为，员工会通过比较自己和他人的得到付出比率来判断自己所得的报酬是否公平。员工在工作中的付出包括教育水平、技术能力、工作经验、努力程度以及花费的时间等;员工得到的结果包括薪酬、福利、成就感、认同感、工作挑战性、职业前程等外在和内在的报酬。比较的标准可以来自饭店内部或饭店外部的其他员工,也可以来自员工自己以往的经历。如果员工目前的得到付出比率低于别人的或自己以前的得到付出比率,员工就会觉得不公平。

饭店为了增强竞争实力,提高产品和服务的质量,需要对员工的薪酬制度进行不断的调整,实现对员工的有效激励。而有效的薪酬制度必须满足公平原则,只有建立在公平基础上的薪酬制度才是有效的,才能起到对员工的激励作用。

饭店制定有效的薪酬政策必须考虑外部公平性、内部公平性和员工个人方面的差异。

外部公平性要求饭店的薪酬标准与其他饭店相比要具有竞争力,以吸引或留住人才。饭店可以通过薪资调查分析报酬水平,调查本饭店的报酬相比类似饭店的员工得到的报酬如何。达到外部公平报酬水平的影响因素包括最低工资法、类似饭店支付的报酬、劳动力市场和经济形势,以及饭店的财务状况等。

内部公平性要求饭店使内部员工感到自己与同事之间在得到和付出的关系上的平衡。饭店需要通过工作评价来建立合理的报酬结构,这其中的关键问题是饭店如何确定各种工作的相对价值。对饭店中各种工作的工作描述、工作规范、标尺性工作、补偿因素、工作评价者的判断都会影响饭店报酬结构的公平性。

有效的薪酬政策不仅要考虑薪酬水平的外部竞争力和薪酬结构的内部一致性,还要考虑饭店内部承担相同工作或者具有相同技能水平的员工之间的薪酬公平性。一般而言,在同一饭店中承担相同工作或拥有相同技能的员工往往在工作业绩方面存在差别,也可能在经验方面存在差别,因此,饭店应该考虑员工个人方面的差异在薪酬决定中的影响。饭店如何为员工的技能和贡献确定价值,是影响薪酬决策的关键问题。员工工作的质量、工作的数量(个人产出或成本节约、小组产出或成本节约以及加班费和奖金)、员工的资历以及其他因素(个人安全、独有的技能或在海外工作的经验)都会影响员工的个人报酬。

当员工对薪酬体系感觉公平时会得到良好的激励并保持旺盛的斗志和工作的积极性;当员工对薪酬体系感觉不公平时则可能会采取一些类似降低责任心、辞职等消极的应对措施,不再珍惜这份工作,对饭店的亲和力降低,寻找低层次的比较对象以求暂时的心理平衡,或者辞职等。因此,在进行薪酬设计之前应对饭店各岗位的职责以及市场上相应职位的薪酬水平有比较充分的了解,并在此基础上依照公平原则来进行薪酬体系的设计。

2. 透明原则

透明包括三方面含义:薪酬政策的透明、薪酬管理操作的透明以及相关信息传递的透明。强调透明原则具有经济学和管理心理学的双重意义:从经济学角度讲,信息的对称性与最大化,是个体做出利益最优决策的前提;从管理心理学的角度来讲,员工了解目标的期望值和效价,能产生更强的激励力量。自我意识较强、文化素质较高的知识员工更是如此。

3. 物质激励与精神激励相结合的原则

首先,从员工角度来讲,薪酬是员工从饭店获得相对满足的过程,也是维持基本生活、提高生活质量的根本基础。其次,从饭店自身的角度来讲,不仅需要有一定保障性的薪酬留住人才,减少饭店员工的负向流动,更需要有一定竞争力的薪酬吸引人才,产生强有力的员工向心力及员工的正向流动。

通常情况下,物质激励报酬会在短期或者中期范围内发挥作用,激励员工、调动员工的积极性。但物质激励报酬仅仅是暂时的,并不能在企业长期发展中起到至关重要的作用。精神激励报酬对员工的激励才是长期的、根本的、更加有效的。

因此,饭店在设计薪酬体系时应把物质激励与精神激励相结合来激励员工,使其感受到自己价值的存在,同时,看到自身的发展前景,这样员工才会为饭店努力工作。

4. 固定薪酬与浮动薪酬相结合的原则

饭店在薪酬体系的实施过程中,往往发现薪酬设计中的固定收入部分可以使员工产生安全感,但如果固定部分过高,就会使员工产生懒惰情绪、不思进取,最终削弱薪酬的激励功能。同时,饭店对员工工作表现和成绩的认可、对员工的激励主要来自薪酬中的浮动部分。不过若浮动薪酬的弹性过大,又会使员工缺乏安全感,不利于吸引和留住员工。

因此,饭店在薪酬体系设计当中,固定收入部分与浮动收入部分的比例应与岗位的特点相结合。一般而言岗位对饭店总体经营业绩的影响越大,则该岗位薪酬中的浮动比例也越大,反之则应越小。

5. 与绩效考核相结合的原则

绩效考核方案应该能够而且必须客观地反映员工的工作业绩。员工的薪酬,尤其是浮动收入部分的发放只有以对员工自身工作的考评结果为基础,薪酬的激励作用才能够体现。只有当上级管理人员使用与员工的报酬密切相关、可靠的方法评估员工的绩效,员工才会对薪酬分配结果公平性满意。薪酬与绩效相联系是有效薪酬政策的基础。

6. 关注"核心员工"的原则

在实际情况中,每个饭店都存在"核心员工",这里所说的核心员工是指那些掌握饭店重要客户或掌握技术管理等方面核心秘密以及在工作的其他方面堪称表率的员工。由于核心员工在饭店经营中的巨大作用及其对其他员工的影响力相对较高,因此制定特别的薪酬制度来最大限度地留住核心员工。

核心员工一般都为知识型员工,他们具有较为鲜明的个性,自主意识强,拥有相对独立的价值观。对于核心员工,管理者在提供有竞争力的薪酬的同时应积极树立"以人为中心"的管理理念,为核心员工提供多种升迁和培训机会,创造成长、发展的空间,注意营造良好的企业文化,增强核心员工的归属感等等。

但是要实现留住人才的目标光靠上面的措施还不够,还应善于使用一些特别的薪酬制度。比如:沉淀福利制度,将高层管理人员的薪酬分为若干部分,当年只能拿到其中的一部分,其余部分在未来几年中分批支付,如果有人提前离开,他的工资是不能全部拿走的。

7. 经济原则

经济原则在表面上与竞争原则和激励原则是相互对立和矛盾的。竞争原则和激励原则提倡较高的薪酬水平,而经济原则提倡较低的薪酬水平,但实际上三者并不对立也不矛盾,而是统一的。当三个原则同时作用于饭店的薪酬系统时,竞争原则和激励原则就受到经济原则的制约。这时饭店管理者所考虑的因素就不仅仅是薪酬系统的吸引力和激励性了,还会考虑饭店承受能力的大小、利润的合理积累等问题。

经济原则的另一方面是要合理配置劳动力资源,当劳动力资源数量过剩或配置过高,都会导致饭店薪酬的浪费。只有饭店劳动力资源的数量需求与数量配置保持一致,学历、技能等的要求与配置大体相当时,资源利用才具有经济性。

8. 团队原则

在一些协作性的企业中,基于团队的奖励对组织的绩效具有十分重要的作用,使人们意识到只有团队协作,自己才能获益。尽管从激励效果来看,奖励团队比奖励个人的效果要弱,但为了促使团队成员之间相互合作,同时防止上下级之间由于工资差距过大导致出现低层人员心态不平衡的现象,所以有必要建立团队奖励计划。

9. 双赢原则

个人与组织都有其特定的目标指向。个人参与某个组织是为了实现自己的目标,而组织目标的形成必然压制个人目标的实现。就薪酬而言,个人和组织都有各自的薪酬目标。作为员工为了实现自己的价值就希望通过获取高的报酬来加以体现,而饭店为了有效利用资源和降低运转成本,希望以"较小的投入"换取较大的回报。结果,两个薪酬目标之间没有合适的接口,饭店付出的薪酬没有能激励员工,更不能换取高的回报,而员工的愿望和目标同样被压制,产生怠工心理,造成饭店对员工不满,员工对饭店抱怨的局面。所以,饭店在设计薪酬体系时,有必要上下相互沟通和协调,让员工参与薪酬制度的制定,找到劳资双方都满意的结合点。给予员工发言权,令员工充分表达他们的看法可以极大地提高员工感觉中对薪酬分配决策的控制程度。员工对结果的关注往往会使其重视饭店制度允许他们控制决策结果的程度。但是员工对饭店的决策结果进行控制是不可能的,他们会转而寻找间接的方式来达到控制决策的感觉。例如,他们会寻找机会表达他们的看法和建议。饭店管理人员应该重视员工是否在制定决策结果的过程中起作用,给予员工发言权。例如,在做出薪酬分配决策之前,给员工以表达对自己工作绩效看法的机会,会极大地提高员工的积极性,培养员工对饭店的归属感,树立主人翁意识。

10. 合法原则

薪酬系统的合法性是必不可少的,是建立在遵守国家相关政策、法律法规和企业一系列管理制度基础之上的合法。饭店的薪酬体系如果与现行的国家政策和法律法规、饭店管理制度不相符,则应该迅速改进,使其具有合法性。

二、饭店薪酬设计的流程

薪酬设计的主要流程分四个步骤。(见图 7-1)

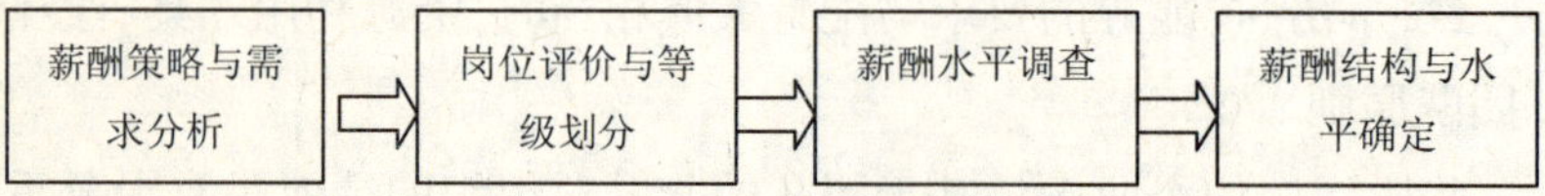

图 7-1 饭店薪酬设计流程

(一)薪酬策略与需求分析

确定薪酬策略的工作是对薪酬体系设计的必要性、激励重点和设计目标等进行的分析论证。只有在确定薪酬策略的基础上,才能确定饭店的分配原则、拉开差距的标准、薪酬各组成部分的比例等具体的分配策略。

要明确饭店的需求,必须首先了解饭店的现状。

(二)岗位评价与等级分析

岗位评价是运用科学的方法,对饭店中的各岗位评估,进行排序与分等。通过岗位评价可以使员工和员工之间、管理者和员工之间对薪酬的看法趋于一致和满意,各类工作与其对应的薪酬相对应。同时使饭店内部建立一些连续性的等级,这些等级可以引导员工朝更高的工作效率发展。

在进行岗位评价时,应对岗位不对人,并组织员工积极参与岗位评估工作,这会让他们对岗位评估的结果产生认同。

岗位评价能在较大程度上解决薪酬的内容公平性问题,通过岗位评价可以比较饭店内部各个岗位的相对重要性,得出岗位价值序列,使不同岗位之间具有纵向和横向的可比性,为确保薪酬的公平性奠定基础。同时,还可以为薪酬调查建立统一的岗位评估标准,消除不同企业间由于岗位名称不同,或岗位名称相同而实际工作要求和工作内容不同所导致的岗位差异,使薪酬调查结果具有实际参照价值。在得出岗位价值序列后,就要按照一定的规则来划分岗位等级。

(三)薪酬水平调查

薪酬水平调查分为外部调查和内部调查。薪酬水平外部调查的主要目的在于解决薪酬的对外竞争力问题。在进行薪酬调查时,一定要选择与自己有竞争关系的饭店,重点考虑员工的流失去向和招聘来源。为了确保薪酬调查的可信性,要采用相同的标准进行岗位评估,并力争得到真实的薪酬数据。一般来说,市场薪酬调查要委托专业的咨询公司进行。薪酬水平内部调查能够了解员工对新的薪酬设计的看法和建议。让员工参与改革的途径之一就是薪酬调查问卷,由薪酬小组围绕主题设计问卷,按每单位 50 或 30 的比例抽样调查,最后由相关工作人员进行整理、分类、分析、归纳。为消除员工的顾虑,问卷可以采用无记名形式,只写单位部门不写姓名。

（四）薪酬结构与水平的确定

薪酬结构是指饭店内各岗位的相对价值及其对应的实付薪酬之间保持着什么样的关系，薪酬的组成及各组成部分之间的比例，而薪酬水平是指饭店所支付的薪酬在市场薪酬中所处的位置。确定薪酬水平时，可以先确定不同职业等级的薪酬水平、薪酬幅度和薪酬差距，在确定了薪酬的总体水平和结构之后，再确定每一个岗位的具体薪酬水平。

薪酬体系设计是一个动态的过程，这是因为饭店的内外部环境会以一种不可预见的方式发生变化。因此，一个有效的薪酬体系不应是僵化和死板的，而应该根据需要随时进行监控和调整。

三、宽幅薪酬

（一）宽幅薪酬的定义

20世纪90年代，以爱德华·罗勒为代表的美国学者提出了战略性薪酬体系理论，其中，宽带薪酬是一个重要组成部分。美国薪酬管理学会将宽带薪酬定义如下：宽带薪酬结构就是指对多个薪酬等级以及薪酬变动范围进行重新组合，从而变成只有相对较少的薪酬等级以及相应的较宽的薪酬变动范围。宽带薪酬的实质就是从原来注重岗位薪酬转变为注重绩效薪酬。

宽幅薪酬的前提假设是：一位出色的专业技术人员可能比一位刚上任的总经理对饭店的价值更高；一位顶级销售员可能比一位销售经理对饭店的作用更重要。决定员工在企业的角色、地位和报酬的，不是职位，而是员工创造的绩效和所拥有的技能。在绝大多数情况下，不管什么工作，只要对之进行度量和奖励，员工就会努力去创优。对有领导和管理才能的员工来说，攀登传统的职业阶梯是正确的选择；而对大多数员工来说，在丰厚的报酬激励下，则会把精力倾注在发展本职工作上。

根据饭店企业的特点，可适当拉大薪酬带，薪酬的浮动可以充分参考员工的绩效、学历、工龄、工作经验、工作潜能等各个方面，使员工在原有的岗位通过提高敬业度、发挥工作潜能、改善绩效获得更高的薪酬，不必要为了获得较高的薪酬而想方设法希望获得职务的晋升。宽带薪酬制可以大大满足饭店非管理员工的需求，保证员工从薪酬管理中获得经济上的、心理上的满足，有效提高其敬业度。

宽幅薪酬,实际上是一种新型的薪酬结构设计方式,它是对传统的带有大量等级层次的垂直型薪酬结构的一种改进或替代。

(二)宽幅薪酬制的实施要点

新的交叉宽幅薪酬制的目的在于让每一个工作岗位上创造“英雄”。对大多数人来说,真正的职业发展,是在一个能发挥才干的岗位上做精、做好、做成专家。

饭店在实行宽幅交叉工资制时,须把握以下要点:

(1)越是低级的岗位(或是传统上认为价值低的岗位),工资级差幅度应该越大,最低级与顶级员工的工资差距可达5倍以上。级差的档次越细越多,员工向上努力的目标及其内容就越明确,就越有利于提高员工的工作积极性。

(2)各级人员的薪酬可以重叠,在工作中表现优秀的基层服务员的薪酬甚至可能超过管理人员,他们即使不进入管理层,同样也能拿到高工资。

(3)薪酬差异不仅可以体现在工资级别上,而且也可以体现在个人待遇上。表现特别突出的基层员工可以享受到与部门经理一样的福利待遇,如享受免费工作餐、免费洗衣、更衣条件改善等。

(三)宽幅薪酬制的优势

(1)克服传统晋升哲学的弊端,传统的薪酬与岗位挂钩的做法使员工被迫不断地往高一级岗位攀登,而宽幅薪酬将薪酬与岗位的这种联系极度弱化,使员工的注意力由职位等级转向个人或团体创造的绩效。

(2)拓展员工职业生涯路径,为企业战略发展目标服务。传统职业晋升路径是纵向的发展,这种晋升路线单调,很难灵活地配合企业的战略发展目标。而在交叉宽幅薪酬体系中,由于不受职位等级的限制,员工的发展路径更加多样化。

(3)提高绩效工资比例,强化绩效管理。薪酬一般由基本工资、补贴、浮动工资(即绩效工资)和隐性工资组成。实行宽幅薪酬后,薪酬的区间变动范围扩大,可达到100%以上,而变动的部分主要体现在绩效工资和技能工资上,这就大大提高了绩效工资激励的比重。

(4)消除沟通壁垒,培养学习型、平等型、合作型的企业文化。在传统薪酬体系下,由于晋升职位有限,员工之间存在着明争暗斗关系,因而容易导致沟通和合作上的障碍,互相推诿拆台的现象屡见不鲜。而在宽幅薪酬体系中,员工得到和运用的技能越多，得到的薪酬就越多，即使没有跳到企业的上一级阶层中，也可以促使员工注重个人学习，不断拓展职业技能。

薪酬管理事关员工的切身利益，对饭店的发展具有长远的影响。宽带薪酬弱化了员工之间的竞争，强调了员工之间的合作、知识共享和共同进步，帮助企业培育积极的团队绩效文化，这对于企业整体业绩的提升是非常重要的力量。

四、全面薪酬体系

（一）全面薪酬体系的基本内涵

“全面薪酬体系”包括“经济性薪酬”和“非经济性薪酬”两大类。两者的组合即为“全面薪酬体系”。“经济性薪酬”主要指为员工提供的可量化为货币形式的价值；“非经济性薪酬” 则是指那些给员工提供的不能以量化的货币形式表现的各种奖励价值。经济性薪酬与非经济性薪酬各自具有不同的激励功能，它们相互联系，互为补充，构成完整的薪酬体系。全面薪酬的概念把更多的非金钱因素考虑到薪酬体系中了，金钱激励的地位进一步被削弱，这与早先马斯洛需求层次理论保持了高度的一致性。（如表 7–1 所示）。

表 7–1 全面薪酬体系

	经济性薪酬	非经济性薪酬
直接部分	工资 津贴和补贴 股权：股票期权、认股权、购买公司股票、股份奖励	事业质量：工作趣味性、工作挑战性、工作责任感、工作成就感、晋升机会 工作环境：舒适的工作环境 良好的同事关系 优秀的管理艺术 以人为本的企业文化
间接部分	五险一金：养老保险、医疗保险、失业保险、工伤保险、生育保险、住房公积金 假期：带薪假期、休息日等 工作条件：工作服、一般办公用品、公司配车、电脑等 生活条件：定期医疗检查、定期文化活动等	个人发展：培训、体面的头衔、名誉、社会地位 生活福利：上下班的便利措施 弹性的工作时间 孩子看护 个独特需求的满足

薪酬既不是单一的工资，也不是纯粹的货币形式的报酬，它还包括精神方面的激励，比如优越的工作条件、良好的工作氛围、培训机会、晋升机会等，这些方面也应该很好地融入到薪酬体系中去。内在薪酬和外在薪酬应该完美结合，偏重任何一方都是跛脚走路。物质和精神并重，这就是目前提倡的全面薪酬制度。

全面薪酬体系是以员工为导向的整体性的系统薪酬设计。从激励的角度来看，薪酬是员工个人行为所导向的目标和工作动机产生的源泉，有效的薪酬体系及其管理必须让员工明确知道什么样的行为是组织所倡导的。全面薪酬体系从物质和非物资报酬来构建薪酬体系。物质性包含直接经济报酬（如货币性报酬）和间接经济报酬（如福利性薪酬），非物质性报酬包含事业及环境。全面薪酬体系由核心到边缘依次是：薪资、福利、事业、环境，其对员工的影响也由里而外扩散开来。

薪资是指饭店因员工付出的劳动和创造的绩效而提供的货币性报酬，包括：基本工资、奖励工资、股权收益等。相对讲来，薪资部分直接关系到员工的切身利益，是员工价值的最直观表现，因此，受到员工的严重关切。

福利的直接目标不是为了提高员工的工作绩效，而是以此为手段为员工提供某种服务、便利或保障，来吸引、保留和凝聚员工，加强员工队伍的稳定性和向心力，从而提高饭店整体和长期绩效水平。福利发放的基本原则是普遍性的，与员工的工作绩效不直接挂钩。

除国家法定的福利要求（如养老保险、医疗保险、失业保险、住房公积金等）外，饭店还有多种多样的福利项目，如午餐费、交通费、有薪假期、定期体检、出差时高级宾馆住宿、免费旅游等。目前，福利主要承担着保健因素的功能，但是其激励作用日趋明显，饭店设计的福利项目逐步从员工平均共享，越来越多地倾斜于对高绩效的激励。

我们把工作带给个人能力的提高和事业的成功也定义为全面薪酬的一部分。波特和劳勒的研究证明，事业成就感和良好的工作绩效有最为直接的关系，好的工作绩效是用工作本身来奖励的，而且，由于工作绩效好而得到奖励会进一步导致更好的工作绩效。

事业成就感包括：工作富有挑战性，能时时推动员工自我完善和提高；工作富有趣味性，在工作中带给心理上的满足；工作给予个人成长和发展的机会，例如，新知识、新技能的学习，跨国人才交流，岗位轮换，充足的培训机会等；能够参与决策管理而有权威感、责任感和成就感，能感受到自我实现的快乐。

和谐、优越的工作环境带来的身心愉悦。如：宽松、舒适的工作环境，管理者高超的领导艺术，同事间互相帮助和协作的良好氛围，以人为本的企业文化，体面的头衔，名誉，社会地位，和谐的人际关系等。工作环境，作为员工薪酬的边缘部分，与工作绩效也密切相关，对工作绩效具有直接激励作用。

(二)全面薪酬体系设计的步骤

具体步骤	具体工作方法
企业经营战略分析	制定企业薪酬策略,拟定薪酬原则及政策
岗位分析与评估	明确岗位说明书,确定薪酬因素
市场薪酬调查	确定行业薪酬机构与水平
薪酬结构设计(经济性与非经济性)	确定薪酬比例及其构成,形成具体薪酬模型
薪酬体系评估	根据市场薪酬曲线,修正薪酬模型
薪酬制度的管理与控制	竞争力与成本控制

图 7–2 全面薪酬体系设计的步骤

要设计一个战略导向的全面的薪酬系统，一般要经历几个关键步骤，见图 7–2。各个关键步骤详细说明如下：

1. 从战略角度来确定企业薪酬策略

支持并促进饭店战略目标的实现是饭店人力资源管理体系的根本目标,也是饭店薪酬体系的根本目的,否则,饭店人力资源管理便失去其应有的作用和存在的意义。饭店必须从战略的角度(包括对员工本性的认识,饭店核心价值观及饭店发展目标等)进行分析,对薪酬进行定位,制定出薪酬政策,并对薪酬模式、薪酬结构及薪酬水平做出选择。这个步骤非常关键。薪酬策略的制定包含水平策略、结构策略和模式策略等几个方面。饭店可选择的薪酬水平策略包括市场领先策略、市场跟随策略、成本导向策略和混合薪酬策略。薪酬结构策略有高弹性、高稳定及调和型模式。薪酬模式有以职位为中心、以能力为中心及以业绩为中心三种模式。具体实施中究竟选择哪种策略模式,企业应具体情况具体分析。

2. 岗位分析与岗位评价

岗位分析主要是进行工作的重新设计,消除不必要的岗位,制定岗位规范。形成组织结构图与岗位说明书。岗位评价重在解决薪酬的对内公平性问题。它有两个目的:一是比较饭店内部各个岗位的相对重要性,得出岗位等级序列;二是为进行薪酬调查建立统一的岗位评估标准,消除行业内部由于岗位名称不同、或岗位名称相同而实际工作要求和工作内容不同所导致的难度差异，使不同岗位之间具有可比性，为确保岗位工资的公平性奠定基础。它是岗位分析的自然结果,同时又以岗位说明书为依据。评价岗位的相对价值方法有排列法、分类法、平分法和因素比较法,目前多数饭店采用因素比较法。即依据评价要素确定其权重点数,然后加以汇总,再根据总点数确定岗位等级。

3. 市场薪酬调查

为确保饭店薪酬的竞争力,为饭店薪酬战略和薪酬体系的制定提供依据,对外部劳动力市场的薪酬水平、饭店业的薪酬水平、地区薪酬水平进行必要的调查是不可或缺的。薪资调查的主要内容:同地区其他饭店的薪酬政策、薪酬水平、保险福利、薪酬增长率、组织结构与岗位设置等。参照同地区其他饭店的现有工资来调整本企业对应岗位的工资,以保证饭店工资水平的外在公平性。

4. 薪酬结构设计

薪酬结构是指饭店内各项工作的劳动价值或重要性与其所对应的应付工资之间的关系。薪酬结构设计就是把饭店各项工作劳动价值或重要性的顺序、等级、分数或象征性的货币值转换成实际的工资值,使饭店内所有工作的薪酬都按统一的原则定薪,从而保证饭店薪酬体系的内在公平性。然后将众多类型的薪酬归并组合成若干个等级,形成一个薪酬等级系列,进而确定饭店内每一个职务具体的薪酬范围。

5. 薪酬体系评估

为保证饭店经营的持续性和稳定性以及薪酬体系的有效性，在薪酬体系试行前饭店高层管理人员必须与普通员工充分沟通与交流，并详细讲解整个薪酬体系的框架、不同员工的薪酬结构和定位、薪酬与绩效考核的关系、薪酬调整的办法等问题。在这个过程中不但使员工逐渐了解了这套体系,同时也从员工那里获取实质性建议,从而对薪酬体系做出相应的评估与修订,以保证薪酬体系正式运行后的有效性。

6. 薪酬体系的管理与控制

饭店薪资制度一经建立,如何投入正常运作并对之实行适当的监督、评价、修正和控制等管理,使其发挥应有的功能,是一个相当复杂的问题,也是一项长期的工作。在这个过程中饭店高层管理人员要做到以下几点:①使员工关心、了解并接受工资制度,尤其是职务评价的结果。②工资应及时调整。在工资制度中明确划分出一定的工资等级,规定加薪标准和规则,并有适当的考核程序与之相匹配。③控制工资成本使员工的定额控制在工资总额预算的范围内。④工资支付形式要透明。让员工了解企业的工资政策及定薪的基本原理,接受员工的批评与监督,最大限度地发挥工资制度的激励作用。

(三)全面薪酬体系实施的影响因素

1. 法律制约因素

饭店薪酬体系设计,会受到国家、饭店业的法律法规的制约,必须严格执行国家关于最低工资保障、法定福利、加班工资等方面的法律法规的要求等等。另外饭店受其所在国家社会文化的影响,薪酬制度也有所差异,法律法规是国家强制性的要求,饭店在设计薪酬体系时必须严格遵守;社会文化是人们认同精神产品,影响人们对公平的判断,亦应得到企业管理层的理解和高度重视。

2. 支付因素

经济性薪酬作为全面薪酬的最直接部分,包括基本工资、补贴、月奖金、半年奖、加班费、其它收入等直接物质薪酬,主要由三方面决定:职位等级、个人技能和个人绩效,这也称为3P原则,即所谓的技能工资、岗位工资和奖励工资。3P原则能有效确定饭店内员工的薪资水平,体现收入与贡献挂钩的原则,从而解决了饭店内部的薪资公平性。

3. 平衡因素

薪酬水平除了要在饭店内部平衡外,还要努力寻求饭店外部的平衡,主要表现在饭店业内的平衡。饭店间的竞争不仅仅表现为技术、产品、市场的竞争,同时也表现为人力资源的竞争。如果一个饭店的薪酬水平在行业内不具有竞争力,饭店内的核心、骨干人员会逐渐流向薪酬水平较高的竞争对手那里,从而影响饭店的绩效水平,而绩效水平降低则意味着更低的薪酬,于是形成了恶性循环。同样,维持饭店内部不同岗位的薪酬水平的公平性也有利于维持组织结构的稳定。人力资源要素市场的大力发展,使人才的流动更加容易,因此,饭店在制定薪酬体系时,也要密切关注人才市场上同类职位的薪酬水平,制定出科学合理的薪酬体系。

4. 饭店企业文化因素

企业文化对全面薪酬体系的设计和实施具有至关重要的影响力和规范性,在一个崇尚创新和变革、倡导高绩效文化的饭店中,全面薪酬体系会运行得较为顺畅,反之则会遇到重重障碍,甚至寸步难行。因此,在设计全面薪酬体系时,必须对饭店的企业文化进行详细评估,确定其促进因素及阻碍因素,并找出对策来确保实施。另一方面, 全面薪酬体系的实施对企业文化建设也有极大的促进作用,会直接影响到企业文化的内涵。

星巴克的薪酬计划

Starbacks 是一家价值驱动型的企业，公司内有一套被广泛接受的原则。这家公司总是把员工放在首位并对员工进行了大量的投资。为了加强及推动公司的文化，公司实施了一系列的报酬激励计划。对于全职和兼职员工(符合相关标准)，公司给提供卫生、牙科保险以及员工扶助方案、伤残保险。此外，一家叫工作解决方案的公司帮助处理工作及家庭问题。这种情况在零售行业里并不常见，大多数企业不会为兼职员工的福利支付成本。尽管支付兼职员工福利的成本增加了公司的总福利成本，但平均福利成本和对手相比仍然很低。尽管投资巨大，但公司仍支付大量红利。那些享受到这些福利的员工对此心存感激之情，因而对顾客服务得更加周到。

所有的员工都有机会成为公司的主人。公司在 1991 年设立了股票投资方案，允许以折扣价购买股票。蚕豆方案是每年提供一定的期权，总金额是基本工资的 14%。那些达到最低工作量的兼职员工两个方案均可享受。满足下列条件的员工可以得到期权：从四月一号到整个财政年度末在公司工作，这期间至少有 500 个工作小时，到一月份发放期权时仍在公司工作的员工。由于星巴克公司的股价持续不断地上涨，给员工的期权价值就很大了；更重要的是，配合公司对员工的思想教育，使得员工建立起自己是公司股东的想法。

第三节　薪酬制度

薪酬制度常称工资制度，是指与工资决定和工资分配相关的系列原则、标准和方法。包括工资原则、工资水平、工资形式、工资等级、工资标准、工资发放等内容。有效的薪酬制度可以把饭店的战略目标转化成职工的具体行动方案，并引导、激励职工实施这些行动，形成饭店、股东与职工利益一致的共同体。

一、岗位工资制

饭店实行岗位等级工资制，是建立“以能上岗、岗能相配”的用人体制和激励机制。

(一)岗位工资制的定义

岗位工资制是根据饭店对各岗位在工作能力、技能、责任、强度及对饭店的贡献度等方面的不同要求，确定不同等级的岗位工资标准，并根据员工完成岗位职责情况支付报酬的工资制度。我国饭店企业普遍实行以固定薪酬为主体的“岗位等级工资制”，按岗位等级确定的底薪是整个薪酬制度的基础。岗位工资制由岗位工资、效绩工资和其他工资三部分组成。在定岗、定责、定员的基础上，制定出每个岗位的工资标准，以岗定薪，岗变薪变。岗位工资的确定应综合考虑岗位的责任大小、科技含量、劳动强度、任务轻重以及人才和劳动力市场薪酬价位，向关键岗位和特殊岗位倾斜，充分体现因事设岗、按岗定酬的原则。

岗位工资有多种形式，包括岗位效益工资制、岗位薪点工资制、岗位等级工资制。它们的主要特点是对岗不对人。但不论哪种工资制，只要称为岗位工资制，岗位工资的比重一般都应该占到整个工资收入的60%以上。实行岗位工资，要在岗位测评的基础上，引进市场机制参照劳动力市场中的劳动力价格情况加以合理确定。

(二)岗位工资制的特点

岗位工资制的特点是以员工的能力确定工作岗位，竞争上岗，易岗易薪，同时在一定程度上反映业绩和贡献。制定的“工效挂钩分配办法”体现职工个人收入取决于饭店、工作部门的经济效益和个人的实际工作绩效，在更大程度上激励员工。

岗位工资制具有很强的调节功能和一定的激励功能，但不利于反映岗位内部存在的能力差异和劳动贡献差异。

实行以岗位工资制为基础的奖酬制度，能使不同部门、岗位、从事不同性质工作的员工在设计好的不同的“跑道”上同场竞技，各有所求，各得其所，避免了只有一条激励“跑道”(如把所有不同类型的人才都赶到职务提升这条路上去)的偏差；同时对不同岗位、同一类岗位的不同岗级来说，称职者上，不称职者下，岗位、岗级变奖酬亦变，可以对员工起到强大的激励约束作用。

(三)岗位工资制的实施

岗位工资制实施的一般做法是：(1)在饭店内按工作性质、责任大小、能力高低等的不同划分不同的岗位，同一种岗位类型再划分为不同的岗级，不同的岗位、岗级设立不同的工资奖金标准。(2)在具体工资奖金的确定上适当增加浮动部分比例，降低固定部分比例；在工资奖金的发放上，尽量做到实物分配货币化、隐性收入显性化，逐渐形成总收入的概念。(3)岗位和岗级基本固定，岗位人员流动，谁具有更高的才能和更好的业绩，谁就被调整到更高的岗级或岗位上去。

岗位工资制的核心是，在岗位规范或岗位描述的基础上，通过对各类岗位的劳动责任、劳动强度、劳动条件及岗位所需要的劳动技能等基本劳动要素的测评，将岗位劳动差别定量化，在正确区分岗位劳动差别和对职工实际岗位劳动贡献进行考评的基础上，更好地贯彻按劳分配原则。

二、绩效工资制

绩效工资制度的前身是计件工资，但它不是简单意义上的工资与产品数量挂钩的工资形式，而是建立在科学的工资标准和管理程序基础上的工资体系。

绩效工资制度的基本特征是将员工的薪酬收入与个人业绩挂钩。企业支付给员工的绩效工资虽然也包括基本工资、奖金和福利等几项主要内容，但它们之间不是独立的，而是有机的结合在一起。根据美国1991年《财富》杂志对500家公司的排名，35%的企业实行了以绩效为基础的工资制度，而在10年以前，仅有7%的企业实行这种办法。

（一）绩效工资制的定义

绩效工资，又称绩效加薪、奖励工资（Merit pay）或与评估挂钩的工资（Appraisal related pay），是以员工被聘上岗的工作岗位为主，根据岗位技术含量、责任大小、劳动强度和环境优劣确定岗级，以饭店经济效益和劳动力价位确定工资总量，以员工的劳动成果为依据支付劳动报酬，是劳动制度、人事制度与工资制度密切结合的工资制度。

绩效工资制可以提高工作绩效，若使它能更好发挥作用，饭店必须确信能有效地对工作绩效进行评估。传统的绩效工资制通常是个人绩效，对员工绩效增加认可的形式通常是在每年规定的时间内提高基本薪资。

（二）绩效工资制的特点

与传统工资制相比，绩效工资制的主要特点：

（1）有利于工资与可量化的业绩挂钩，将激励机制融于饭店目标和个人业绩的联系之中。

（2）有利于工资向业绩优秀者倾斜，提高饭店效率和节省工资成本。

（3）有利于突出团队精神和企业形象，增大激励力度和雇员的凝聚力。

绩效工资制度强调员工的工资调整取决于员工个人、部门及饭店的绩效，以成果与贡献度为评价标准。工资与绩效直接挂钩,强调以目标达成为主要的评价依据,注重结果,认为绩效的差异反映了个人在能力和工作态度上的差异。绩效工资通过调节绩优与绩劣员工的收入,影响员工的心理行为,以刺激员工,从而达到发挥其潜力的目的。

3. 绩效工资制的实施

将绩效和工资联系起来，是绩效工资制度的出发点和归宿。业绩工资的增加,应该既能反映员工以前的工作水平,又能鼓励员工尽最大的努力提高工作绩效。为此,饭店应该做好两方面的工作:

首先,建立绩效工资制度的平台——工作分析和工作评价。

工作分析对建立绩效工资制度是至关重要的。主管人员通过工作分析的产物——工作描述,建立客观的绩效考核的指标体系和考核办法,然后将员工的工作表现和这些标准相比较,评价员工业绩的优劣。有了客观的评价标准,就可以减少主观因素对业绩考核的影响。

工作评价对建立绩效工资制度的作用是不可或缺的。只有确立了工作评价因素才能为绩效考核指标的建立提供直接的依据。通过工作评价系统确认各种工作的相对价值差异,并确定相应的工资差异,是确定绩效工资增长幅度、控制工资预算和实现企业薪酬战略的重要环节。

其次,绩效工资制度成功实施的重要保证——充分有效的沟通。

业绩工资计划要想取得成功，必须让员工清楚他们需要做什么才能增加业绩工资,他们的业绩能给自己带来多大的回报。开放式的交流可以帮助员工建立合理的期望,增强他们对绩效工资制度的信任感。

在实施业绩评价计划的时候，主管应该和员工一起讨论未来的绩效目标和工作计划,以帮助员工建立方向感。当员工表现出的绩效明显低于绩效标准时,主管应和员工一起分析原因,并采取必要的措施帮助员工提高绩效。

在进行绩效考核时,为保证信息的充分性和客观性,主管人员应尽可能与那些对员工绩效形成有较大影响，并对其绩效评价有发言权的有关人员进行必要的沟通。比如,主管人员可以授权员工在正式评价前对工作表现进行自我评价,这样员工将会更加清楚自己需要在哪些方面做出改进，而不仅是对主管和其他人员的评价意见做出消极的反应。主管人员还可以发动与员工工作有密切关系的人,如员工的同事、下属和客户等对其工作表现做出评价。

三、结构工资制

结构工资制，是指有几种功能不同的工资结构组成的工资制度。因而较为全面地反映了按岗位、按技术、按劳分配的原则，对调动员工的积极性、促进饭店的发展和经济效益的提高，在一定时期起到了积极的推动作用。

（一）结构工资制的定义

结构工资制是指基于工资的不同功能划分为若干相对独立的工资单元，各单元又规定不同的结构系数，组成有质的区分和量的比例关系的工资结构。一般包括六个部分：一是基础工资、二是岗位工资、三是技能工资、四是效益工资、五是浮动工资、六是年功工资。

表 7–2 员工工资结构

员工工资体系	工资	基本工资	技能工资、地区津贴、综合补贴、工龄补贴
		奖励工资	年终奖、半年奖
	福利	基本福利	养老保险、失业保险、医疗保险、工伤保险、退休金、人身保险、家庭财保、疗养费、独生子女费
		特殊福利	交通补贴、通信补贴、住房补贴

（二）结构工资制的特点

（1）工资结构反映劳动差别的诸要素，即与劳动结构相对应，并紧密联系成因果关系，劳动结构有几个部分，工资结构就有几个相对应的部分，并随前者变动而变动。

（2）结构工资制各个组成部分各有各的职能，并分别计酬，可从劳动的不同侧面和角度反映劳动者的贡献大小，发挥工资的各种职能作用，具有比较灵活的调节功能。

（3）有利于实行工资的分级管理，从而克服“一刀切”的弊病，为改革工资分配制度开辟了道路。

（三）结构工资制的实施

1. 建立健全人力资源的基础工作

将全体员工人数、工资、工作年限、学历职称、技术等级、生产（工作）岗位、职务等登记造表，进行综合分析，剔除不合理因素，找出工资关系上的突出问题。根据饭店工作和人员结构的特点，对员工的劳动进行分析归类，确定有代表性的劳动结构。根据计量劳动量的客观需要，补充必要的工种形式，确定各工资形式的相互关系。

2. 设计结构工资制的基本模式

设计基本模式就是根据上述基础工作提供的资料和情况，确定工资结构，如设置基础工资、岗位（职务）工资、年功工资、效益工资等四个单元。再确定结构工资中各单元的比例，即将结构工资总额视为100%，分别确定各工资单元所占百分比。一般来说，生产、工作的重点环节，其相对应的工资单元比例应当安排高一些，反之，则可以安排低一些，然后，按各工资单元比例求出各单元工资额。

单元工资额＝结构工资总额×该工资单元所占百分比

3. 确定各工资单元的内部结构

即按照岗位功能测评办法，确定岗位工资单元中各类岗位的岗位顺序，如实行一岗一薪的，需确定各岗位之间的岗差系数，如实行岗位等级工资的，还需确定每类岗位内部各等级的工资系数，并测算平均工龄，确定效益工资的具体工资形式和发放办法，等等。与此同时，根据各工资单元内部结构的安排，规定相应的技术、业务标准、职责条例、劳动定额等项要求，并拟定具体考核办法。

4. 确定各工资单元的最低工资额和最高工资额

各单元最低工资加上奖金和一部分津贴的总和不能低于本地区执行的最低工资标准。

5. 测算、检验并调整结构工资制方案

如果存在工资总额超过或剩余过多，或是多数人工资水平下降，以及今后结构工资增长速度过快或过慢等问题，都需要适当调整结构工资制方案。

6. 结构工资的实施、套改

在原有工资制度的基础上进行结构工资制度的改革，一般是按照员工原标准工资的一定百分比就近套入岗位（职务）工资，或套入技能（技术）等级工资。

四、年薪制

年薪制很早以前在发达国家已广泛应用，年薪制一般作为高层管理人员使用的薪资方式，是一种“完全责任制”薪资。从人力资源的角度看，年薪制是一种有效的激励措施，对提升绩效有很大作用。年薪制突破了薪资机构的常规，对高层管理人员来说，年薪制代表身份和地位，能够促进人才的建设，也可以提高年薪者的积极性。

(一)年薪制的定义

到目前为止,"年薪制"还没有一个公认的统一的完整定义,在美国、日本和欧洲,所实行的"年薪制"由于当地的文化和法律差异有着不同的表现。而自从"年薪制"这一概念在我国登陆后,"年薪"和"年薪制"的概念更是被滥用了。

在本书中,"年薪制"是指针对饭店的经营管理者或者其他创造性人才,以一个较长的周期(通常为年)为单位,按此周期确定报酬方案,并根据个人贡献情况和饭店经营成果发放报酬的一种人力资本参与分配的工资制度。

(二)年薪制的特点

年薪制的针对性:"年薪制"适用于特定的对象,如经营管理者(包括中层和高层)和一些其他的创造性人才。这些人具有这样的特点:素质较高、工作性质决定了他们的工作需要较高的创造力、工作中需要的更多的是激励而不是简单管理和约束、工作的价值难以在短期内体现。

较长的周期:一般是以年为周期,这个周期也可能是半年、一年、一年半或其他,虽然不一定正好是一整年,但是都具有周期较长这一特点,因此也被归类为"年薪制"。

存在一定的风险:薪酬中的很大一部分是和本人的努力及饭店经营好坏情况相挂钩的,因此具有较大的风险和不确定性。

传统的工资主要是面向过去,而"年薪制"在相当大的程度上是面向未来,年薪的制定不是简单地依据过去的业绩,同时更取决于接受者所具备的能力和贡献潜力。

薪酬制度是实施饭店组织战略的手段。任何薪酬制度都有它不完美的一面,不管采用哪一种薪酬制度,它的最终目的都是尽可能准确地测量、反映饭店员工的实际贡献,以使工资能准确地反映员工的绩效水平,给员工一种公平的感觉,提升员工满意度,进而促进饭店整体绩效的提升。

参考案例:

XX 薪酬体系设计方案

目 录

系设计》，对于服务员和工程部根据人力资源部限定的名额进行内部评比推荐晋升工资的人选，人力资源部综合审核后提出建议，经高层管理委员批准后晋级。

(二)升职变动调整：员工升职或平调后，若原来的岗位工资已高于新职位所在职系职等对应的最低档岗位工资则在原岗位工资的基础上上调一级起薪，若低于则按新职位所在的职系职等对应的岗位工资最低档起薪。

(三)降职变动调整：员工降级后，按新职位所在的职系职等对应岗位工资的最低档起薪。

(四)奖励调整：对做出突出贡献的员工，经高层管理委员会评议可上调一级岗位工资。

第十三条 岗位工资的用途：

岗位工资作为以下项目的计算基数：

(一)保险的缴纳基数

(二)加班费的计算基数；

(三)事病假工资计算基数；

(四)外派受训人员工资计算基数；

(五)其他基数。

第三章 附加工资

第十四条 附加工资：

附加工资，由员工的工龄和公司规定的工作保障等确定的工资单元，包括工龄工资、加班工资、补贴、福利、保险等五部分组成。

第十五条 工龄工资：

工龄工资：员工工龄工资每年10元，工龄以12月31日为核算日，不足一年的按一年计算。

第十六条 加班工资：

(一)加班工资计算公式：

加班工资 =(岗位工资 /168)× 加班小时数 × 加班工资倍数(加班时间计算到半小时，不足半小时的按半小时计算；加班工资计算到元，不足一元的按一元计算)

其中：正常加班的加班工资倍数为 1.5；

周末加班的加班工资倍数为2；

法定节假日加班的加班工资倍数为 3；

(二)加班工资的适用范围：

实行计件工资制的员工和实行销售提成工资制的员工无加班工资，如果晚上工作超过2小时公司给予夜班补贴 4 元 / 天；高层管理人员实行弹性工作时间，无加班费；其他人员不鼓励加班，工作应尽量在工作时间内完成，但是确因工作任务紧急或直接上级安排可以申报加班。

(三)加班审批手续：

员工加班前填写加班申请单,经直接上级审批后执行,加班后将加班的具体工作内容和加班的起止时间经直接上级确认后报送人力资源部。人力资源部对加班费每月统计核算一次,随当月工资发放。

第十七条 补贴:

补贴类别:翻台补贴、交通费补贴、通讯费补贴、出差补贴、住房补贴、医疗保健补贴。

第十八条 翻台补贴

翻台补贴是针对餐饮服务员因翻台而增加的工作量,给于的附加工资。

翻台补贴 =Σ(某类型翻台单价 ×月某类型翻台数量)

翻台单价由 ______ 部根据销售情况确定一个固定数,每半年调整一次。

翻台单价分为 N 档:

	回形	课桌式	影院式	分餐制	桌餐	冷餐酒会
回形						
课桌式						
影院式						
分餐制						
桌餐						
冷餐酒会						

第十九条交通费补贴

1、居住地距离公司工作地点 1.5 公里以远的公司正式员工,每人每月给予交通补贴 ____ 元,请假期间按每天 ___ 元扣除。

2、非工作时间公司召开会议或晚上加班晚于九点以后,居住地距离公司工作地点 1.5 公里以远的公司正式员工给予交通补助 ____ 元 / 次。

3、非工作时间因紧急情况而被安排工作所发生的打车费用或其他交通费用,经高层管理人员签字后,据实报销。

第二十条 通讯费补贴:

享有通讯补贴的范围是部长级以上管理人员和 ______,补贴标准见下表

1、通讯费补贴一览表　　　　单位:元

	总经理										
通讯工具	手机	手机	手机	手机	手机	手机	手机	手机	手机	手机	手机
补贴金额											

2、通讯补贴每月随工资发放,享有通讯补贴的员工的通讯工具在早 8 点至晚 9 点必须处于开机状态,每发现一次因关机而影响工作联系的情况扣通讯补贴的 20%。

3、通讯补贴的标准由行政办统一制定和管理，行政办根据岗位业务变化和工作性质的变化对通讯补贴标准进行修改和调整。

第二十一条 出差补贴按公司有关出差制度规定执行

第二十二条 医疗保健补贴：

公司给予正式员工 ____ 元/月的医疗保健补贴。

第二十三条 福利是公司为员工提供的除工资与奖金之外工资性待遇，福利主要以物资或货币形式进行发放，具体分为：

1、节日津贴：逢春节、元旦、中秋节发放不低于 ____ 元的实物或过节费。

2、劳保用品：公司免费为正式员工提供统一的工作服及特殊岗位员工必要的劳动保护用品。

3、生活补助：

防暑费：每人每年8月份给予一次性补助 ____ 元

取暖费：每人每年1月份给予一次性补助 ____ 元

洗理费：每人每月 ____ 元

书报费：公司鼓励员工学习专业知识，经行政办批准购买的与本职工作有关的书籍在行政办登记归档后实报实销，使用完后交行政办存档。

第二十四条 保险：

公司为正式员工所投保险主要有养老保险、失业保险、医疗保险等，公司根据国家要求、员工的岗位性质，结合公司实际为员工投不同的险种。

第二十六条 养老保险和失业保险：

公司为每位正式员工投养老保险和失业保险，保险的计算以岗位工资为基数按国家规定缴纳。

第二十七条 医疗保险：

由于国家医疗制度正在改革之中，公司将根据国家的要求逐步实行，目前以医疗补贴的形式发放。

第二十八条 其他保险：

其他险根据岗位的需要和国家的要求由人力资源部确定。

第四章 奖金

第二十九条 奖金主要包括全勤奖、特殊贡献奖、创新奖、优秀团队奖、年终效益奖。其中月度奖为全勤奖；年度奖为优秀团队奖、年终效益奖；不定期奖为特殊贡献奖、创新奖。

第三十条 全勤奖：

是对一月中没有请假、旷工、迟到、早退员工的一种奖励。全勤奖按月随工资发放，每月 ____ 元。全勤奖的适用范围是按正常工作时间上班的员工。

第三十一条 特殊贡献奖和创新奖

1、特殊贡献奖是指由于员工个人的努力给公司带来较大贡献的一种特别嘉奖。例如员工通过个人关系给公司带来了大客户，或通过与政府的特殊关系给公司解决了一些实际困难，或合理化建议被采纳经验证为公司减少了较大损失或带来较大经济效益等。

2、创新奖是指员工在工作中工作方式或方法的改进，工艺改进、产品创意等给公司带来一定现实的或潜在的效益的员工的奖励。

3、特殊贡献奖和创新奖由员工的直接上级申请，主管副总或总经理签署意见，人力资源部综合考核并提出奖励建议，总经理或高层管理委员会审议通过。

4、高层管理委员会根据贡献大小在100—10000元之间确定奖金金额。

第三十二条　优秀团队奖：

优秀团队将分为优秀部门奖和优秀班组奖；优秀部门奖是对在年度内工作业绩突出、内部管理有序、员工团结向上、积极主动配合其他部门工作的部门的奖励。优秀部门在年度末由人力资源部组织评比，评出一、二、三等奖，由公司确定部门负责人占团队奖的比例，剩余部分由部门负责人进行内部分配。优秀班组奖是对年度内工作成绩突出，起模范带头作用、成员爱岗敬业班组的奖励。优秀班组由人力资源部组织评比，相关部门配合，评出一、二、三等奖。评为优秀的部门或班组由公司授予荣誉称号并给予一定的奖金，具体奖励金额规定如下表：

优秀部门奖奖金表

	一等奖	二等奖	三等奖
优秀团队奖	平均____元/人	平均____元/人	平均____元/人

优秀班组奖奖金表

	一等奖	二等奖	三等奖
三等奖	平均____元/人	平均____元/人	平均____元/人

第五章　年薪制

第三十三条　适用范围：

公司总经理、副总经理和书记。

第三十四条　实行年薪制岗位的经营业绩能够以一年为完整经营周期进行评估。

第三十五条　年薪总额：

总经理岗位年薪分为五个档次、副总和书记岗位年薪划分为三个等级，每个等级分为五个档次(详见附表三、四、五)。由_____根据任职者的工作经验，综合能力和资格条件确定岗位等级，新任职高层管理人员从第一档起薪，今后每年底由_____根据经营目标的完成情况确定总经理是否晋升、保持或降级，副总、书记由_____确定是否晋级、保持或降级。

第三十六条　薪酬结构：基本年薪＋效益年薪＋附加工资

第三十七条　基本年薪为年薪总额的40%，按月平均发放。

第三十八条　效益年薪基数为年薪总额的60%，根据年终经营目标考核结果发放。

第三十九条 效益年薪的确定：

计算公式为：效益年薪＝效益年薪基数×年度绩效考核系数

第四十条总经理年薪的考核：每年初由____与总经理协商确定年度经营任务和目标，考核由____负责。

第四十一条 副总、书记年薪的考核：每年初总经理将年度经营任务和目标分解到副总和书记，协商确定各自的工作任务和目标，考核由总经理负责，____负责监督审核。

第六章 岗位效益工资制

第四十二条 适用范围：

除实行年薪制、计件工资制与提成工资制以外的所有员工。

第四十三条 薪酬结构：岗位工资＋奖金＋附加工资

第四十四条 岗位工资的发放：

岗位工资分三部分发放，月固定发放部分、月浮动发放部分和年浮动发放部分，不同岗位各部分的发放比例详见下表：

岗位工资发放比例表

	岗位工资		
	月度固定部分	月度浮动基数	年度浮动基数
____职等	30%	70%	月度浮动基数
____职等	40%	60%	
____职等	50%	50%	
____职等	60%	40%	

第四十五条 月度浮动岗位工资的确定：

依据公司月度综合效益和员工的月度考核结果确定，按月度发放，计算公式为：

月度浮动岗位工资＝月度浮动岗位工资基数×公司月度效益调整系数×部门月度考核系数⋆个人月度考核系数

其中：

职能部门的公司月度效益调整系数＝本月实现GOP值/计划实现GOP值

业务部门的公司月度效益调整系数＝1

第四十六条 年度浮动岗位工资的确定：

依据公司年度综合效益和员工的年度考核结果确定，年底一次性发放，计算公式为：

年度浮动岗位工资＝年度浮动岗位工资基数×公司年度效益调整系数×个人年度考核系数

其中：公司年度效益调整系数＝年度实际实现GOP值/年度计划实现GOP值

第七章 销售提成工资制

第四十七条 适用范围：

公关销售部片区销售员、(宴会销售部)。

第四十八条 薪酬结构:固定工资+销售提成+附加工资+奖金

其中:固定工资=岗位工资×50%

第四十九条公关销售部片区销售员销售提成的确定:

公关营销部片区销售员月销售提成=片区系数×(Σ某类客源提成系数×某类销售收入+Σ房价差价×销售客房数×提成比例)×月度考核系数

其中:房价差价=(实际房价折扣率—标准折扣率)×标准房价

片区系数、客源提成系数、标准折扣率、实际折扣率低限、提成比例由_____部根据销售情况确定一个固定数,每半年调整一次。

片区系数分为六类:

	片区1	片区2	片区3	片区4	片区5	片区6
片区系数						

客源提成系数、标准折扣率、实际折扣率低限分为三类:

	合约客源	会议客源	新开发客源
提成系数			
标准折扣率			
实际折扣率低限			

提成比例暂定为30%

月度考核系数详见《××国际大酒店考核体系设计方案》

第五十条 前厅接待员工资体系属于岗位绩效工资制加提成的混合型工资体系,其薪酬结构:岗位工资+销售提成+附加工资+奖金

第五十一条 前厅接待员销售提成的确定:

前台接待月月销售提成=Σ(房价差价×销售散客客房数×提成比例)

其中:房价差价=(实际房价折扣率—标准折扣率)×标准房价

标准折扣率、实际提成率低限、提成比例由_____部根据销售情况确定一个固定数,每半年调整一次。

标准折扣率、实际折扣率低限分为4类:

	09—17层	18—21层	22—24层	25层
标准折扣率				
实际折扣率低限				

提成比例暂定为30%

第八章 计件工资制

第五十二条 适用范围:

客房分部的客房服务员岗位。

第五十三条 薪酬结构:岗位工资＋计件提成＋附加工资＋奖金

第五十四条 客房服务员的计件提成的确定:

客房服务员计件工资＝客房清扫单价×Σ（各类型房间比例系数×个人月打扫房间数）×月度考核系数

其中:客房清扫单价是服务员清扫一间09—11层走客房的价格,服务员打扫的其它类型房间按照一定比例系数,换算成打扫09—11层走客房的数量,比例系数由____部确定和调整为一个固定数,每半年调整一次。

楼层＼比例系数	驻客房	走客房
09—17层	1	0.5
18—21层	1.2	0.6
22—24层	1.5	0.75
25—25层	1.5	0.75

月度考核系数的确定详见《××国际大酒店考核体系设计方案》。

第九章 协议工资制度

第五十五条 适用范围:

公司急需的专业性强、人才稀缺的岗位或由高层管理委员会审议决定实行协议工资的具体岗位

第五十六条 工资制度:协议工资＋附加工资

第五十七条 协议工资的发放方式由直接上级提出建议,协议工资数额,由公司人力资源部门根据外部人才市场状况和公司实际提出初步建议,高层管理委员会批准,协议工资以市场价格为基础,由双方谈判确定,每月固定发放。

第五十八条 附加工资:与公司其他员工享有同等待遇。

第五十九条 协议工资的人员与公司之间签订书面协议,明确规定薪酬、发放方式和工作内容,包括责任和义务等。

第六十条 协议工资原则上一年协商一次,根据员工工作业绩、外部人才市场状况和公司实际进行调整。

第六十一条 实行协议工资制薪酬的员工若不能达到协议要求,其薪酬将按照公司相应薪酬制度执行。

第十章 其他

第六十二条 新进员工试用期薪酬规定:

（一）新进员工试用期间按拟聘任岗位对应岗位工资的70%发放,试用期间享有附加工资,不参与考核。

（二）新入公司的大中专院校毕业生在实习期间的待遇如下:

大专生试用期工资为 ______ 元 / 月，享有附加工资

本科生试用期工资为 ______ 元 / 月，享有附加工资

硕士生试用期工资为 ______ 元 / 月，享有附加工资

第六十三条 脱产培训人员的工资：

脱产培训人员工资在培训期间仅发岗位工资的50%和附加工资，不参与考核，培训期间的年终效益奖按月扣除。

第六十四条 离开公司员工的工资：

(一)被开除的员工工资：开除后取消所有剩余工资、福利和年终奖。

(二)辞职：自动辞职的员工，没有给公司造成较大损失或影响的，享有年终效益奖(按月计算)，取消相应的年度浮动岗位工资。

(三)裁员：公司因业务发生变化或其他原因导致裁员时，离开的员工除享有相应的年终效益奖和年度浮动岗位工资外，加发一个月的岗位浮动工资。

(四)降职、升职、平调：员工岗位发生调整的，年终效益奖分时间段计算(以月为单位)；实行岗位效益制的员工，若职位变动后仍实行岗位效益工资制，年度浮动岗位工资分时间段计算，若职位变动后实行其他的工资制度，年终岗位浮动工资仅计算原任职时间段的浮动工资(部门考核系数和个人考核系数均按1计算)。

第六十五条 请假扣发工资按公司有关考勤规定执行。

第六十六条 由于考核的需要，员工当月工资于下月15日发放。

第十一章 附 则

第六十七条 本制度所未规定的事项，按公司原有关规定执行。未尽事宜由人力资源部负责解释。

第六十八条 本制度自 月 日起试行， 月 日正式执行。

第六十九条 本制度的修改由人力资源部负责，报高层管理委员会审批后执行。

XX酒店

年 月 日

复习思考题

1. 简述薪酬及薪酬的构成。
2. 饭店薪酬管理的内容。
3. 饭店薪酬管理的作用。
4. 饭店薪酬设计的原则。

5. 简述薪酬制度。

主要参考文献

陈绍友.饭店人力资源管理[M]. 重庆:重庆大学出版社,2003.

廖钦仁.酒店人力资源管理实务[M]. 广州:广东经济出版社,2006.

刘楠.浅谈饭店薪酬管理中公平理论的应用[J].商场现代化,2008(9):299.

刘战慧.我国传统国有饭店薪酬体系优化[J].合作经济与科技,2006(9):22—23.

中国人力资源开发网.http://www.chinahrd.net/.

第八章
饭店员工的激励管理

随着饭店业发展的日趋成熟,竞争的日趋激烈,饭店取胜的关键在于以人为本的管理理念在企业中是否得到了充分的体现,在于饭店是否拥有一支充满热情、积极性高涨的管理人员和员工队伍。因此,现代饭店管理将人放在管理的中心位置,在人性化的管理中充分激发广大员工的工作积极性,提高员工的士气,保持饭店企业生机活力,实现饭店的可持续发展。这对饭店企业管理具有重要意义,也是饭店人事管理工作成效的综合反映。

本章主要阐述激励的内涵和作用,评介先进的激励理论,并根据激励理论阐述了饭店员工激励的原则和方法。

第一节 员工激励概述

管理的本质就是通过影响他人的能力,激发人们为组织做贡献的工作热情,实现管理者为组织制定的目标,而正确改变和引导员工工作行为之前,需要理解激励的内涵与作用。

一、激励的内涵

激励是现代管理学中的核心,在人力资源管理中更具有特殊意义。激励是激发人的动机的心理过程,是运用一定的有效手段或方法调动人的积极性的过程。

没有满意的员工就没有满意的顾客,没有使员工满意的工作场所,也就没有使顾客满意的享受环境。这说明激励就是要懂得如何为员工创造释放能量的环境,引导其达到规定的目标。管理者的任务就是要点燃员工内心的工作热情之火,以此驱动员工在工作中表现出色。

饭店激励管理就是要根据职工的需要设置某些目标，通过目标导向使职工出现有利于组织目标的优势动机,从而有效地激发员工的工作动机,调动员工的积极性和工作热情，这就是激励的实质。美国哈佛大学的心理学家詹姆士(W. Jmaes)教授在其所著的《行为管理》一书中阐述,在对员工激励的研究中发现,按时计酬的分配制度仅能让员工发挥其能力的20%–30%,而受到充分激励的员工其能力可以发挥到80%–90%，两种情况之间60%的差距就是有效激励的结果。也就说，同样一个人在通过充分激励后所发挥的作用相当于激励前的3倍至4倍。可见,激励可以使员工充分发挥潜能,实现人尽其才,使工作与员工的能力达到一个最佳组合,员工能在心情舒畅的工作环境中发挥自己的能力,创造高质量高效能的工作成绩。

二、激励的作用

饭店业工作具有劳动强度大、劳动时间长、标准要求高等特点,导致饭店行业的用工越来越困难,饭店企业员工的流动率越来越大,导致服务质量降低,企业蒙受损失。所以饭店一个重要的管理功能便是调动员工工作积极性,激发员工的工作热情。因此,激励越来越受到管理人员的重视,成功的激励能吸引并留住员工,让员工以高昂的斗志、饱满的热情自觉地奉献,形成团队精神,提高服务质量,同样也能提高管理者的管理水平。

(一)有利于饭店吸引和留住人才

企业的竞争首先是人才的竞争。为了吸引、留住人才,饭店应采用多种激励方法,如为员工缴纳社会保险,提供个人人寿保险和带薪休假制度,为优秀员工提供脱产进修学习的机会等,创造一个保障充分、奖惩分明的工作环境。

例如,多次被评为世界最佳饭店的曼谷东方饭店有一套独特的激励方式。除提供相当可观的收入外,饭店还为员工提供免费餐食、免费医疗、带薪度假等多种福利,甚至员工婚丧嫁娶、过生日、生小孩时,饭店都要赠送礼品,表示关心。饭店公关部,每年年末都要召开一次员工家属亲善宴会,以求得家属对员工们工作的理解和支持。因此,职工爱饭店,员工流动较少。据统计,在该饭店工作达五年以上者占70%以上。

(二)有利于提高员工的自觉性、主动性和创造性

通过激励,员工认识到个人目标与组织目标的一致性,提高员工的自觉性、主动性和创造性,以饭店主人翁的姿态去工作,同时鼓励员工提出合理化建议、建设性意见和措施,不仅能够改进工作状况,而且还能使员工受到奖励和重视,进一步激发员工的创造性和革新精神。当员工为他的工作所鼓舞时,会竭尽全力确保顾客的需求得到满足,甚至主动地提前考虑顾客会有何种需求,做好准备去回应他们的要求,有工作积极性的员工会在点滴小事中表现出对顾客的关心。相反,缺乏积极性的员工会无故缺勤、跳槽,服务质量低下。例如,饭店的一位客人给前台打电话,询问离店的时间,缺乏积极性的员工仅是回答问题,而有积极性的员工不仅会告诉客人准确的时间,还会主动提出派行李员去帮助搬行李。这说明有工作热情的员工总是在努力用额外的服务去博得顾客的好评,而缺乏热情的员工却会频频看挂钟,只想少做点儿事情。

(三)有利于充分发掘员工的潜力,提高员工的素质

饭店管理能比较精确地预测和控制财力与物力,而对人力资源特别是对于人的潜力仍然无法精确地预测、计划与控制。充分利用人力资源,最大限度地发掘员工潜力的方法就是进行激励性的管理措施。饭店在了解员工心理需求,如金钱、友谊、关心、尊重等方面的基础上,使用合理的手段,转化员工的行为,使表现好的员工维持其良好的行为,使表现较好、一般甚至较差的员工转化为良好的员工。

饭店可以采取措施,对坚持学习文化与专业知识的员工给予充分的表扬和支持,对不思进取的员工给予适当的批评,并在物质待遇方面加以区别,在福利、晋升方面分别考虑。这些措施将有助于形成良好的学习风气,促使员工主动熟悉业务,钻研技术,提高自身的素质。

(四)有利于饭店提高组织凝聚力,实现组织目标

激励措施的制定,目的在于实现企业目标。饭店为了实现预定目标,应根据实际情况采取各种激励措施,员工理解和接受组织目标,调动员工积极性,使员工自觉地发挥主观能动性,更快、更好地完成工作任务,创造优良绩效,为完成组织的各项目标而努力工作。

例如,悦华酒店"员工以顾客为上帝、管理人员以员工为上帝"的管理模式充分体现了尊重员工和优质服务之间的激励作用。悦华酒店规定:管理人员见到员工时,必须首先向员工打招呼或者问好。总经理则以身作则,每天早上在酒店门口迎候员工上班。这就是给员工平等,给员工尊重,满足员工高层次需求。这样的激励达到了很好的效果,结果是饭店给员工"家"的温馨,员工们以心换心,爱店如家。另外,饭店员工受过正式的培训,绝大多数都比较通情达理,文明有礼。通过这些精神激励,饭店提高了组织凝聚力,也利于实现组织目标。

第二节 激励理论及其在饭店管理中的运用

针对工业革命以后,员工出现了不满于工作现状,缺乏工作积极性等现象,自20世纪二三十年代以来,全世界的管理学家、心理学家和社会学家从不同的角度研究应该怎样激励组织成员的问题,提出了许多有关激励方面的理论。构建成功的激励制度,激励主体必须掌握两点:一是了解激励对象的动机,明确什么因素能激励他们工作;二是要了解激励过程是怎样运作的,动机是怎样引发的,是什么给了它方向,是什么使得它继续,以及一旦行为不当该怎样消除,这是激励制度设计的基础。管理学中关于激励理论的研究回答了上述两个问题,具体来讲,管理学中激励理论可分为内容理论和过程理论。前者主要研究员工的动机和需要,后者主要研究激励的过程怎样运作。

一、内容型激励理论

内容型激励理论强调通过满足员工的个人需求去刺激人们的行为。该理论从探讨激励的起点出发,揭示人们内在需要的内容和结构,以及内在需要如何推动行为,解释的是"为什么"有人会被激发去从事某些活动,着重研究激励的原因和起激励作用的有关因素。较多心理学家提出了关于需求的理论,用于指导对人的激励,解决激励工作中存在的问题,这些理论主要包括马斯洛的需求层次理论、赫兹伯格的双因素理论等。这些理论认为,当人们预期以某种方式去行动,能满足他们目前渴望满足的需求时,他们就会被激发去做。尽管这几种激励理论强调的因素可能不同,但它们都揭示了一个共同的原理:人们愿意做那些被奖励去做的事情。

(一)马斯洛的需求层次理论

1. 理论简介

“需求层次理论”是美国心理学家亚伯拉罕·马斯洛在1943年提出的理论。马斯洛根据在人的精神发展过程中所占支配地位的先后，将人的需求分为五个基本层次即生理需求、安全需求、社交需求、尊重需求和自我实现需求，如图8-1所示。

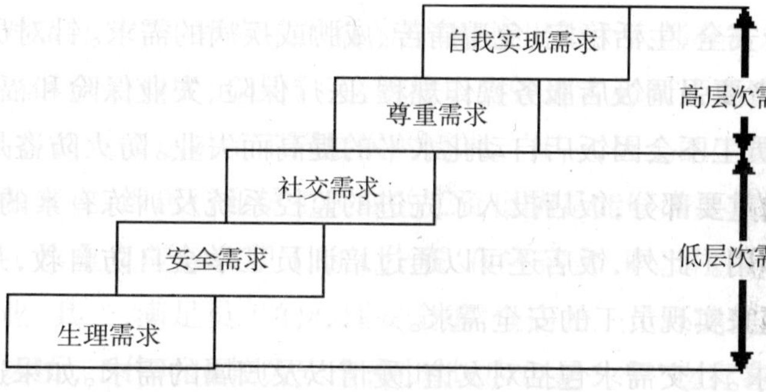

图8-1 马斯洛需求层次理论

需求层次理论有几点说明：一是它们按照由低到高的顺序排列，并将5种需求划分为高、低两级，其中生理需求、安全需求、社交需求属于低级需求，这样的需求是生物性和物质性的，这些需求通过外部条件使人得到满足；尊重需求和自我实现需求是高级需求，这样的需求是理想性的，它是从内部使人得到满足。二是五种需求的排列表示轻重缓急，在每个低一级的需求得到满足之后，才会转向下一个较高的需求。三是高级的需求虽是排在最后，也非最紧迫，但高一层面的需求却是永远不会完全满足的，因此这一层面的需求激励对于调动员工的工作积极性作用更大、更持久、效果更好。饭店企业应根据员工不同层次的需求，采取相应措施(表8-1)，具体阐述如下：

表8-1 旅游饭店企业需要层次的应用举例

需要	应用
生理需要	职工餐厅、合理的工作量和工资、员工休息室
安全需要	照明或采光好的停车场、防滑地板、灭火设备、医疗和失业保险
社交需要	企业举办的业余活动、节假日聚会、奖励旅游
尊重需要	评比活动、评选每月最佳员工、内部提升、顾客评价卡
自我实现需要	职工培训和发展计划、职业管理、学费报销、参加社区活动的机会

(1)生理需求。这类需求的级别最低，包括对食物、水、氧气、睡眠、住所等人

吴中祥,王春林,周彬.饭店人力资源管理[M].上海:复旦大学出版社,2001.

薛群慧,李瑞霞,文鲁元.饭店人力资源开发与管理[M].昆明:云南大学出版社,2001.

赵西萍.旅游企业人力资源管理[M].天津:中国旅游出版社,2001.